HEIDELBERGER SCHRIFTEN ZUR SPRACHE UND KULTUR 4

Christiane Herde

# Jenseits der Moralsysteme.

## Philosophische Gespräche in Wielands

## *Geschichte des Agathon*

Das vorliegende Werk ist die geringfügig überarbeitete Fassung der Dissertation
Jenseits der Moralsysteme. Zu Wielands *Geschichte des Agathon* in allen Fassungen.
Die Arbeit wurde im Sommersemester 2000 von der Neuphilologischen Fakultät der Ruprecht-Karls-Universität Heidelberg angenommen.
Erstgutachter Dr. Peter Pfaff
Zweitgutachter Prof. Dr. Dietrich Harth

Die Deutsche Bibliothek – CIP-Einheitsaufnahme
Ein Titeldatensatz für diese Publikation ist bei
Der Deutschen Bibliothek erhältlich.

ISBN 3-8311-0925-7


Umschlaggestaltung: Anna-Luise Jordan, Heidelberg

Herstellung: bod.Libri Hamburg

## Danksagung

Die vorliegende Untersuchung entstand innerhalb mehrerer Jahre.
Ganz herzlich danke ich meinem Lehrer Dr. Peter Pfaff, der mit Aufgeschlossenheit und Interesse, unermüdlichem Engagement, vielfachen Anregungen und Kritik die Arbeit geduldig betreute und mich während meines Studienganges begleitete und förderte.
Frau Dr. Birgit Sandkaulen danke ich für die zahlreichen Diskussionen und Gespräche über die Philosophie Jacobis, die mir zu mancher Klärung verhalfen.

Ebenso danke ich meiner Mutter, allen Verwandten und Freunden sowie den Kolleginnen des Arbeitskreises *Frauen Promovieren*, die mir mit Informationen und Hinweisen, Aufmunterung und Zuspruch hilfreich zur Seite standen und die Fertigstellung unterstützten.

Darmstadt, im September 2000 Christiane Herde

# Inhalt

## Einleitung

Anfang der sechziger Jahre des 18. Jahrhunderts begann Wieland, die *Geschichte des Agathon*[1] zu erzählen, die in drei Ausgaben 1766/67, 1773 und 1794 erschien. Erst 1800 schloß Wieland mit der Veröffentlichung des Gesprächs zwischen Agathon und Hippias im Elysium das Thema ab. Allen Ausgaben liegt der gleiche abenteuerliche Stoff zugrunde: Aus Griechenland verbannt verirrt sich Agathon im Wald, gerät in die Bacchus-Orgie thracischer Frauen, wird von Seeräubern geraubt, die auch Psyche, seine verlorene Geliebte, in ihrer Gewalt haben, und wird von ihnen in Smyrna an den Sophisten Hippias verkauft. In der Liebesbeziehung zu Danae, der er seine Erziehung in Delphi zum Tempeldiener, seine erste Liebe zu Psyche, das Wiederfinden seines Vaters und seinen politischen Auf- und Abstieg in Athen erzählt, sowie in Syrakus am Hofe des Tyrannen Dionysius muß er seine Tugend unter Beweis stellen. In Tarent erkennt er Psyche als seine Schwester.

Die Handlung gemahnt an einen historischen Roman.[2] Es sind "der Ort und die Zeit der Begebenheiten sowohl als verschiedene in dieselbe verflochtene Personen wirklich historisch" (A 574). Aber Wieland ging es nicht darum, historisch Überliefertes auszumalen und zu vergegenwärtigen. Ebensowenig wollte er unter dem Deckmantel der Antike seine eigene Lebensgeschichte reflektieren,[3] wenngleich Autobiographisches einfloß. Am 5. Januar 1762 teilte er Johann Georg Zimmermann mit, er habe

---

[1] Christoph Martin Wieland: Geschichte des Agathon. Erste Fassung von 1766/67. Mit einer synoptischen Übersicht über die Kapitelfolge der ersten und der letzten Fassung sowie den Zusätzen und Ergänzungen von 1773, 1794 und 1800, hrsg. von Klaus Manger, Frankfurt am Main 1986. Aus dieser Ausgabe wird unter der Sigle 'A' mit nachstehender Seitenzahl im fortlaufenden Text zitiert.

[2] Siehe zur Abgrenzung vom historischen Roman u.a. Jan-Dirk Müller: Wielands späte Romane. Untersuchungen zur Erzählweise und zur erzählten Wirklichkeit, München 1971, S. 39 ff.

[3] Vgl. Wolfgang Paulsen: Christoph Martin Wieland. Der Mensch und sein Werk in psychologischen Perspektiven, Bern, München 1975. Paulsen möchte die *Geschichte des Agathon* "tentativ als einen analytisch operierenden autobiographischen Roman in historischer Verbrämung bestimmen" (ebd. S. 78), da er es sich nicht anders erklären kann, weshalb Wieland "die Beschäftigung mit seinen netten, aber doch ein wenig farblosen Helden so lange hat faszinieren können" (ebd. S. 23).

> vor etlichen Monathen einen Roman angefangen, welchen ich die Geschichte des Agathon nenne; Ich schildre darinn mich selbst, wie ich in den Umständen Agathons gewesen zu seyn mir einbilde, und mache ihn am Ende so glücklich als ich zu seyn wünschte.[4]

Hingegen behauptet der fiktive Herausgeber im *Vorbericht* der ersten Ausgabe: "das ganze Werk [...] ist als eine Widerlegung desselben [Hippias] anzusehen" (A 16), und versichert im *Vorbericht* zur dritten, es sei ihm darum zutun gewesen,

> dem moralischen Plane des Werkes durch den neu hinzu gekommenen Dialog zwischen Agathon und Archytas [...] die Krone aufzusetzen, und vermittelst alles dieses das Ganze in die möglichste Übereinstimmung mit der ersten Idee desselben zu bringen, um es der Welt mit dem innigsten Bewußtsein hinterlassen zu können, daß er wenigstens sein *möglichstes* getan habe, es der Aufschrift *quid Virtus et quid Sapientia possit* würdig zu machen. (A 591)

Der Editor spricht für den Verfasser, der für seine *Geschichte* eine Wahrheit beansprucht, die sonst nur Autoren philosophischer Texte intendieren. Also werde ich prüfen, ob "das ganze Werk" tatsächlich als eine "Widerlegung" des Hippias zu lesen ist, obwohl Agathon nach seinen Erlebnissen in Smyrna und Syrakus die materialistische Philosophie des Sophisten für erwiesen hält. Wenn aber deren Widerlegung zum erklärten "Endzweck des *moralischen Nutzens* [gehört], um dessentwillen das ganze Werk da ist" (A 584), gibt Agathon nicht die Auskunft, auf die man sich verlassen sollte. Die Wahrheit dürfte vielmehr jenseits der Überzeugungen der argumentierenden Figuren liegen. Meine These lautet daher: In den Dialogen aller drei Romanausgaben und im Elysiumsgespräch hat sich Wieland an einer philosophischen Methode orientiert, die dialektische Meinungen prüft und bei deren Widerlegungen manchmal eine Wahrheit findet, die theoretisch nicht zu bestimmen ist. Für dieses Verfahren führte Platon den Dialog ein,[5] und alles spricht dafür, daß sich

[4] Zitate aus Briefen durchgehend nach: Wielands Briefwechsel, hrsg. von der Deutschen Akademie der Wissenschaften zu Berlin, Institut für deutsche Sprache und Literatur, hrsg. von Hans Werner Seiffert, Berlin 1963 ff.; weiterhin zitiert als 'WBr.' mit nachstehender Band- und Seitenzahl. Das vorliegende Zitat ebd. WBr. 3, 61.

[5] Siehe zur Geschichte des Dialogs Gero von Wilpert: Sachwörterbuch der Literatur, 7., verb. und erw. Aufl. Stuttgart 1989; Rudolf Hirzel: Der Dialog. Ein literarhistorischer Versuch, 2 Bde., Leipzig 1895.

Wieland ihn und nicht die zahlreichen Nachahmer und gern dialogisierenden Zeitgenosen zum Vorbild nahm.[6]

In Platons Dialogen ist es eigentümlich, daß die Wahrheit aussteht. Sie kehren sich gegen eine "Scheinweisheit" oder "Doxosophie, deren Kennzeichen das bloße Übertragen, Einsetzen, Verkaufen eines fertig formulierten Wissens ist wie in der sophistischen Lehre."[7] Ihr "Logos" weist "über sich selbst [...] auf die Wahrheit [hinaus], die er nicht direkt aussagt."[8] Sein Wesen ist zwiefältig. Er "fixiert sich je in einer Aussage und er bewegt sich fort im Gespräch",[9] er vermag "Seiendes in Sätzen aufzuzeigen und zu begründen" und gesteht doch seine Unfähigkeit ein, "durch die Aussage allein Einsicht in die Wahrheit zu übermitteln", denn der "eine Grund, aus dem Wahrheit und Wissen erst ihre Klarheit und Festigkeit [...] empfangen, [ist] selber ohne Grund und darum unbegründbar, vom Logos nicht erreichbar und mitteilbar."[10] Das Paradoxe ist,

> daß die Festigkeit und Klarheit des Logos sich gerade nicht im Festhalten einer Aussage, sondern in der Bewegung, im Durchgang durch alle Schritte bewährt, und daß 'wissend' eben nur der ist, der darum weiß, daß die Wahrheit durch keine Aussage zu lehren ist, sondern sich nur im dialektischen Gespräch selbst ereignet.[11]

---

[6] Beispielsweise argumentierten Nicolas de Malebranche (*Méditations chrétiennes et métaphysiques*, 1683) und Denis Diderot (*L'entretien entre d'Alembert et Diderot*, 1769), George Berkeley (*Three Dialogues between Hylas and Philonous*, 1713) und David Hume (*Dialogues Concerning Natural Religion*,1779), Moses Mendelssohn (*Phädon oder über die Unsterblichkeit der Seele*, 1767) und Gotthold Ephraim Lessing (*Ernst und Falk. Gespräche für Freymäurer*, 1778/80) in Dialogform. Siehe zur Dialogliteratur im Aufklärungszeitalter Hans-Gerhard Winter: Dialog und Dialogroman in der Aufklärung. Mit einer Analyse von J.J. Engels Gesprächstheorie, Darmstadt 1974. Das im 18. Jahrundert beliebte Genre pflegte Wieland nicht nur im *Agathon*. Sein frühester Versuch in der dialogischen Kunst war *Timoklea. Ein Gespräch über scheinbare und wahre Schönheit* von 1754. *Araspes und Panthea* (1758) ist eine Geschichte in Dialogen nach dem Muster Xenophons und die *Göttergespräche* (1796) atmen den Geist Lukians. Die *Gespräche im Elysium* (1796), die *Geheime Geschichte des Philosophen Peregrinus Proteus* (1797), der *Agathodämon* (1799) und *Euthanasia* (1805) bestehen überwiegend oder ganz aus Dialogen ebenso seine Aufsätze: *Unterredungen mit dem Pfarrer von **** (1775), *Freymüthige Gespräche über einige neueste Weltbegebenheiten* (1782), *Gespräche unter vier Augen* (1798).

[7] Hermann Gundert: Der platonische Dialog, Heidelberg 1968, S. 11.

[8] Ebd. S.15.

[9] Ebd. S. 13.

[10] Ebd. S. 14.

[11] Ebd. S. 15.

Dieses Wissen, das Platon bald als sokratisches Wissen des Nichtwissens, bald als Wissen der Dialektiker bezeichnet, zielt auf Arete. Und "dieses Wissen ist kein Haben, sondern ein Sein", das "als der verborgene Ursprung in jeder Seele" ruht und "als ein erwachendes Vorwissen" den Suchenden und Fragenden leitet.[12] Obwohl es nicht direkt zu vermitteln ist,

> kann es gewonnen werden nur im Logos und kommt in ihm zur Sprache, dann nämlich, wenn er nicht verstanden wird als isolierter Satz, als mitteilende Aussage von etwas, sondern als ein Weg, als der Weg der Dialektik, auf dem in der Rangordnung alles Seienden der göttliche Grund selbst transparent wird.[13]

Diese dialogisch-dialektische Methode übernahm Wieland, wie ich fast ausschließlich an den Gesprächen im *Agathon* zeigen will.[14] Daß Wieland damit Platon grundsätzlich anders als seine Zeitgenossen[15] las, liegt auf der Hand. Die Aufklärer erachteten ihn für einen Metaphysiker, wenn nicht gar Schwärmer. Sie trauten auf die Theoriefähigkeit aller Dinge und nutzten Dialoge eher als ein didaktisches, nicht als ein aporetisches Verfahren. So verkannten sie, was eigentlich erst eine spätere Kritik entdeckte: daß Platon zwischen theoretischer Erkennntis und praktischem Wissen unterschied und daß er die letzten Gründe des richtigen oder guten Handelns, also Arete, dem Begriff entzog. Weil Wielands Epoche für diese Differenzierung keine Kriterien und keine Terminologie bereithält, habe ich bei meinen Erklärungen sowohl der Dialogik Platons als auch der Wielands auf neuere Abhandlungen zurückgegriffen, insbesondere auf Wolfgang Wielands *Platon und die Formen des Wissens* (Göttingen 1982). Wie aber der Verfasser des *Agathon* zu seinem Platon-Verständnis

---

[12] Ebd. S. 51.

[13] Ebd. S. 51.

[14] Auf das abenteuerliche Geschehen zu Beginn des Romans gehe ich nicht ein. Es wurde von Walter Erhart (Entzweiung und Selbstaufklärung, Christoph Martin Wielands "Agathon"-Projekt, Tübingen 1991, S. 98 ff.) bestens erklärt und ist für die Lösung der Frage, weshalb schon die erste Ausgabe als "Widerlegung" des Hippias anzusehen ist, bedeutungslos.

[15] Siehe dazu Benno Böhm: Sokrates im achtzehnten Jahrhundert. Studien zum Werdegange des modernen Persönlichkeitsbewusstseins, Leipzig 1929; Bernd Auerochs: Platon um 1800. Zu seinem Bild bei Stolberg, Wieland, Schlegel und Schleiermacher, in: Wieland-Studien III (1996), S. 161-193.

kam,[16] bliebe zu untersuchen, wenn meine immanente Deutung der Dialoge überzeugt.

Gemäß neuerer Platon-Interpretation sind das propositionale vom nichtpropositionalen Wissen und innerhalb der nichtpropositionalen Wissensform das technische Wissen vom Wissen vom Guten zu unterscheiden.[17] Propositionales Wissen ist ein Wissen, ob etwas Bestimmtes der Fall ist oder nicht. Es bezieht sich auf einen Gegenstand und kann selbst in gegenständlicher Form, nämlich in einer Aussage dargestellt werden. Kennzeichen dieser Wissensform sind Bivalenz und Objektivierbarkeit. Bivalenz bedeutet, daß das Wissen wahrheitsdifferent ist. Was wahr oder falsch sein kann, ist ein irrtumsfähiges Wissen. "Die Objektivierbarkeit des propositionalen Wissens betrifft die Beziehung, in der der Träger des Wissens, also der Wissende, zu diesem Wissen selbst und zu seinem Inhalt steht."[18] Sie zeigt sich darin, daß man bei der Ana-

---

[16] Welche Platon-Ausgaben Wieland bei den jeweiligen Romanfassungen kannte, und welche ihm zur Verfügung standen, bleibt offen. Darüber gibt auch das 1814 zum Auktionstag der nachgelassenen Bücher Wielands von Christian August Vulpius erstellte "Verzeichniß der Bibliothek des verewigten Herrn Hofraths Wieland" keine Auskunft. Klaus-P. Bauch, Maria-B. Schröder: Alphabetisches Verzeichnis der Wieland-Bibliothek. Bearbeitet nach dem "Verzeichniß der Bibliothek des verewigten Herrn Hofraths Wieland. 1814." Hannover 1993. Nach diesem Verzeichnis besaß Wieland folgende Platon-Ausgaben:

1. De rebus divinis dialogi selecti. Ed. secunda, auctior et emend. [Gr./Lat.; cura John North], Cantabrigiae: ex off. J. Hayes, 1683.

2. La République de Platon, ou Dialogue sur la justice. Divisé en dix livres. [Trad. par Jean Nicolas Grou], Amsterdam: Chez Michel Rey, 1763. T. 1-2.

3. Werke, aus d. Griech. übers. von Johann Friedrich Kleuker, Lemgo: 1778-[97]. Bde. 1-4 [von 6].

4. Opera quae exstant graece ad editionem Henrici Stephani accurate expressa cum Marsilii Ficini interpretat., praemitt. libri III Laertii de vita et dogm. Platonis cum notitia literaria. Accedit varietas lectionis. Stud. Soc. bipont. Biponti: 1781-7. T. I-XI. [Hrsg. F.C. Exter u. J.V. Embser]. Als Bd. XII dieser Ausgabe angehängt: Biponti: 1786. Opera XII: Dialogorum Platonis argumenta exposita et illustrata a. Diet. Tiedemann.

5. Auserlesene Gespräche des Platon, übersetzt von Friedrich Leopold Graf zu Stolberg, Königsberg: 1796-7. T. 1-3.

6. Apologia Socratis [graece], ex recensione et cum lat. vers. F. A. Wolfii. In usum gymnas. Berolin.: Nauck, 1812.

[17] Siehe ausführlich dazu Wolfgang Wieland: Platon und die Formen des Wissens, Göttingen 1982, drittes Kapitel, S. 224 ff.

[18] Ebd. S. 228.

lyse von Sätzen von der Person, die weiß, absehen kann. Propositionales Wissen ist objektivierbar, weil sich damit "keine wissende Instanz zu identifizieren braucht. Sie kann deswegen über diese Art von Wissen verfügen; sie kann sich von ihm distanzieren, sie kann es in gegenständlicher Form präsentieren und in dieser Gestalt einem anderen mitteilen."[19]
Hingegen ist nichtpropositionales Wissen nicht bivalent, nicht objektivierbar und nicht unmittelbar auf einen Gegenstand bezogen, daher auch nicht irrtumsfähig und vor allem nicht direkt mitteilbar. Es ist ein praktisches Wissen. Zu dieser unthematischen Wissensform gehören "Fähigkeiten und Fertigkeiten, Kompetenzen und bewußtes Können, Urteilskraft, Gebrauchswissen und Erfahrung".[20] Darüber "kann mit Hilfe von Aussagen begründet geredet und argumentiert werden", aber der Inhalt dieses Wissens läßt sich nicht "in Gestalt von Aussagen präsentieren und einem anderen mitteilen."[21]
Das technische Wissen trifft Sokrates bei den Handwerkern und Ärzten an. Es wurde durch Berufserfahrung erworben. Davon kann man sich nicht so distanzieren, wie man von Meinungen abrücken kann. Ein Fachmann kann einem Anfänger und Lehrling zwar Anleitung und Hilfestellung geben, aber das Erfahrungswissen kann nicht direkt vermittelt werden. Erfahrung muß man selbst machen. Im Erfahrungsfeld und Fachbereich können Gegenstände vorkommen, aber sie haben "höchstens paradigmatische und okkasionelle Bedeutsamkeit".[22] Das Erfahrungswissen zeigt sich darin, daß man mit den Dingen sachgerecht umzugehen versteht. Es "ist kein Wissen, das sich selbst als Wissen von diesen Dingen verstehen würde"; Erfahrung "ist nicht die Summe oder der Inbegriff der Kenntnisse, die jemand von dem hat, was innerhalb der Grenzen ihres Bereichs der Fall oder nicht der Fall ist."[23]
Schließlich ist das Erfahrungswissen nicht wahrheitsdifferent.

> Bivalent sind höchstens die Aussagen, in denen sich Erfahrung im Einzelfall bewährt. Als Erfahrung geht sie jedoch nicht in der Summe jener Aussagen auf, in denen sie sich be-

[19] Ebd. S. 228 f.
[20] Ebd. S. 230.
[21] Ebd. S. 230.
[22] Ebd. S. 231.
[23] Ebd. S. 231.

währt. Es gibt richtige und falsche Aussagen, aber es gibt keine richtige oder falsche Erfahrung.[24]

In der Beherrschung von Optionen liegt das Kennzeichen des technischen Wissens. Wer darüber verfügt, weiß innerhalb seines Kompetenzbereiches, wie er eine Sache herzustellen hat, er weiß auch, wie er das Gegenteil dessen realisieren kann. Er "kann sowohl Zwecke mit Erfolg intendieren, er kann aber denselben Zwecken auch ebenso wirkungsvoll entgegenarbeiten."[25] Die ambivalente Struktur des technischen Wissens expliziert Sokrates mehrfach.[26] Zum Beispiel kann ein Arzt aufgrund seiner Kunst den Patienten heilen, aber auch krank machen. Wie er aber sein Wissen einsetzen soll, ob es gut ist, in einer gegebenen Situation einen bestimmten Patienten zu heilen, das lehrt ihn das technische Wissen nicht.

Das höchste praktische Wissen, das Wissen vom Guten reguliert technisches Wissen. Es "nimmt seine Mittel nicht mehr zu beliebigen Zwecken oder zu ihm von anderer Seite gesetzten Zwecken in Gebrauch."[27] Im Unterschied zum technischen ist höchstes Wissen alternativlos. Es hat keine ambivalente Struktur, denn sonst müßte ein Guter auch das Schlechte realisieren können und der Gerechte "zugleich der größten Ungerechtigkeit fähig sein".[28] Das oberste Gebrauchswissen bezeichnete Platon nicht einheitlich. "Ihre Funktionen werden von der Einsicht in die Idee des Guten im Sinne der 'Politeia' ebenso erfüllt wie von der königlichen Kunst im Sinne des 'Politikos'".[29] Über dieses Wissen verfügt Sokrates. Weil er sich selbst und das Gute kennt, wird er in der *Apologie* vom Delphischen Orakel als der weiseste Mensch bezeichnet.

---

[24] Ebd. S. 233.

[25] Ebd. S. 255.

[26] Platon Werke in acht Bänden, griechisch und deutsch, hrsg. von Gunther Eigler, dt. Übersetzung von Friedrich Schleiermacher (achter Band, erster Teil von Klaus Schöpsdau, achter Band, zweiter Teil von Klaus Schöpsdau und Hieronymus Müller übersetzt), 2., unveränderte Aufl., Darmstadt 1990. Zitiert wird ohne Angabe des Bandes nach der Henricus-Stephanus-Zählung. Siehe zur Ambivalenz des technischen Wissens Hippias minor 366c ff., 373c ff., Politeia 332d ff.

[27] Wolfgang Wieland: Platon, S. 255.

[28] Ebd. S. 256.

[29] Ebd. S. 255, Anmerkungsziffer 7.

Keine anderen, weder Staatsmänner noch Gelehrte, Dichter oder Handwerker wissen wie er.[30]
Das nichtpropositionale Wissen vom Guten wird im folgenden auch als oberstes Gebrauchswissen, als sittliche Einsicht[31], als sokratische Weisheit oder als Tugendwissen bezeichnet.

Da Sein und Sollen, Ontologie und Ethik im unthematischen Wissen vom Guten als Bestimmung des Handelns und Wesens der Person übereinstimmen, ist Tugend an die Auflösung des Delphischen Orakels gebunden. Das "*Kenne dich selbst!*" (A 760) wird das philosophische Kardinalproblem des Romans und die Hauptaufgabe des Helden, der in den heiligen Hallen zu Delphi aufwächst, aber entgegen der Tempelinschrift erzogen wird. Mit dem Thema delphischer Selbsterkenntnis avisiert Wieland das Zentrum der neuzeitlichen Philosophie. Die im 17./18. Jahrhundert aufkommende Subjektphilosophie macht die Selbstreflexion des denkenden Ich zum Prinzip aller Erkenntnis schlechthin. Hier ist nicht der Ort, die mannigfaltigen Selbstbewußtseinstheorien der neuzeitlichen Philosophie nachzuzeichnen. Grundsätzliches zum "*Reflexionsmodell des Selbstbewußtseins*"[32] soll indessen erwähnt werden.
Das Selbst des Bewußtseins wird neuzeitlich nach dem Vorbild des Wissens vom Gegenständlichen interpretiert. Nach dem Vorstellungsmodell geht man davon aus, Bewußtsein – Schmerzzustände und Ähnliches ausgenommen - sei "stets Vorstellung von einem Gegenstand, der gleichsam [...] vor die Augen des Bewußtseinssubjektes gestellt wird: ihm gegenüber."[33] Wenn jedes Bewußtsein aber ein Bewußtsein von etwas ist, besteht im Bewußtsein eine Beziehung zwischen einem Subjekt- und einem Objektpol der Vorstellung. Nach dem "*Reflexionsmodell des Selbstbewußtseins*" ist das Selbstbewußtsein also

[30] Des Sokrates Apologie 21b ff.

[31] Vgl. zur besonderen Struktur der sittlichen Einsicht auch Dieter Henrich: Der Begriff der sittlichen Einsicht und Kants Lehre vom Faktum der Vernunft, in: Die Gegenwart der Griechen im Neueren Denken. Festschrift für Hans-Georg Gadamer zum 60. Geburtstag, hrsg. von Dieter Henrich, Walter Schulz, Karl-Heinz Volkmann-Schluck, Tübingen 1960, S. 77-116, S. 83 ff.

[32] Siehe zu den nachstehenden Erläuterungen des Modells Manfred Frank: Fragmente einer Geschichte der Selbstbewußtseins-Theorie von Kant bis Sartre, in: Selbstbewußtseinstheorien von Fichte bis Sartre, hrsg. und mit einem Nachwort versehen von Manfred Frank, Frankfurt am Main 1991, S. 413-599, S. 435.

[33] Ebd. S. 434.

"das Ergebnis der Rückwendung der Vorstellung auf sich selbst, die sich damit zum Gegenstand macht."[34]
Leibniz hat zuerst das Ich des Bewußtseins so definiert. Ansatzpunkte finden sich schon bei Descartes. Indessen ist dessen Modell problematisch: Es setzt ein Sein des Selbst, das zu beweisen wäre, voraus. Diese petitio principii meint Kant,[35] wenn er in der *Kritik der reinen Vernunft* schreibt, das transzendentale Ich sei eine

> an Inhalt gänzlich leere Vorstellung. [...] Durch dieses Ich [...], welches nur durch die Gedanken, die seine Prädikate sind, erkannt wird, und wovon wir, abgesondert, niemals den mindesten Begriff haben können; um welches wir uns daher in einem beständigen Zirkel herumdrehen, indem wir uns seiner Vorstellung jederzeit schon bedienen müssen, um irgend etwas von ihm zu urteilen [...]. (KrV, A 345 f., B 404)

Doch Kant bleibt nichts anderes übrig, als das Sein des 'reinen' Selbstbewußtseins, das zugleich das Prinzip der theoretischen Vernunft bildet, immer schon vorauszusetzen.[36] Fichte kritisiert die Uneinsichtigkeit des höchsten Prinzips. Bewußtsein sei unmittelbar, nämlich die völlige Nichtunterschiedenheit von Subjekt und Objekt in einer intellektuellen Anschauung.[37] Aber Fichte mißlingt es, die Nichtunterschiedenheit darzutun. Er bringt durch Termini wie Begriff und Anschauung, Bewußtseinsobjekt und Bewußtseinssubjekt eine Zweiheit ins Ich, deren unmittelbare Einheit nicht einleuchtet. Die Frühromantiker, Hölderlin und Novalis, weisen ihm nach, daß auch er der Notwendigkeit einer Vermittlung, also dem Reflexionsmodell, nicht entkommen ist.[38]
Gegen solche Selbstbewußtseinstheorien zeigt Wieland, daß Reflexion kein Selbst findet. Er nimmt ein Selbstsein an, das aller Theorie vorhergeht. Es ist durch Verzicht auf propositionales Denken und Meinen, durch sokratische

---

[34] Ebd. S. 435.

[35] Kants Schriften werden zitiert aus: Immanuel Kant, Werke in zehn Bänden, hrsg. von Wilhelm Weischedel, Sonderausgabe Darmstadt 1983. Die Seitenangaben beziehen sich jeweils auf die erste (A) und zweite (B) Originalausgabe der Werke, so daß die Angabe des Bandes entfällt. Die *Kritik der reinen Vernunft* wird als KrV, die *Kritik der praktischen Vernunft* als KpV, die *Kritik der Urteilskraft* als KdU und die *Grundlegung zur Metaphysik der Sitten* als GMS abgekürzt.

[36] Vgl. KrV, A 365/6 und A 402.

[37] Manfred Frank: Fragmente einer Geschichte der Selbstbewußtseins-Theorie von Kant bis Sartre, S. 448 ff.

[38] Ebd. S. 449.

Weisheit zu finden. Indem Wieland die Universalität des Verstandes und der instrumentellen Vernunft anfocht, wollte er weder dem Irrationalismus Tür und Tor öffnen, noch bezweckte er die "Rehabilitation der Sinnlichkeit"[39]. Ihm lag daran, sokratische Weisheit zu rehabilitieren und den Wissensbegriff zu revidieren.

In seiner Orientierung an ein aller Theorie vorhergehendes Sein hatte Wieland einen Gesinnungsgenossen: Friedrich Heinrich Jacobi, der mit seinem "Salto mortale"[40] den Spinozismus überwand und dem empirischen Ich ein grund- und bedingungsloses Sein vorordnete. Beide bezweifelten den Totalitätsanspruch philosophischer Systeme und Theorien, die eine "Scheinwirklichkeit"[41] konstruieren und das wahrhafte Sein verfehlen.

Man darf Wieland und Jacobi, beide Außenseiter der Aufklärungsphilosophie, nicht als Vertreter der Empfindsamkeitstheorien im 18. Jahrhundert verkennen. Sauder verdeutlicht in seiner Darstellung der Empfindsamkeit die

> Unhaltbarkeit der These vom Antagonismus zwischen aufgeklärter Vernunft und Empfindung. Die Theoretiker der Empfindung wurden nicht müde, auf die Notwendigkeit einer Vereinigung von Vernunft und Gefühl, ein zu erstrebendes Gleichgewicht von Denken und Empfinden hinzuweisen.[42]

Eine Beziehung zwischen Denken und Empfindung bestreiten Wieland und Jacobi keineswegs. Doch während die Analytiker der Empfindsamkeit unter

---

[39] Panajotis Kondylis: Die Aufklärung im Rahmen des neuzeitlichen Rationalismus, München 1986, S. 19 ff., S. 42 ff., S. 170 ff. und öfter.

[40] Friedrich Heinrich Jacobi: Über die Lehre des Spinoza in Briefen an den Herrn Moses Mendelssohn. Neue vermehrte Ausgabe, Breslau 1789, S.27. Diese sogenannten Spinozabriefe werden weiterhin unter der Sigle 'Spin' mit Angabe der Seitenzahl im Text zitiert. Alle weiteren Schriften Jacobis werden aus: Friedrich Heinrich Jacobi: Werke, hrsg. von Friedrich Roth und Friedrich Köppen, Leipzig 1812 ff., reprografischer Nachdruck, Darmstadt 1968 unter der Sigle 'JW' mit nachstehender Bandnummer und Seitenzahl zitiert. Sperr- und Fettdruck im Originaltext werden kursiv wiedergegeben.

[41] Dieter Henrich: Der Ursprung der Doppelphilosophie. Friedrich Heinrich Jacobis Bedeutung für das nachkantische Denken, in: Bayerische Akademie der Wissenschaften, Sitzungsberichte (1993) Heft 3: Friedrich Heinrich Jacobi. Präsident der Akademie, Philosoph, Theoretiker der Sprache. Vorträge auf einer Gedenkveranstaltung der Bayerischen Akademie der Wissenschaften 250 Jahre nach seiner Geburt. Vorgelegt am 7. Mai 1993, hrsg. von Dieter Henrich, München 1993, S. 13-27, S. 15.

[42] Gerhard Sauder: Empfindsamkeit. Bd. I: Voraussetzungen und Elemente, Stuttgart 1974, S. 125.

ihrem empirischen, sensualistischen Ansatz die Psyche und den Affekthaushalt beobachten und das empirische Ich studieren, geht es Wieland und Jacobi um ein Sein, das den aufgeklärten Erfahrungsseelenkundlern, Psychologen, Anthropologen mit ihrem theoretischen Weg schon entwichen ist. Auch von der englischen Moralphilosophie hebt sich das Philosophieren Wielands und Jacobis ab.

Die Bedeutung Jacobis für die philosophische Entwicklung des ausgehenden 18. und beginnenden 19. Jahrhunderts wird heute nicht mehr bestritten.[43] Sein mit Lessing 1780 geführtes und in Briefen an Moses Mendelssohn 1785 publiziertes Gespräch bewegte die Zeitgenossen. Er trieb mit seiner Interpretation der Kantischen Kritik die Entwicklung des Idealismus voran. Insbesondere Fichte und Schelling arbeiteten sich an dem "privilegirte[n] Ketzer" (JW, III, 15) ab. Wieland aber, der früher als Jacobi im Sinne Platons philosophierte, wurde unterschätzt. Dem soll diese Arbeit abhelfen.

Im folgenden will ich die Forschungsergebnisse mitteilen und danach im zweiten Kapitel das ethische System Spinozas sowie die Philosophie des Leibniz skizzieren. Denn entgegen der herrschenden Meinung halte ich dafür, daß die Lehre des Hippias nicht auf die französischen Materialisten zurückgeht. Seine Ansichten fußen auf einer modifizierten Lehre Spinozas und im Elysium vertritt er eine These des Leibniz.

Im dritten Kapitel wird anhand der "Unphilosophie" (JW III, 9) Jacobis und der "Lebensphilosophie" des Archytas die Kongenialität von Wieland und Jacobi herausgestellt. Aufgrund seiner sokratischen Weisheit ist Archytas fähig, den Weg zur Tugend einem anderen verständlich zu machen. Es empfiehlt sich daher, die "Krone" an den Anfang der Romaninterpretation zu stellen. Daß die platonische Philosophie eine Grundhaltung Wielands ist, wird anschließend anhand von vier weiteren Texten belegt.

Im vierten Kapitel wird die erste Ausgabe der *Geschichte des Agathon* behandelt.

Thema des fünften Kapitels ist die zweite Romanfassung. Gezeigt wird, inwieweit Wieland Jacobis Verbesserungsvorschläge aufnimmt, was im *Agathon* historisch ist und Danaes sittliche Einsicht.

Im sechsten Kapitel werden das Gespräch mit Hippias im Gefängnis und der Schluß der dritten Fassung behandelt, um Agathons Fortschritt zu sittlicher Einsicht nachzuweisen.

---

[43] Siehe dazu Dieter Henrich: Der Ursprung der Doppelphilosophie, S. 13-27.

Im siebten wird ersichtlich, daß Agathon im Elysium aufgrund seiner sokratischen Weisheit fähig ist, Hippias zu widerlegen.
Abschließend erfolgt ein Ausblick auf die frühromantische Philosophie, um die These zu widerlegen, Wieland zähle zu den deutschen Vorromantikern.[44]

[44] So denkt u.a. Raymond Immerwahr: Romantisch. Genese und Tradition einer Denkform, Frankfurt am Main 1972, S. 135.

## I. Forschungsergebnisse

Die zeitgenössischen Rezensenten stuften die *Geschichte des Agathon* von 1766/67 als sittengefährdend ein und beschuldigten den Autor einer verruchten Moral.[45] Den Stürmern und Drängern und dem Göttinger Hainbund galt Wieland als undeutsch und unsittlich.[46] Energisch arbeiteten die Schlegels im *Athenäum* auf Wielands literarische Vernichtung hin,[47] schimpften seine Werke wertlos, schreckten auch vor persönlicher Beleidigung nicht zurück.[48]
Im 19. und im beginnenden 20. Jahrhundert wurde Wieland als Vorklassiker erinnert und die alten Vorwürfe der Unsittlichkeit und Frivolität, des Mangels an Tiefe und Originalität erneuert.[49] Nach dem zweiten Weltkrieg wurde eine

---

[45] Siehe zur zeitgenössischen Rezeption S. 158158 ff.

[46] Siehe dazu Heike Steinhorst: Zum Problem der Nationalliteratur in Wielands "Teutschem Merkur" vor der Französischen Revolution, in: Wieland-Kolloquium Halberstadt 1983, hrsg. von Thomas Höhle, Halle (Saale) 1985, S. 249-258. Irmtraud Sahmland: Christoph Martin Wieland und die deutsche Nation: zwischen Patriotismus, Kosmopolitismus und Griechentum, Tübingen 1990, S. 131 ff.

[47] Friedrich Schlegel teilte seinem Bruder August Wilhelm am 18. 12. 1797 mit: "Schreib mir, was Du lieber wünschest - denke auch selbst auf etwas Pikantes fürs Ite Stück: das über Klopstocks Gespräche oder den Anfang des Auto da fe über Wieland." Am Ende des Briefes heißt es: "So viel ich sehe, willst Du folgendes zu den beiden ersten Stücken geben: *Zum Iten.* Über Klopst.[ocks] Gr.[ammatische] Gespr.[äche] <und weiter nichts.> *Zum IIten.* Briefe über Sh.[akespeares] komischen Geist. Der Anfang der Wielandischen Hinrichtung." Zitat aus Friedrich Schlegel, Kritische Friedrich-Schlegel-Ausgabe, hrsg. von Ernst Behler u.a., Paderborn, München, Wien 1958 ff., Bd. 24, S. 64 und S. 68; weiterhin als KA mit nachstehender Band- und Seitenzahl zitiert.

[48] Vgl. zur Wieland-Kritik der Brüder Schlegel Klaus Oettinger: Phantasie und Erfahrung. Studien zur Erzählpoetik Christoph Martin Wielands, München 1970, S. 15 ff. und S. 120 ff.; Ernst Behler: Das Wieland-Bild der Brüder Schlegel, in: Christoph Martin Wieland, Nordamerikanische Forschungsbeiträge zur 250. Wiederkehr seines Geburtstages 1983, hrsg. von Hansjörg Schelle, Tübingen 1984, S. 349 - 392.

[49] Siehe zur Wirkungs- und Rezeptionsgeschichte: Harry Ruppel: Wieland in der Kritik. Die Rezeptionsgeschichte eines klassischen Autors in Deutschland, Frankfurt am Main 1980. Herbert Jaumann: Vom "klassischen Nationalautor" zum "negativen Classiker". Wandel literaturgesellschaftlicher Institutionen und Wirkungsgeschichte, am Beispiel Wieland, in: Klassik und Moderne. Die Weimarer Klassik als historisches Ereignis und Herausforderung im kulturgeschichtlichen Prozeß, hrsg. von Karl Richter und Jörg Schönert. Festschrift, Walter Müller-Seidel zum 65. Geburtstag, Stuttgart 1983, S. 3-26, S. 4 ff. Beispiele sittlicher Empörung gegen Wieland mit Hinweis auf weitere Literatur stellt auch Thomas C. Starnes zusammen: Wieland

"Ehrenrettung"[50] versucht: Man lobt, was einst getadelt wurde.[51] Frivolität und Schlüpfrigkeit gelten nun als "heiter-gesellige Lebenskunst"[52], als "südlich gelockerte, dem Sinnenhaften und Irdischen glückhaft hingegebene Daseinsbejahung".[53] Aus dem 'unmoralischen' Autor wird der Lehrer einer "heiteren Tugend"[54] oder der "Moralist Wieland"[55], der mit dem Leser "das geistvolle Spiel schöner Geselligkeit heiter vollzieht".[56] "Launische Rokokophilosophie"[57] ersetzt "Oberflächlichkeit".[58] Der alte Tadel der Unbeständigkeit und

---

und die Frauenfrage - Frauen und die Wielandfrage, in: Wieland-Studien II (1994), S. 221-248, S. 221 ff.

50 Siehe zum Topos der "Ehrenrettung" Klaus Oettinger: Phantasie und Erfahrung, S. 20 und Hermann Müller-Solger: Zu neueren Publikationen über Christoph Martin Wieland (1970/71). Ein Forschungsbericht, in: Archiv für das Studium der Neueren Sprachen und Literaturen 124 (1972) 209. Bd., S. 98-112, S. 98 f.

51 Siehe zur Tendenz der Umwertung Walter Erhart: Entzweiung und Selbstaufklärung, S. 3 ff.

52 Emil Staiger: Wielands Musarion, in: Wieland. Vier Biberacher Vorträge. 1953 gehalten von Friedrich Beissner, Emil Staiger, Friedrich Sengle, Hans Werner Seiffert, Wiesbaden 1954, S. 35-54, S. 36.

53 Fritz Martini: C. M. Wieland und das 18. Jahrhundert, in: Festschrift Paul Kluckhohn und Hermann Schneider gewidmet zu Ihrem 60. Geburtstag, hrsg. von Ihren Tübinger Schülern, Tübingen 1948, S. 243-265, S. 254.

54 Ebd. S. 255.

55 Jürgen Jacobs: Wielands Romane. Bern und München 1969, S. 10.

56 Ebd. S. 14.

57 Friedrich Sengle: Wieland, Stuttgart 1949, S. 231.

58 Ebd. S. 197: "Der barocke Glaube ist verloren gegangen, aber der barocke 'Pessimismus' ist geblieben. Durch ihn unterscheidet sich das Rokoko am tiefsten von der Aufklärung; ohne Wissen von ihm muß die Rokoko-'Oberflächlichkeit' völlig mißverstanden werden. Auch den Rokoko-Menschen läßt das Gefühl der vanitas mundi nicht los; nur erschauert er nicht vor ihm, sondern er zerstreut und übertäubt es durch ein immer frecher werdendes Spiel, dem auch Wieland wieder für einige Zeit verfallen wird und dem erst die französischen Guillotinen ein Ende machen." Hans Schmeer (Der Begriff der "schönen Seele" besonders bei Wieland und in der deutschen Literatur des 18. Jahrhunderts. Germanische Studien, Heft 44, Berlin 1926, S. 39) bietet folgende Erklärung an: "In dieser mikrokosmischen Transzendenz-Abscheu Wielands (philosophisch und religiös) wurzelt seine sogenannte Oberflächlichkeit, die wiederum zu seiner optimistischen Weltanschauung führt. Er lebt in der eudämonistischen Aufklärungsphilosophie, die rein praktische Lebensinteressen hat und den Mangel an Tiefe durch ein harmonisch-ästhetisches Weltbild ersetzt".

Standpunktlosigkeit[59] kehrt im Lob praktizierter Meinungsvielfalt und der Wahl "verschiedener Standpunkte" wieder.[60]
Früh schon wurde die *Geschichte des Agathon* in die Tradition des Bildungs- und Entwicklungsromans eingeordnet. Wieland habe "nicht die vollgültige humanitätsphilosophische Position erreicht und vor allem nicht im 'Agathon' den wahren humanitätsphilosophischen Bildungsgedanken vertreten."[61] Erich Groß deutet auf "innere Widersprüche" zwischen dem "milieutheoretischen Naturalismus", der die erste Fassung präge, und dem "ästhetischen Moralismus" der zweiten; die dritte dürfe man jedoch "einen sittlichen Bildungsroman nennen".[62] Denn der "ästhetische Moralismus Shaftesburys", der "im wesentlichen Wielands Weltanschauung" gewesen sei, habe "noch eine Bereicherung und Fortbildung aus der aufkommenden Kantischen Moralphilosophie" erfahren, die ihn stimuliert habe, "das schon in der Philosophie Shaftesbury angelegte sittliche Ideal der inneren Form, der autonomen Persönlichkeit in der letzten Fassung des Agathon ganz besonders scharf herauszuarbeiten."[63] Erfreut verkündet Hans Werner Seiffert,

---

[59] Zum Beispiel Herder, dem Wielands politische Dialoge zu den "Zeitumständen" an sich "gefallen", beanstandet, daß "man im Ganzen bei ihm nicht sicher ist, ob er nicht in einem dritten oder vierten das Gegentheil behaupte." Zitiert aus: Johann Gottfried Herder: Briefe. Gesamtausgabe 1763-1803. Unter Leitung von Karl-Heinz Hahn hrsg. von den Nationalen Forschungs- und Gedenkstätten der klassischen deutschen Literatur in Weimar, Sechster Band, August 1788 - Dezember 1792. Bearbeitet von Wilhelm Dobbeck und Günter Arnold, Weimar 1981, S. 208. Weitere Belege finden sich auch in der von Thomas C. Starnes herausgegebenen Chronik: Christoph Martin Wieland. Leben und Werk. Aus zeitgenössischen Quellen chronologisch dargestellt, 3 Bde., Sigmaringen 1987.

[60] Susanne Wipperfürth: Wielands geschichtsphilosophische Reflexionen. Frankfurt am Main u.a. 1995, S. 92; vgl. Jan-Dirk Müller: Wielands späte Romane, S. 26; Hermann Müller-Solger: Zu neueren Publikationen über Christoph Martin Wieland, S. 112. Siehe zu dieser Tendenz der Umwertung Karl S. Guthke: Alptraum der Vernunft? Auf der Suche nach einem neuen Wieland-Bild, in: Erkundungen. Essays zur Literatur von Milton bis Traven, New York u.a. 1983, S. 141-155, S. 142.

[61] Ernst L. Stahl: Die religiöse und die humanitätsphilosophische Bildungsidee und die Entstehung des deutschen Bildungsromans im 18. Jahrhundert, Bern 1934, S. 142.

[62] Erich Groß: C. M. Wielands "Geschichte des Agathon". Entstehungsgeschichte, Berlin 1930, S. 157 f.

[63] Ebd. S. 17.

"man lernt allmählich, Wieland goethisch zu sehen".[64] In den fünfziger Jahren gewinnt die *Geschichte des Agathon* als Vorstufe zu Goethes *Wilhelm Meister* kanonische Geltung. In den siebziger Jahren wird die Rückführung der Bildung Agathons auf die "aristotelische Entelechie oder Leibnizens Monade" oder auf das neuhumanistische Bildungsideal von Herder und Goethe kritisiert,[65] da dieser Bildungsbegriff die "Einsicht in Aporien" blockiere.[66] Man erkennt im *Agathon* "eine frühe, komplex ausgestaltete Form der psychologischen Entwicklungsgeschichte eines auf Individualität angelegten Menschen, den ersten deutschen gewichtigen und 'modernen' psychologischen Roman."[67] Abgesehen von Wolfgang Paulsen und Gerd Hemmerich, die einen Entwicklungsprozeß Agathons bestreiten,[68] liest man die *Geschichte des Agathon* als "anthropologischen Entwicklungsroman",[69] in welchem der Erzähler "das Programm naturwissenschaftlicher Anthropologie von Helvétius bis Zimmermann" übernehme.[70] "Die den Gesetzen der Natur analogen Gesetze menschlichen Handelns" seien "ein Zielpunkt des Romans";[71] die "Verbindung von Besonderem und Allgemeinem" sei Wielands "Absicht und Sinn der

---

[64] Hans Werner Seiffert: Wieland und Wielandforschung, in: Wieland. Vier Biberacher Vorträge, 1953 gehalten von Friedrich Beissner, Emil Staiger, Friedrich Sengle, Hans Werner Seiffert, Wiesbaden 1954, S. 80-102, S. 99.

[65] Gerd Hemmerich: C. M. Wielands "Geschichte des Agathon". Eine kritische Werkinterpretation, Nürnberg 1979, S. 7, vgl. Horst Thomé: Roman und Naturwissenschaft. Eine Studie zur Vorgeschichte der deutschen Klassik, Frankfurt am Main 1978, S. 230.

[66] Gerd Hemmerich: Werkinterpretation, S. 6.

[67] Reinhard Döhl: Nachwort, in: Christoph Martin Wieland, Geschichte des Agathon. Erste Fassung. Unter Mitwirkung von Reinhard Döhl hrsg. von Fritz Martini, Stuttgart 1979, S. 643-679, S. 644. Als "psychologischen Entwicklungsroman" betrachtet ihn auch schon Melitta Gerhard: Der deutsche Entwicklungsroman bis zu Goethes 'Wilhelm Meister', Halle/Saale 1926, S. 89 ff.

[68] Wolfgang Paulsen: Christoph Martin Wieland, S. 78, 157 ff; Gerd Hemmerich: Werkinterpretation, S. 4 f., 11.

[69] Hans-Jürgen Schings: Der anthropologische Roman. Seine Entstehung und Krise im Zeitalter der Spätaufklärung, in: Studien zum achtzehnten Jahrhundert, hrsg. von der Deutschen Gesellschaft für die Erforschung des achtzehnten Jahrhunderts, Band 2/3 : Deutschlands kulturelle Entfaltung. Die Neubestimmung des Menschen, hrsg. von Bernhard Fabian, Wilhelm Schmidt-Biggemann, Rudolf Vierhaus, München 1980, S. 247-275, S. 251 ff.

[70] Horst Thomé: Roman und Naturwissenschaft, S. 221.

[71] Ebd. S. 189.

poetischen Nachahmung der Natur."[72] Oder: Die *Geschichte des Agathon* erzähle von der Zerstörung der "Einheit der Persönlichkeit",[73] von der Brüchigkeit der Identität des Subjekts oder von dessen "Identitätskrise".[74] Dargestellt worden sei die "Pathogenese" oder "historia morbi des modernen Subjekts" und die "Erfahrung der Ohnmacht"[75] oder "die Lebensgeschichte eines Menschen, dem seine Identität sowohl auf der intra- als auch auf der interindividuellen Ebene zum Problem geworden" sei.[76] Nach Peter Brenner, der gemäß der 'Dialektik der Aufklärung' die problematische Konstitution des Subjekts im Aufklärungsroman beschreibt, bringe Wieland "eine realgeschichtliche Ambivalenz zum Ausdruck: Das Individuum ist Individuum, und es kann dies nur bleiben, indem es seine Individualität an das Allgemeine durch die unvermit-

---

[72] Wolfgang Preisendanz: Die Auseinandersetzung mit dem Nachahmungsprinzip in Deutschland und die besondere Rolle der Romane Wielands (Don Sylvio, Agathon), in: Nachahmung und Illusion, Kolloquium Gießen Juni 1963, Vorlagen und Verhandlungen, hrsg. von H. R. Jauß, zweite, durchgesehene Auflage, München 1983, S. 72-95, S. 88: "Nicht mehr die künstliche Verknüpfung des Wunderbaren und Wahrscheinlichen, sondern die Verbindung von Besonderem und Allgemeinem wird Aufgabe der Einbildungskraft, wird Absicht und Sinn der poetischen Nachahmung der Natur. Oder anders gesagt: das Verhältnis zwischen Bild und Wahrheit ist nicht mehr das Verhältnis von Allegorie und Eigentlichem; vielmehr ist der Roman Darstellung des Allgemeinen im hypothetischen und bedeutenden Besonderen." Vgl. Klaus Oettinger: Phantasie und Erfahrung, S. 90 ff.; Jan-Dirk Müller: Wielands späte Romane, S. 53 ff.; Horst Thomé: Roman und Naturwissenschaft, S. 179 ff. besonders S. 200 ff.; Werner Frick: Providenz und Kontingenz. Untersuchungen zur Schicksalssemantik im deutschen und europäischen Roman des 17. und 18. Jahrhunderts, Teil 2, Tübingen 1988, S. 401 ff.; Klaus Nolting: Die Kunst zu leben oder Die Natur weiß nichts von Idealen. Eine Untersuchung zur Grundhaltung der Mäßigung in Werk und Leben Christoph Martin Wielands, Frankfurt am Main 1995, S. 94 f.

[73] Klaus Schaefer: Das Problem der sozialpolitischen Konzeption in Wielands "Geschichte des Agathon" (1766/67). Ein Beitrag zur Untersuchung des idealen Menschenbildes in der Literatur der deutschen Aufklärung, in: Weimarer Beiträge 16 (1970) H. 10, S. 171-196, S. 177.

[74] Norbert Ratz: Der Identitätsroman. Eine Strukturanalyse, Tübingen 1988, S. 38 ff; Werner Frick: Providenz und Kontingenz, S. 399 Anmerkungsziffer 36 und S. 435 ff.

[75] Hans-Jürgen Schings: Agathon - Anton Reiser - Wilhelm Meister. Zur Pathogenese des modernen Subjekts im Bildungsroman, in: Goethe im Kontext. Kunst und Humanität, Naturwissenschaft und Politik von der Aufklärung bis zur Restauration. Ein Symposium, hrsg. von Wolfgang Wittkowski, Tübingen 1984, S. 42-68, S. 42 ff.

[76] Birgit Nübel: Autobiographische Kommunikationsmedien um 1800: Studien zu Rousseau, Wieland, Herder und Moritz, Tübingen 1994, S. 146.

telte Unterwerfung verrät."[77] Für Erhart beginnt "Wielands 'Geschichte des Agathon' weder mit der Apotheose eines bildungsfähigen, 'bürgerlichen' Individuums, noch endet sie mit dem Abgesang auf ein in die Fänge der Aufklärungsdialektik geratenes Subjekt."[78] Solchen Deutungen stellt er "eine Funktionsgeschichte des Romanprojekts gegenüber". Der Wert liege darin, daß sie "den Wandel des Wielandschen Romanprojekts erst deutlich werden" lasse, wobei "sich weniger ein teleologischer Prozeß, der zu einem Abschluß kommt, als ein literarisches Experiment über die Selbstthematisierungen moderner Existenz" enthülle,[79] nämlich die einer "'entzweiten' Existenz".[80] Also "nicht die immer schon einer 'Dialektik der Aufklärung' anheimgegebene Zerstörung von Individualität, sondern die aus einer epochalen Krise entstandenen Konstitutionsformen des 'entzweiten' Subjekts" würden den Aufklärungsprozeß angemessen beschreiben.[81] Erhart orientiert sich an Habermas und Hegel, die die "'dreifache Entzweiung des modernen Ich mit äußerer Natur, Gesellschaft und innerer Natur" formulierten,[82] und schlägt Wieland der Entfremdungsliteratur des 18. Jahrhunderts zu, die nach Vermittlung suche.

Die alte wie die neue Forschung geht von einem reflexiven Subjekt, einem polaren Ich aus. Aber für Wieland ist die Einheit des Ich überhaupt nicht durch Vermittlung zweier Konstituentien herzustellen. So blieb die "Widerlegung" des Hippias bis heute uneinsichtig, obschon die neuere Forschung die Auseinandersetzung zwischen Hippias und Agathon, an welcher die ältere Forschung einen "Mangel an epischer Überzeugungskraft" auszusetzen hatte,[83] als das zentrale Moment im Plot des Romans behandelt: "In der Gegenüberstellung von materialistisch-empiristischer Philosophie und platonisch-leibnizschem Idealismus präsentiert sich das Thema des gesamten Ro-

---

[77] Peter J. Brenner: Die Krise der Selbstbehauptung. Subjekt und Wirklichkeit im Roman der Aufklärung, Tübingen 1981, S. 89.

[78] Walter Erhart: Entzweiung und Selbstaufklärung, S. 17.

[79] Ebd. S. 17.

[80] Ebd. S. 12.

[81] Ebd. S. 12.

[82] Ebd. S. 12.

[83] Heinrich Vormweg: Die Romane Chr. M. Wielands. Zeitmorphologische Reihenuntersuchung, Bonn 1956, S. 333. Siehe auch Hermann Meyer: Zum Problem der epischen Integration, in: Trivium, VIII (1950) Heft 4, S. 299-318, S. 303.

mans, der als Überprüfung beider Theorien angelegt ist."[84] Wieland versuche "zentrale dichotomische Spannungen im Denken der Epoche [...] in die Totalität des literarischen Werkes zu bannen und ihren Konflikt anschaulich auszutragen."[85] Die Kontroverse zwischen Hippias und Agathon wird von einigen Interpreten mit unterschiedlicher Schwerpunktsetzung sozialhistorisch gedeutet.[86] Klaus Nolting interpretiert sie gar autobiographisch. Sie bezeuge, "mit welchem Ernst und welcher Konsequenz Wieland seinen inneren Kampf mit sich ausficht, um zu einer objektiven Einschätzung seiner Person und zur Aufhebung seines inneren Zwiespalts zu gelangen".[87] Agathon und Hippias könnten "als die ins bedeutend-allgemeine überhöhten Personifizierungen der einander widersprechenden Tendenzen seines Bewußtseins gelten".[88]
Die moralphilosophische Problematik des Romans wurde zwar gesehen, aber nicht als Aufgabe ergriffen. Die Frage, weshalb der ganze Roman als eine "Widerlegung" des Sophisten zu verstehen sei, wird ignoriert.[89] Nicht die

---

[84] Walter Erhart: Entzweiung und Selbstaufklärung, S. 104.

[85] Werner Frick: Providenz und Kontingenz, S. 425.

[86] Klaus Schaefer (Das Problem der sozialpolitischen Konzeption in Wielands "Geschichte des Agathon" (1766/67), S. 178 f.) transponiert in die Opposition von Hippias und Agathon den "Klassenantagonismus der zweiten Hälfte des 18. Jahrhunderts" zwischen "bürgerlich-aufklärerischem Idealismus" und "Feudaladel". Auch Horst Thomé (Menschliche Natur und Allegorie sozialer Verhältnisse. Zur politischen Funktion philosophischer Konzeptionen in Wielands "Geschichte des Agathon" (1766/67), in: Jahrbuch der Deutschen Schillergesellschaft 22 (1978), S. 205-234, S. 210 ff.) betrachtet "die radikale Aufklärung" des Hippias als "geheimes Herrschaftswissen der Demagogen und der Höflinge", den Idealismus Agathons als "bürgerliche Moralität" und "setzt Hippias mit der aristokratisch-absolutistischen, Agathon mit der bürgerlichen Position gleich". Joachim Campe (Der programmatische Roman. Von Wielands "Agathon" zu Jean Pauls "Hesperus", Bonn 1979, S. 63) sieht in den Positionen von Hippias und Agathon einen "großbürgerlich-technischen [...] und mittelständisch-moralischen Aspekt der Aufklärung", während sich für Gerd Hemmerich (Werkinterpretation, S. 51) "zwischen Agathon und Hippias die Auseinandersetzung zwischen platonisch-christlicher Überlieferung und Aufklärung abspielt".

[87] Klaus Nolting: Die Kunst zu leben, S. 94.

[88] Ebd. S. 98.

[89] Erich Groß: C. M. Wielands "Geschichte des Agathon"; Ernst L. Stahl: Die religiöse und die humanitätsphilosophische Bildungsidee; Melitta Gerhard: Der deutsche Entwicklungsroman bis zu Goethes 'Wilhelm Meister'; Marga Barthel: Das "Gespräch" bei Wieland. Untersuchungen über Wesen und Form seiner Dichtung, Frankfurt am Main 1939; Hans Wolffheim: Wielands Begriff der Humanität, Hamburg 1949; Friedrich Sengle: Wieland; Heinrich Vormweg: Die Romane C. M. Wielands; Wolfram Buddecke: C. M. Wielands Ent-

"Auflösung eines philosophischen Problems", sondern "der Ton ist die Hauptsache" in Wielands "'*philosophischen*' Schriften", glaubt Karl Heinz Kausch.[90] Statt auf die "Widerlegung" laufe der Roman auf die Darstellung gleichberechtigter pluralistischer Weltbilder hinaus.

> Gerade dieser Aspekt einer multiperspektivischen, durch den Filter verschiedener philosophischer Systeme gesehenen [...] Wirklichkeit ist in der neueren Forschungsdiskussion als ein Charakteristikum des 'Agathon' erkannt [...] worden.[91]

Schon früh wurde der "sokratische Geist" als die für Wieland "vornehmste Eigenschaft des Gesprächs" gesehen[92] und die Form des "sokratischen Zwiegesprächs" als sein prägendes Stilprinzip genannt.[93] Immer wieder wird Wielands künstlerische Gestaltung des sokratischen Gesprächs beleuchtet[94] und betont, Wieland habe "im 18., sokratischen Jahrhundert in unvergleich-

---

wicklungsbegriff und die Geschichte des Agathon, Göttingen 1966; Wolfgang Preisendanz: Die Auseinandersetzung mit dem Nachahmungsprinzip; Jürgen Jacobs: Wielands Romane; Hermann Müller-Solger: Der Dichtertraum. Studien zur Entwicklung der dichterischen Phantasie im Werk Christoph Martin Wielands, Göppingen 1970; Klaus Oettinger: Phantasie und Erfahrung; Klaus Bäppler: Der philosophische Wieland. Stufen und Prägungen seines Denkens, Bern und München 1974; Joachim Campe: Der programmatische Roman; Horst Lange: Vermittlungsformen des Ideals. Rezeptionsästhetische Studien zu den Bildungsromanen Fieldings und Wielands ("Tom Jones" und "Agathon"), Konstanz 1979; Hans-Jürgen Schings: Der anthropologische Roman; Sybille Gössl: Materialismus und Nihilismus. Studien zum deutschen Roman der Spätaufklärung, Würzburg 1987; Norbert Ratz: Der Identitätsroman; Gerhart Mayer: Der deutsche Bildungsroman. Von der Aufklärung bis zur Gegenwart, Stuttgart 1992, S. 31-42; Dorothee Kimmich: Epikureische Aufklärungen. Philosophische und poetische Konzepte der Selbstsorge, Darmstadt 1993, S. 180-198; Birgit Nübel: Autobiographische Kommunikationsmedien um 1800; Rolf Selbmann: Der deutsche Bildungsroman. Zweite, überarb. und erw. Aufl., Stuttgart 1994, S. 45-49; Klaus Schaefer: Christoph Martin Wieland, Stuttgart, Weimar 1996, S. 42-64, Bernhard J. Dotzler: Papiermaschinen: Versuch über Communication & Control in Literatur und Technik, Berlin 1996.

90 Karl Heinz Kausch: Die Kunst der Grazie. Ein Beitrag zum Verständnis Wielands, in: Jahrbuch der Deutschen Schillergesellschaft, 2 (1958), S. 12-42, S. 14.

91 Werner Frick: Providenz und Kontingenz, S. 404.

92 Marga Barthel: Das "Gespräch" bei Wieland, S. 123.

93 Fritz Martini: C. M. Wieland und das 18. Jahrhundert, S. 247.

94 Jan-Dirk Müller: Wielands späte Romane, S. 151 f.; Klaus Bäppler: Der philosophische Wieland, S. 38; Walter Erhart: Entzweiung und Selbstaufklärung, S. 346; Klaus Manger: Klassizismus und Aufklärung: das Beispiel des späten Wieland. Frankfurt am Main 1991, S. 58 ff.; Susanne Wipperfürth: Wielands geschichtsphilosophische Reflexionen, S. 185 f.

licher Weise eine Gesprächspoetik entfaltet, die das ursprüngliche Gespräch der athenischen Akademie [...] wiederbelebt und den Dialog mit ihr wiederaufnimmt."[95] Aber die philosophische Methode des "sokratischen Geistes" wurde seltsamerweise nicht als Modell der "Widerlegung" des Sophisten berücksichtigt. Hemmerich fragt nicht, wie Hippias widerlegt wird, für ihn steht fest, daß Hippias und "die Argumente der Aufklärung das größte Gewicht besitzen."[96] Thomé entdeckt im Literarischen den "Freiraum des Humanen"[97] sowie im "Realitätsmodell des Erzählers" ein "Reservat humaner Möglichkeiten", welches "von der Naturwissenschaft nicht tangiert wird und gegen sie nicht verteidigt zu werden braucht."[98] "Um die durch Hippias vertretene Negation einer universalisierbaren Moral zu entkräften", bedürfe es nach Frick auch "keiner explizit moralphilosophischen Gegengründe".[99] Erhart, der Wielands *Agathon* auf der Folie englischer und französischer philosophischer Romane des 18. Jahrhunderts betrachtet, deren Zweck es sei, durch "Zuspitzung" die "theoretisch verdeckten Aporien sichtbar werden zu lassen",[100] bezweifelt von vornherein den Wahrheitsanspruch der im *Vorbericht* formulierten Behauptung. Wielands *Vorbericht* gebe sich "als irreführend zu erkennen",[101] die "Eindeutigkeit der 'moralischen Absichten'" verkehre sich in eine "ironische Demontage des vom Erzähler präsentierten Programms".[102] Da das Programm nicht eingelöst werde, gewinne "der Roman seine ihm eigene Methode erst durch diese permanente Verweigerung und Dekomposition der vom Leser erwarteten Erzählstrukturen."[103] Anstatt einer "Widerlegung" variiere der Roman "eine Aporie, deren Unlösbarkeit die aufklärerische Moraltheorie an ihre Grenzen bringt".[104]

---

95 Klaus Manger: Wielands Kosmopoliten, in: Europäische Sozietätsbewegung und demokratische Tradition. Die europäischen Akademien der Frühen Neuzeit zwischen Frührenaissance und Spätaufklärung, Bd. II, hrsg. von Klaus Garber und Heinz Wismann unter Mitwirkung von Winfried Siebers, Tübingen 1996, S. 1637-1667, S. 1640.

96 Gerd Hemmerich: Werkinterpretation, S. 52.

97 Horst Thomé: Roman und Naturwissenschaft, S. 240.

98 Ebd. S. 195.

99 Werner Frick: Providenz und Kontingenz, S. 399.

100 Walter Erhart: Entzweiung und Selbstaufklärung, S. 96.

101 Ebd. S. 98.

102 Ebd. S. 93.

103 Ebd. S. 94.

104 Ebd. S. 111.

Silvio Vietta glaubt, "zweifellos die gründlichste Widerlegung des Hippias" sei dadurch erreicht worden, daß Agathon dem Sophisten die Folgen seiner Grundsätze vorhält.[105] Ebenso verkennt Andreas Selmeci die Problematik der "Widerlegung". Nach zwei rhetorischen Fragen –

> Bleibt sich der enttäuschte Agathon aber nicht treu, indem er sich zu einer humanistischen Mission nach Sizilien einschifft? Und hat die in die Gosse gestossene Danae nicht gerade durch die Begegnung mit Agathon rein zu lieben gelernt?-

teilt er dem Leser mit: "In der Tat verliert der Sophist sein fieses Spiel, da er hinsichtlich seiner Einflußmöglichkeiten von falschen Prämissen ausgegangen ist."[106] Von Nolting wird man aufgeklärt, daß Hippias "nicht widerlegt wird, weil er nicht widerlegt werden kann",[107] und daß

> der Verführer oder 'das Böse' mindestens ebenso klug, gewandt und in ebenso schöner Gestalt auftreten kann als das sogenannte Gute, und daß es daher schon eines genaueren Blicks und subtilerer Mittel bedarf, wenn er überführt [...] werden soll.[108]

Nicht Hippias, sondern Agathon sieht die neuere Forschung als widerlegt an:

> Der desillusionierende Verlauf der Geschichte [...] erweist sich als empirische Widerlegung des Geltungsanspruches der idealistischen Aufklärung. Das Scheitern der altruistischen Ideale Agathons im privaten wie im öffentlichen Bereich stellt die Gültigkeit universaler moralischer Gesetze und die Realisierbarkeit bürgerlicher Aufklärungsethik in Frage,[109]

schreibt Susanne Wipperfürth gestützt auf eine breite Zustimmung.[110]
Die Beurteilungen der *Geschichte des Agathon* variieren. Während für Thomé Wieland "die letzte große Synthese der Aufklärung" vollziehe,[111] demonstriert

---

105 Silvio Vietta: Literarische Phantasie: Theorie und Geschichte. Barock und Aufklärung, Stuttgart 1986, S. 206 f.

106 Andreas Selmeci: Bildung zur Freiheit?: Über Pädagogik, Roman und Spiel im 18. Jahrhundert, Würzburg 1994, S. 127.

107 Klaus Nolting: Die Kunst zu leben, S. 97.

108 Ebd. S. 98.

109 Susanne Wipperfürth: Wielands geschichtsphilosophische Reflexionen, S. 170.

110 Vgl. Walter Erhart: Entzweiung und Selbstaufklärung, S. 187; Werner Frick: Providenz und Kontingenz, S. 438 ff.; Horst Thomé: Menschliche Natur und Allegorie sozialer Verhältnisse, in: Jahrbuch der Deutschen Schillergesellschaft 22 (1978), S. 205-234, S. 227 ff.; Klaus Schaefer: Das Problem der sozialpolitischen Konzeption in Wielands "Geschichte des Agathon", S. 185 f.

die erste Fassung für andere das "Mißlingen des Romans",[112] das Scheitern der "Einheitskonzeption"[113] und "die Aporien der zeitgenössischen Aufklärungsbewegung, ohne sie einer Lösung zuzuführen".[114] Das liegt für Martini "nicht am künstlerischen Versagen, sondern an der Unlösbarkeit des Problems in dieser geschichtlichen Phase".[115] Erhart schließt sich an: Wieland gehe es gar nicht um eine Lösung des moralphilosophischen Problems, sondern um die Demonstration der Unlösbarkeit. [116]

Über die Frage, welche Romanfassung vorzuziehen sei, sind die Forscher sich nicht einig. Manche ziehen die dritte Fassung vor: das Bildungs- und Entwicklungsprogramm Agathons sei vollendet,[117] die meisten halten sie für brüchig und unbefriedigend. Der ersten Fassung gebühre aufgrund der "Ergebnislosigkeit" und "Offenheit" die "Wahrheit des Fragments"[118] oder eine " eigene Gültigkeit", die "den Widerspruch von Natur und Gesellschaft" andeute, "der eine Versöhnung von Ich und Welt nur in abstrakter und verminderter Form" zulasse.[119] In der Ausgabe letzter Hand gelänge Wieland "keine wirklich 'krönende' Lösung",[120] vielmehr werde sein Roman "am Ende zur moralischen Anstalt".[121] Es sei ihm versagt, "den Entwicklungsweg seines Helden zu einem von ihm selbst wahrhaft gelebten und geglaubten Abschluß zu

---

111 Horst Thomé: Roman und Naturwissenschaft, S. 227.

112 Gerd Hemmerich: Werkinterpretation, S. 95.

113 Sybille Gössl: Materialismus und Nihilismus, S. 63.

114 Susanne Wipperfürth: Wielands geschichtsphilosophische Reflexionen, S. 170, vgl. Werner Frick: Providenz und Kontingenz, S. 495, Reinhard Döhl: Nachwort zur *Geschichte des Agathon* der Reclam-Ausgabe 1979, S. 667.

115 Fritz Martini: Nachwort, in: Christoph Martin Wieland. Werke, 5 Bde., hrsg. von Fritz Martini und Hans Werner Seiffert, München 1964 ff., erster Band, S. 915-966, S. 941.

116 Walter Erhart: Entzweiung und Selbstaufklärung, S. 109 f.

117 Vgl. Hermann Müller-Solger: Der Dichtertraum, S. 90; Joachim Campe: Der programmatische Roman, S. 34 und 102 ff.; Gerhart Mayer: Der deutsche Bildungsroman, S. 35 ff.; Horst Lange (Vermittlungsformen des Ideals, S. 336 ff.) spricht sich "aus ästhetischen Gründen" gegen eine Abwertung der dritten Fassung aus.

118 Friedrich Sengle: Wieland, S. 196.

119 Horst Thomé: Roman und Naturwissenschaft, S. 243.

120 Klaus Schaefer: Der Schluss von CH. M. Wielands "Geschichte des Agathon". Ein Werk in der Wandlung, in: Wieland-Studien I (1991), S. 43-57, S. 47.

121 Rolf Grimminger: Die Ordnung, das Chaos und die Kunst. Für eine neue Dialektik der Aufklärung. Mit einer Einleitung zur Taschenbuchausgabe, Frankfurt am Main 1990, S. 225.

bringen."[122] Die Philosophie des Archytas sei eine "literarische Konstruktion",[123] ein "Notdach",[124] ein "Anhängsel",[125] eine "insgesamt recht dogmatische Finalvariante", die "mit dem Ganzen des Romans jedoch nur noch notdürftig vermittelt" sei.[126] Man macht eine "Reduzierung ursprünglicher Ansprüche" und "Resignation" des "Dichters" für die letzte Konzeption verantwortlich.[127] Man erklärt den als unbefriedigend empfundenen Ausgang damit, "daß dem Dichter der feste Standpunkt zu dem Problem fehl[e]"[128] oder daß "Wieland in dieser Zeit noch der Schwärmerei verbunden" gewesen sei.[129]
Erhart hält die drei Romanfassungen für selbständig und betrachtet die "Dialoge und Autobiographien des Schlußteils" als "'kontrafaktische' Anstrengungen, die gegen die Ergebnisse der vorausliegenden Geschichte aufgeboten werden."[130] In den Tarent-Gesprächen gehe es "um die Wiedergewinnung einer durch gesellschaftliche Gefährdung destabilisierten Identität",[131] die für Agathon "zu einem paradoxen Unterfangen" werde.[132] Wie andere vor ihm[133] spricht Erhart der Philosophie des Archytas Allgemeingültigkeit ab. Sie stehe "ein für die nicht mehr mögliche Darstellung verbindlicher Wertsysteme, als

---

122 Fritz Martini: C.. Wieland und das 18. Jahrhundert, S. 256.

123 Ebd. S. 256.

124 Friedrich Sengle: Wieland, S. 202.

125 Wolfram Buddecke: C. M. Wielands Entwicklungsbegriff, S. 236 und S. 205.

126 Werner Frick: Providenz und Kontingenz, S. 485.

127 Klaus Schaefer: C. M. Wieland, S. 49. Ähnliches notierte Fritz Martini schon rund fünfzig Jahre zuvor in seinem Aufsatz: C. M. Wieland und das 18. Jahrhundert, S. 256: "Je älter Wieland wurde, um so mehr sank sein optimistischer Bildungs- und Fortschrittsglaube resigniert in sich zusammen", eine Ansicht, die sich in der von Rolf Grimminger (Die Ordnung, das Chaos und die Kunst, S. 213) beschriebenen Dialektik der Entwicklungsromane wiederfindet "Die älter gewordenen Autoren begraben die Ideale ihrer Jugend", da sie sich "als unhaltbar" erwiesen hätten".

128 Melitta Gerhard: Der deutsche Entwicklungsroman bis zu Goethes 'Wilhelm Meister', S. 102.

129 Klaus Nolting: Die Kunst zu leben, S. 104.

130 Walter Erhart: Entzweiung und Selbstaufklärung, S. 384.

131 Ebd. S. 381.

132 Ebd. S. 382.

133 Vgl. Melitta Gerhard: Der deutsche Entwicklungsroman bis zu Goethes 'Wilhelm Meister', S. 105 f.; Jan-Dirk Müller: Wielands späte Romane, S. 91; Gerd Hemmerich: Werkinterpretation, S. 83 f.

deren Demonstration sich der Roman anfangs angekündigt hatte."[134] Ihm folgt Susanne Wipperfürth; die Philosophie des Archytas sei ein "Sonderfall" und "in der Form nicht auf andere zu übertragen". In der dritten Fassung bahne sich "eine relativistische Lösung" an, "die für das Spätwerk bestimmend" werde.[135] Alles in allem trage Wieland eine "relativistische Geschichtskonzeption" vor.[136]

Relativismus wird Wieland häufiger vorgehalten. Wieland versuche "dem Problem der menschlichen und mithin autobiographischen Perspektive durch eine Relativierung der Wahrheitsfrage gerecht zu werden".[137] In seinen Romanen gebe es "nicht mehr eine eindeutige Wahrheit",[138] er bliebe "beim skeptischen Nebeneinander von Überzeugungen" stehen.[139] Einige sprechen vom Skeptizismus,[140] andere von einer "antirationalistischen Tendenz"[141] oder der "Irrationalität Wielands".[142] Nun aber will ich zeigen, daß weder Skeptizismus

---

[134] Walter Erhart: Entzweiung und Selbstaufklärung, S. 382 auch S. 384.

[135] Susanne Wipperfürth: Wielands geschichtsphilosophische Reflexionen, S. 170.

[136] Ebd. S. 207 f.

[137] Birgit Nübel: Autobiographische Kommunikationsmedien um 1800, S. 165.

[138] Peter J. Brenner: Die Krise der Selbstbehauptung, S. 190 f. Vgl. Horst Thomé: Utopische Diskurse. Thesen zu Wielands *Aristipp und einige seiner Zeitgenossen*, in: Modern Language Notes 99.3 (1984), S. 503-521, S. 512.

[139] Jan-Dirk Müller: Wielands späte Romane, S. 45.

[140] Jürgen Jacobs: Wielands Romane, S. 13: "Dogmen läßt der bewegliche-skeptische Geist Wielands nicht zu." Alfred E. Ratz: Freiheit des Individuums und Gesellschaftsordnung bei Christoph Martin Wieland. Ein Beitrag zur Weimarer Klassik, Bern, Frankfurt am Main 1974, S. 105: "Wieland war weder so zuversichtlich wie Lessing, der von dem Glauben an die 'beste Welt' noch zu durchdrungen war, um sich über die Freiheit des Menschen viele Gedanken zu machen; noch war er, im Gegensatz zu Kant und Schiller genügend überzeugt von der Kraft der menschlichen Vernunft, um sich von ihrem Einfluß die Lösung der sittlichen und gesellschaftlichen Probleme zu versprechen." Vgl. auch Bernd Weyergraf: Der skeptische Bürger. Wielands Schriften zur Französischen Revolution, Stuttgart 1972; Günter Hartung: Wielands Beitrag zur philosophischen Kultur in Deutschland, in: Wieland - Kolloquium Halberstadt 1983, hrsg. von Thomas Höhle, Halle (Saale) 1985, S. 7-28, S. 15.

[141] Hans Wolffheim: Wielands Begriff der Humanität, S. 34 f., S. 54 f.

[142] Manfred Dick: Wandlungen des Menschenbildes beim jungen Wieland, in: Jahrbuch der Deutschen Schillergesellschaft 16 (1972), S. 145-175, S. 169. Siehe auch Hermann Müller-Solger: Der Dichtertraum, S. 219; John McCarthy: Fantasy and Reality. An Epistemological Approach to Wieland, Bern, Frankfurt am Main 1974, S. 89; Christian Begemann: Furcht und Angst im Prozeß der Aufklärung: zu Literatur und Bewußtseinsgeschichte des 18. Jahrhunderts, Frankfurt am Main 1987, S. 275.

noch Irrationalismus oder Relativismus bei Wieland das letzte Wort hatten, sondern daß er an einer täuschungsfreien Wahrheit festhielt.

## II. Systeme der Neuzeit

Wenn das "ganze Werk" eine "Widerlegung" des Hippias ist, dann wird die allgemeine Ansicht, Wieland habe sich moralphilosophisch an Leibniz orientiert, fragwürdig, da Hippias im Elysium die Leibnizsche These von der Determination durch eine "individuelle Form" vertritt. Sie ist mit seiner zu Smyrna verkündeten philosophischen Ansicht kompatibel, weil Hippias keinen reduktionistischen Materialismus französischer Observanz lehrt. Vieles im Lehrvortrag des Hippias stimmt vielmehr mit Spinozas Lehre überein. Da Wieland also auf Spinoza und Leibniz zurückgreift, soll zunächst Spinozas *Ethica Ordine Geometrico Demonstrata* zusammenfassend dargestellt werden, um später bei der Behandlung der Lehre des Sophisten Gleiches und Ungleiches kenntlich machen zu können. Danach fasse ich Leibniz in den Blick und frage, was ihn mit Spinoza verbindet und von Spinoza trennt.

### Spinoza

Spinoza entfaltet in seiner *Ethik*[143] eine Theorie des Menschen und der Bedingungen seiner Glückseligkeit und Tugend.[144] Geleitet von dem Gedanken, der Mensch könne nur aus dem unendlichen Wesen begriffen werden, das ihm vorangeht und von dem er abhängt, setzt die *Ethik* mit Gott die einzige Substanz. Sie ist "causa sui" (Eth I, D.1), "causa rerum" (Eth I, L.17, Anm.) und "causa immanens" (Eth I, L. 18). Denken und Ausdehnung sind zwei ihrer unendlich vielen Attribute. Da alle Attribute von jeher in der Substanz zugleich vorhanden waren und keines von ihnen von dem anderen hervorgebracht sein kann,[145] kann das Denken nicht aus der Ausdehnung entstanden

---

143 Zitiert wird Spinozas *Ethica Ordine Geometrico demonstrata* unter der Sigle 'Eth' mit Angabe der Teile in römischen Ziffern und der Definitionen, Lehrsätze, Axiome, Hauptsätze, Folgesätze, Beweise und Anmerkungen (Abk.: D., L., A., H., F., B., Anm.) aus der Spinoza-Studienausgabe: Benedictus de Spinoza: Opera, Werke. Lateinisch und Deutsch, Bd. 2: Tractatus de intellectus emendatione, Ethica / Abhandlung über die Berichtigung des Verstandes, Ethik, hrsg. von Konrad Blumenstock, 4., unveränd. Aufl. Darmstadt 1989. Die Abhebungen im lateinischen Text durch Kursivdruck werden übernommen.

144 Wolfgang Bartuschat: Spinozas Theorie des Menschen, Hamburg 1992, S. IX.

145 Eth I, L. 10, Anm.: "[...]; id enim est de naturâ substantiæ, ut unumquodque ejus attributorum per se concipiatur; quandoquidem omnia, quæ habet, attributa simul in ipsâ semper fuerunt, nec unum ab alio produci potuit [...]."

sein. Spinoza macht das Denken nicht zum Epiphänomen der Materie wie die späteren Materialisten.
Die "natura naturata", das mannigfaltig Seiende, ist Produkt Gottes. Unter "natura naturans" versteht Spinoza die Substanz Gottes selbst mit ihren Attributen (Eth I, L. 29, Anm.). Das Wesen Gottes ist Produktivität. Weder von innen noch von außen zum Handeln angetrieben, muß allein aus der Notwendigkeit der göttlichen Natur unendlich vieles auf unendlich viele Weisen (d.h. alles, was Gegenstand des unendlichen Verstandes sein kann) folgen.[146] Unendliche Modi, wie zum Beispiel der "intellectus infinitus", folgen durch Modifikation des Attributs Cogitatio. Da aber alles, was ist, in Gott ist, und nichts ohne Gott sein oder begriffen werden kann,[147] muß er auch Ursache endlicher und vergänglicher Dinge sein. Die zeitlichen Dinge haben als Modi eine ewige Essenz, die von der göttlichen Natur abhängt und kraft deren sie wirken.[148] Aber wie das Endliche und Zeitliche aus der unendlichen und ewigen Natur Gottes folgen kann, klärt Spinoza nicht zureichend.
Zur Natur Gottes gehören weder Verstand noch Wille.[149] Gott wirkt nicht aus Willensfreiheit,[150] sondern nur kraft der Notwendigkeit seiner Natur,[151] so daß alles notwendig aus ihm fließt, wie aus der Natur des Dreieckes von Ewigkeit und in Ewigkeit folgt, daß seine drei Winkel gleich zwei rechten sind.[152] Das Wissen vom Guten aber ist Sache des Verstandes und des Willens. Es wäre aufgrund der geometrischen Methode so ungereimt zu behaupten, Gott tue alles im Hinblick auf das Gute, wie es unsinnig wäre zu sagen, die Mathematik habe es mit Zwecken zu tun. Wer so redet, nimmt an, Gott blicke beim Han-

---

146 Eth I, L. 16: "*Ex necessitate divinæ naturæ, infinita infinitis modis (hoc est, omnia, quæ sub intellectum infinitum cadere possunt) sequi debent.*"

147 Eth I, L. 15: "*Quicquid est, in Deo est, et nihil sine Deo esse, neque concipi potest.*"

148 Wolfgang Bartuschat: Spinozas Theorie des Menschen, S. 43 ff.

149 Eth I, L. 31: "*Intellectus actu, sive is finitus sit, sive infinitus, ut et voluntas, cupiditas, amor etc. ad Naturam naturatam; non verò ad naturantem referri debent.*"

150 Eth I, L. 32, F. 1: "Deum non operari ex libertate voluntatis."

151 Eth I, L. 17, F. 2: "Deus [...] ex solâ suæ naturæ necessitate agit."

152 Eth I, L. 17, Anm.: "Verùm ego me satis clarè ostendisse puto (*vid. Prop.* 16.) à summâ Dei potentiâ, sive infinitâ naturâ infinita infinitis modis, hoc est, omnia necessariò efluxisse, vel semper eâdem necessitate sequi, eodem modo, ac ex naturâ trianguli ab æterno, et in æternum sequitur, ejus tres angulos æquari duobus rectis."

deln wie auf ein Vorbild außer ihm hin und arbeite an dessen Erreichung.[153] Demnach würde Gott etwas fehlen, was dem Begriff einer ersten und einzigen freien Ursache widerspricht. Gott muß also nicht über sich hinausgehen und um einer Sache willen handeln, vielmehr ist alles in ihm. Daß Gott und die Natur etwas bezweckten, hält Spinoza für ein tiefwurzelndes Vorurteil einer anthropomorphen Gottesbetrachtung. Es bezeichnet den Ehrgeiz des Menschen, sich von der höchsten Instanz herzuleiten, um sich als ein auserwähltes Geschöpf über andere Dinge erheben zu können.[154] Zwar ist der Mensch nach Spinozas Substanzontologie nur Teil der "natura naturata", aber sofern er zu einem adäquaten Verständnis seiner selbst gelangt, ist er nicht mehr der Natur ausgeliefert, sondern ein Wesen, das von sich aus tätig ist. Wie der Mensch wieder den Status eines ausgezeichneten Wesens zurückerhält, obzwar nicht aus dem Grunde der Substanz, jedoch aufgrund der Modi,[155] ist nun zu zeigen.

Die ontologische Grundbestimmung eines jeden singulären Modus ist der "conatus" (Streben), eine Modifikation der Macht Gottes. Jedes Ding strebt, sein Sein zu erhalten.[156] Damit ist nicht gemeint, daß ein einzelnes Ding ein Selbst sei, "das nebenbei auch noch strebt, sondern es ist ein Selbst im Streben und darin an die Vollzugsweise dieses Strebens gebunden".[157] Als Kraft ist der "conatus" die Essenz des Körpers, als Macht des Denkens ("potentia cogitandi") manifestiert er sich als Wesen des Geistes, ohne daß zwischen Geist und Körper ein Kausalverhältnis besteht. Denn der zweite Lehrsatz des dritten Teils der *Ethik* sagt: Der Körper kann den Geist nicht zum Denken, und der Geist den Körper nicht zur Bewegung oder zur Ruhe oder zu irgend etwas anderem (wenn es noch etwas gibt) bestimmen.[158]

---

[153] Eth I, L. 33, Anm. 2: "Fateor, hanc opinionem, quæ omnia indifferenti cuidam Dei voluntati subjicit, et ab ipsius beneplacito omnio pendêre statuit, minùs à vero aberrare, quàm illorum, qui statuunt, Deum omnia sub ratione boni agere. Nam hi aliquid extra Deum videntur ponere, quod à Deo non dependet, ad quod Deus, tanquam ad exemplar, in operando attendit, vel ad quod, tanquam ad certum scopum, collimat."

[154] Siehe dazu Wolfgang Bartuschat: Spinozas Theorie, S. 29 ff.

[155] Vgl. ebd. S. 33.

[156] Eth III, L. 6: "*Unaquæque res, quantùm in se est, in suo esse perseverare conatur.*"

[157] Wolfgang Bartuschat: Spinozas Theorie, S. 136.

[158] "*Nec Corpus Mentem ad cogitandum, nec Mens Corpus ad motum, neque ad quietem, nec ad aliquid (si quid est) aliud determinare potest.*"

Der Erfolg der Selbsterhaltung ist von der körperlichen Konstitution abhängig, aber insbesondere von der Fähigkeit, die eigenen Möglichkeiten und die Situation zu erkennen. Einige Individuen sind anderen überlegen, ganz danach, wie es ihre "potentia cogitandi" zuläßt. Weil ein Individuum in seiner Essenz potentia ist, ist es von Gott bestimmt, nämlich mit Notwendigkeit danach zu streben, was das Selbst erhält. Doch wie die Modi sich am besten erhalten, ist eine Frage der Erkenntnis. Spinoza unterscheidet drei Erkenntnisgattungen.

### Die inadäquate Erkenntnis

Die erste Erkenntnis, imaginatio, faßt das zeitlich Existierende.[159] Inadäquat ist sie nicht deshalb, weil der menschliche Geist unter dem unendlichen Verstand bleibt, sondern weil er nicht erkennt, daß er Teil des "intellectus infinitus" ist.[160] Er hat lediglich Vorstellungsbilder von den äußeren Dingen und von sich selbst, nicht aber eine Idee von der Wesenheit des Dings.[161] Er begreift wohl, was die Idee repräsentiert, was aber eine Idee zur Idee macht, bleibt unerkannt.[162] Das An-sich-Sein wird stets verfehlt. Statt die Dinge unter dem Aspekt der Notwendigkeit zu sehen, werden sie als zufällige Erscheinungen wahrgenommen. Wie die Dinge begegnen, bestimmen sie diesen Geist.[163] Körper affizieren seinen Körper. Davon weiß der Geist und bestimmt das Seiende zeitlich.[164] Aber da er sich mit der Zeitlichkeit abfindet,

---

159 Eth II, L. 31: "*Nos de duratione rerum singularium, quæ extra nos sunt, nullam, nisi admodùm inadæquatam cognitionem habere possumus.*"

160 Vgl. Wolfgang Bartuschat: Spinozas Theorie, S. 97 ff.

161 Eth II, L. 17, Anm.: "Porrò, ut verba usitata retineamus, Corporis humani affectiones, quarum ideæ Corpora externa, velut nobis præsentia repræsentant, rerum imagines vocabimus, tametsi rerum figuras non referunt. Et cùm Mens hâc ratione contemplatur corpora, eandem imaginari dicemus."

162 Vgl. Wolfgang Bartuschat: Spinozas Theorie, S. 111.

163 Eth II, L. 29, Anm.: "Dico expressè, quòd Mens nec sui ipsius, nec sui Corporis, nec corporum externorum adæquatam, sed confusam tantùm, (et mutilatam) cognitionem habeat, quoties ex communi naturæ ordine res percipit, hoc est, quoties externè, ex rerum nempe fortuito occursu, determinatur ad hoc, vel illud contemplandum, et non quoties internè, ex eo scilicet, quòd res plures simul contemplatur, determinatur ad earundem convenientias, differentias, et oppugnantias intelligendum [...]."

164 Eth II, L. 26: "*Mens humana nullum corpus externum, ut actu existens, percipit, nisi per ideas affectionum sui Corporis.*"

gibt es kein dauerhaftes Glück für den inadäquat Erkennenden. Er weiß nicht, was seiner Selbsterhaltung tatsächlich dient. Seinem an der imaginatio gebundenen "conatus" folgend, grenzt er sich gegen andere ab, behauptet sich auf Kosten anderer, behindert ein friedliches Zusammensein und schadet damit sich selbst. In der Überschätzung seiner Macht und in der Geringschätzung der Mitmenschen äußert sich eine Art des Wahnsinns; der Mensch träumt mit offenen Augen, er vermöge all das zu bewirken, was er sich vorstellt. Wahnsinnig ist, wer bloß Vorgestelltes für real hält.[165] Auf die Eigenliebe ("philautia") - die Freude, die aus der Betrachtung unserer selbst entspringt und Zufriedenheit mit sich selbst heißt[166] - lassen sich alle Agitationen zurückführen. Denn der menschliche Geist strebt, soviel er kann, sich das vorzustellen, was die Wirkungskraft des Körpers vermehrt oder fördert.[167] Und jeder wird sich seiner selbst dann am meisten erfreuen, wenn er an sich etwas findet, was anderen Menschen fehlt.[168] Ist er schwächer als andere, ist er betrübt und wird dem Mangel abhelfen wollen sowie die Trauer zu entfernen streben, oft so, daß er die Vorzüge anderer mißachtet und seine eigenen Fehler beschönigt.[169] So erzeugt er Affekte, die ihn in die Abhängigkeit von Zufälligkeiten bringen und zwischen Freude und Trauer hin und her werfen. Anstatt zu handeln, leidet er. Solche Selbstverkennung kann nur korrigiert werden, wenn die Dinge und Menschen tatsächlich erkannt werden.

---

[165] Eth III, L. 26, Anm.: "His videmus, facilè contingere, ut homo de se, deque re amatâ plùs justo, et contrà de re, quam odit, minùs justo sentiat, quæ quidem imaginatio, quando ipsum hominem respicit, qui de se plùs justo sentit, Superbia vacatur, et species Delirii est, quia homo oculis apertis somniat, se omnia illa posse, quæ solâ imaginatione assequitur, quæque propterea, veluti realia, contemplatur, iisque exultat, quamdiu ea imaginari non potest, quæ horum existentiam secludunt, et ipsius agendi potentiam determinant."

[166] Eth III, L. 55, Anm.: "Lætitia autem, quæ ex contemplatione nostri oritur, Philautia, vel Acquiescentia in se ipso vocatur."

[167] Eth III, L. 12: "*Mens, quantùm potest, ea imaginari conatur, quæ Corporis agendi potentiam augent, vel juvant.*"

[168] Eth III, L. 55, Anm.: "Quare unusquisque ex contemplatione sui tunc maximè gaudebit, quando aliquid in se contemplatur, quod de reliquis negat."

[169] Eth III, L. 55, Anm.: "Sed si id, quod de se affirmat, ad universalem hominis, vel animalis ideam refert, non tantopere gaudebit; et contrà contristabitur, si suas, ad aliorum actiones comparatas, inbecilliores esse imaginetur, quam quidem Tristitiam (*per Prop.* 28. *hujus*) amovere conabitur, idque suorum æqualium actiones perperam interpretando, vel suas, quantùm potest adornando."

## Die adäquate Erkenntnis

Die Vernunft (ratio) richtet sich in der zweiten Erkenntnisgattung auf das Allgemeine und betrachtet die Dinge sub specie aeternitatis. Erst wenn Ewiges im menschlichen Geist, nämlich die göttliche Substanz unter dem Attribut Cogitatio, als die Ursache der Ideen erkannt ist, sind die Ideen, die immer schon wahr sind, auch wahre Ideen für den Erkennenden. Wahr sind die Ideen nicht, weil sie nun plötzlich mit den Gegenständen übereinstimmen - das tun die Ideen immer schon -, sondern weil sie auf die ewige Ursache der Übereinstimmung bezogen werden. Durch die Richtung des Geistes auf seine Essenz, wozu ein Körper nicht fähig ist, obschon auch er eine Essenz hat, ist der Mensch nicht mehr fremd und von außen, sondern von innen bestimmt. Kraft der Vernunft befreit er sich aus der Knechtschaft der Affekte und handelt in Erkenntnis dessen, was ihm wirklich nützlich ist.[170] Das Gute ist der Grund des Nützlichen. Es würde immer erkannt werden, wenn nicht die Vernunft von der Heftigkeit und Intensität der Affekte beeinträchtigt würde,[171] so daß sich Ovids Wort "*Video meliora, proboque, deteriora sequor*" (Eth IV, L. 17, Anm.) bestätigt. Niemand folgt dem Schlechteren, weil es das Schlechtere ist, sondern weil es augenblicklich stärker verlockt als ein zukünftiges Gut.[172] Das Begehren von Zeitlichem kann den Begriff des Ewigen trüben, weil die Vernunft die singulären Modi aus den unendlichen nicht ableiten kann.[173] Die "ratio thematisiert das Allgemeine als ein Allgemeines der interhumanen Beziehungen und betrachtet deshalb das Individuum Mensch unter dem Aspekt seiner Gattung."[174] Um deren Wohl ist es ihr insofern zu tun, als es der individuellen Selbsterhaltung nützlich ist. Schließlich fordert die Vernunft nichts wider die Natur und somit nichts wider das individuelle Selbsterhaltungsstre-

---

[170] Eth IV, D. 1: "Per bonum id intelligam, quod certò scimus nobis esse utile."

[171] Vgl. Wolfgang Bartuschat: Spinozas Theorie, S. 158 ff.

[172] Eth IV, L. 16: "*Cupiditas, quæ ex cognitione boni, et mali, quatenus hæc cognitio futurum respicit, oritur, faciliùs rerum Cupiditate, quæ in præsentiâ suaves sunt, coërceri, vel restingui potest.*" Vgl. IV, L. 9, F.: "Imago rei futuræ, vel præteritæ, hoc est, rei, quam cum relatione ad tempus futurum, vel præteritum secluso præsenti contemplamur, cæteris raribus, debilior est imagine rei præsentis, et consequenter affectus erga rem futuram, vel præteritam, cæteris paribus, remissior est affectu erga rem præsentem."

[173] Vgl. Wolfgang Bartuschat: Spinozas Theorie, S. 166.

[174] Ebd. S. 173.

ben. Sie verlangt, daß jeder sich selbst liebt, seinen wirklichen Nutzen und all das sucht, was den Menschen wahrhaft zu größerer Vollkommenheit führt, und überhaupt, daß jeder sein Sein zu erhalten strebt.[175] Die Forderungen der Vernunft zielen also auf ein verändertes Selbstverständnis jenseits des affektiven Gegeneinanders. Der Vernünftige erkennt, daß er der Mitmenschen zur Selbsterhaltung bedarf - "Homini igitur nihil homine utilius" (Eth IV, L. 18. Anm.) – und erstrebt Versöhnung und Gemeinschaft.[176] So ist die Vernunft sozial. Aber sie hat nur dann Erfolg, wenn sich alle von ihr leiten lassen. Nun sind nicht alle vernünftig und Rationalität kann nicht erzwungen werden; "Vernünftigsein bedeutet, eine je eigene Aktivität zu entfalten, die einem Individuum nicht von anderen abgenommen werden kann."[177] Doch die Vernünftigen bemühen sich, ihr Wissen zu verbreiten.[178]
In der Orientierung am gemeinsamen Nutzen und im veränderten Selbstverständnis liegt die Macht (potentia) der Vernunft, an der sich als "Amor erga Deum" der Mensch freut.[179] Da diese Liebe zu Gott der adäquaten Erkenntnis entspringt, kann sie nicht in ihr Gegenteil umschlagen. Als vernünftiger Affekt ist der "Amor erga Deum" stärker als Körperaffektionen, welche die Vernunft auf die Idee Gottes bezieht und dadurch in ihre Gewalt bringt.[180]

### Die intuitive Erkenntnis

Gott kann als causa des Individuellen nur intuitiv erkannt werden.[181] Diese dritte Erkenntnisgattung ist nicht unmittelbar von der ersten aus zu erreichen. Sie folgt nur aus dem korrigierten Selbstverständnis der zweiten.[182] Die Freude an der eigenen "potentia agendi" und mithin der "Amor erga Deum" sind

---

175 Eth IV, L. 18, Anm.: "Cùm ratio nihil contra naturam postulet, postulat ergo ipsa, ut unusquisque seipsum amet, suum utile, quod reverâ utile est, quærat, et id omne, quod hominem ad majorem perfectionem reverâ ducit, appetat, et absolutè, ut unusquisque suum esse, quantum in se est, conservare conetur."

176 Vgl. Wolfgang Bartuschat: Spinozas Theorie, S. 182 ff.

177 Ebd. S. 186.

178 Vgl. ebd. S. 200.

179 Eth V, L. 15: "*Qui se, suosque affectûs clarè, et distinctè intelligit, Deum amat, et eò magis, quò se, suosque affectûs magis intelligit*. Ebd. L. 16: *Hic erga Deum Amor Mentem maximè occupare debet*."

180 Vgl. Wolfgang Bartuschat: Spinozas Theorie, S. 326 ff.

181 Vgl. ebd. S. 119 ff.

182 Vgl. ebd. S. 337.

steigerungsfähig. Um die Unmittelbarkeit des endlichen Geistes zu Gott begreiflich zu machen, so daß er sich in Gott und in eins damit Gott in sich weiß, führt Spinoza den "Amor Dei intellectualis"[183] ein.[184] Dieser Amor unterscheidet sich vom "Amor erga Deum", sofern er Gott nicht als ein Äußeres[185] und den Bezug des Geistes zur Substanz als Bedingung der Glückseligkeit erfaßt. Der intuitiv Erkennende weiß sich durch Gott allein im Tun bestimmt. Er erlangt die höchste Zufriedenheit des Geistes[186] und Freiheit (Eth V, L. 36, Anm.).

Wir lieben Gott, weil wir uns im Akt der intuitiven Erkenntnis an uns selbst erfreuen, nicht weil er uns liebt. Der "Amor Dei intellectualis", der dem Geist ohne Bezug auf den Körper und dessen Affektionen entspringt, muß zu den Handlungen des Geistes ("Mentis actiones") gerechnet werden (Eth V, L. 36, B.). Denn wir handeln, wenn wir die adäquate Ursache von Wirkungen außer oder in uns sind, und dies auch erkennen.[187] Das Handeln ist Tugend. "Virtus" und "potentia" sind dasselbe, genauer, Tugend ist die Wesenheit des Menschen oder seine Natur selbst, sofern der Mensch die Macht hat, etwas zu bewirken, was durch die bloßen Gesetze seiner Natur eingesehen werden kann.[188] So ist die Tugend des intuitiv Erkennenden die reine Selbstentfaltung und Produktivität des Geistes zur Vollkommenheit. Wer intuitiv erkennt, vervollkommnet sich, denn "qui res hôc cognitionis genere cognoscit, is ad summam humanam perfectionem transit" (Eth V, L. 27, B). Und zur perfectio gehört es, das sinnliche Begehren insofern zu zügeln, als seine schädlichen Auswirkungen auf die eigene Macht erkannt sind. Denn die Grundlage der Tugend ("virtutis fundamentus") bleibt allemal das Bestreben, das eigene Sein zu erhalten, und das Glück ("felicitas") besteht im Können, es zu erhalten.[189]

---

[183] Eth V, L. 32. F.: "Ex tertio cognitionis genere oritur necessariò Amor Dei intellectualis."

[184] Vgl. Wolfgang Bartuschat: Spinozas Theorie, S. 349.

[185] Vgl. ebd. S. 326.

[186] Eth V, L. 27: "*Ex hôc tertio cognitionis genere summa, quæ dari potest, Mentis acquiescentia oritur.*"

[187] Eth III, D. 2: "Nos tum agere dico, cùm aliquid in nobis, aut extra nos fit, cujus adæquata sumus causa, hoc est (*per Defin. præced.*) cùm ex nostrâ naturâ aliquid in nobis, aut extra nos sequitur, quod per eandem solam potest clarè, et dinstinctè intelligi."

[188] Eth IV, D. 8: "Per virtutem, et potentiam idem intelligo, hoc est (*per Prop.* 7. *p.* 3) virtus, quatenus ad hominem refertur, est ipsa hominis essentia, seu natura, quatenus potestatem habet, quædam efficiendi, quæ per solas ipsius naturæ leges possunt intelligi."

[189] Eth IV, L. 18, Anm.: "[...] virtutis fundamentum esse ipsum conatum proprium esse conservandi, et felicitatem in eo consistere, quòd homo suum esse conservare potest."

Die Tugend des Weisen ist es, seinen Geist auf kein Ziel außerhalb seiner selbst zu richten. Das Zeitliche verliert an Bedeutung und führt nicht mehr zu Irritationen.

## Leibniz

Leibniz grenzt sich in seinen Schriften[190] vielerorts von Spinoza ab, erstmals 1678 mit einem Kommentar zu Spinozas Ethik. Nicht nur aus moralischen und theologischen Gründen bestreitet er, "que tout soit venu de la premiere cause ou de la Nature primitive, par une necessité aveugle et toute geometrique, sans que ce premier principe des choses soit capable de choix, de bonté, et d`entendement."[191] Auch um die physikalischen und mechanischen Prinzipien begründen zu können, braucht er eine höchste Intelligenz.[192] Einen Ausweg aus der blinden Notwendigkeit und mithin aus dem Fatalismus eröffnet Leibniz in seiner Theorie des Kontingenten. Sie basiert auf dem Satz des zureichenden Grundes: 'Nihil est sine ratione'. Leibniz erklärt,

> c`est que tousjours, dans toute proposition affirmative, veritable, necessaire ou contingente, universelle ou singuliere, la notion du predicat est comprise en quelque façon dans celle du sujet, *praedicatum inest subjecto*; ou bien je ne sçay ce que c`est que la verité.[193]

Das Prinzip bedeutet, daß sich "jede Wahrheit [...] durch die einfache Analyse ihrer Begriffe *a priori* beweisen lassen muß [...], daß *jede Wahrheit analytisch ist.*"[194] Auf diesem logischen Prinzip errichtet Leibniz seine gesamte Metaphy-

---

[190] Soweit als möglich und wenn nicht anders notiert, wird aus der Gerhardt-Ausgabe der philosophischen Schriften (abgekürzt GP) und der mathematischen Schriften (abgekürzt GM) unter Angabe von Band- und Seitenzahl zitiert: Die philosophischen Schriften von Gottfried Wilhelm Leibniz, hrsg. von C. I. Gerhardt, 7 Bde., Berlin 1875-1890. Leibnizens mathematische Schriften, hrsg. von C. I. Gerhardt, 7 Bde., in: Leibnizens gesammelte Werke aus den Handschriften der Kgl. Bibliothek zu Hannover, hrsg. von G. H. Pertz 12 Bde., Halle 1843-1863. Sperrdruck wird kursiv wiedergegeben.

[191] Théodicée, Préface, GP VI, 44.

[192] Vgl. Principium quoddam generale, GM II/2. Abt., 135: "Sed principia Physicae atque ipsius adeo Mechanicae non possunt amplius ex legibus mathematicae necessitatis deduci, sed ad rationem earum reddendam oportet supremam intelligentiam vocari in partes."

[193] Juni 1686 Leibniz an Arnauld, GP II, 56.

[194] Louis Couturat: Über Leibniz` Metaphysik, in: Leibniz` Logik und Metaphysik, hrsg. von Albert Heinekamp und Franz Schupp, Darmstadt 1988, S. 57-80, S. 58 f.

sik, seine Theorie der Substanz, der prästabilierten Harmonie und seine Monadenlehre.[195] Indem Leibniz die Ethik der Logik subordiniert, ist es aber von vornherein ausgeschlossen, die auf geometrischer Methode beruhende Ethik Spinozas zu überwinden, die nicht minder logisch ist.

### Notwendigkeit und Kontingenz

Zu unterscheiden ist die blinde, völlig geometrische Notwendigkeit oder "necessité metaphysique et brute"[196], "qui est essentielle et absolue",[197] von der moralischen oder hypothetischen Notwendigkeit, mit welcher Leibnizens Gott eine kontingente Welt erschafft. Metaphysisch notwendig ist das, dessen Gegenteil logisch unmöglich ist.[198] Bei metaphysisch notwendigen Wahrheiten läßt sich der Grund für die Verknüpfung der Termini einer Aussage durch Analyse der Begriffe angeben. Von dieser Notwendigkeit sind die ewigen Vernunftwahrheiten.[199]

Auch für Existenzaussagen gilt der Satz: "praedicatum inest subjecto", andernfalls würde etwas grundlos existieren. Also sind die kontingenten Tatsachenwahrheiten dem Prinzip des Grundes ebenso unterworfen wie die reinen Vernunftwahrheiten. Mithin sind sie analytisch, aber sie sollen nicht metaphysisch notwendig sein. Die Lösung des Problems findet Leibniz nach eigenen Angaben durch seine "mathematischen Betrachtungen über das Wesen des Unendlichen",[200] also mit Hilfe der Infinitesimalrechnung. Während die Analyse der Sätze von metaphysischer oder geometrischer Notwendigkeit endlich ist, geht die Auflösung der kontingenten oder zufälligen Wahrheiten von hypothe-

---

[195] Ebd. S. 60.

[196] Théodicée § 174, GP VI, 218.

[197] Abrégé de la controverse, GP VI, 380.

[198] Causa Dei § 21, GP VI, 441: "*Necessitas* excluditur *Metaphysica*, cujus oppositum est impossibile, seu implicat contradictionem; sed non *Moralis*, cujus oppositum est inconveniens."

[199] Monadologie § 31 ff, GP VI, 612.

[200] De libertate, in: Gottfried Wilhelm Leibniz: Philosophische Werke in vier Bänden in der Zusammenstellung von Ernst Cassirer, Leipzig 1904-1924, Band 2: Hauptschriften zur Grundlegung der Philosophie, Teil 2. Übersetzt von Artur Buchenau mit Einleitung und Anmerkungen hrsg. von Ernst Cassirer, Neuausgabe Hamburg 1996, S. 655. Auf diese Ausgabe wird unter der Sigle 'Cas' mit nachstehender Band- und Seitenzahl verwiesen.

tischer oder moralischer Notwendigkeit ins Unendliche.[201] "In den zufälligen Wahrheiten indes ist das Prädikat zwar im Subjekt enthalten, kann aber trotzdem niemals als zu ihm gehörig *erwiesen* werden, so daß sich hier das Urteil niemals auf eine Gleichung oder eine Identität zurückführen läßt [...]."[202] Daher ist bei kontingenten Wahrheiten ein Widerspruch oder eine Kontradiktion gar nicht zu beweisen, obwohl immer ein Grund für die Wahrheit besteht, den Gott allein kennt, da er mit einem Geistesblitz die unendliche Reihe durchläuft.[203]

"Omne possibile exigit existere",[204] alles Mögliche hat demnach eine gewisse innere virtuelle Kraft, es "schließt also *eine gewisse Fähigkeit, zu existieren*, in sich".[205] Aber nicht alles Mögliche, beispielsweise "König Artus und Amadis von Gallien", existiert auch tatsächlich einmal.[206] Außer Gott, der notwendig existiert, weil sich in ihm die Existenz nicht vom Wesen ("Essentia") unter-

---

[201] Panajotis Kondylis (Die Aufklärung, S. 585) gibt dem "Notwendigkeitsbegriff" einen "polemischen Sinn", um zu erklären, "daß Leibniz bei der Bekämpfung des Determinismus auf den Determinismus nicht verzichten kann":"Steht der Determinismus im Zeichen von Normen und einer grundsätzlich optimistischen Weltanschauung, so ist er 'gut', weil er die schon ontologisch unvermeidbare Realisierung jener Normen bedeutet - während im Gegenteil der abgelehnte (für Leibniz: der spinozistische oder cartesianische) Determinismus deshalb abscheulich erscheinen muß, weil er ohne normative Vorzeichen aufzutreten wagt."

[202] De libertate, Cas. II, 657; siehe auch De contingentia, in: Gottfried Wilhelm Leibniz. Philosophische Schriften. Band 1: Kleine Schriften zur Metaphysik (frz./dt. bzw. lat./dt.), hrsg. und übersetzt von Hans Heinz Holz, 2., unveränd. Aufl. Darmstadt 1985, S. 180. Aus dieser Ausgabe wird hinfort unter der Sigle 'Phs' mit Angabe des Bandes und der Seitenzahl zitiert.

[203] Discours de metaphysique § 13, GP IV, 437 f.: "Car si quelque homme estoit capable d`achever toute la demonstration, en vertu de la quelle il pourroit prouver cette connexion du sujet qui est Cesar et du predicat qui est son entreprise heureuse; il feroit voir en effect que la Dictature future de Cesar a son fondement dans sa notion ou nature, qu`on y voit une raison, pourquoy il a plustost resolu de passer le Rubicon que de s`y arrester, et pourquoy il a plustost gagné que perdu la journée de Pharsale, et qu`il estoit raisonnable et par consequent asseuré que cela arrivast; mais non pas qu`il est necessaire en soy même, ny que le contraire implique contradiction."

[204] De veritatibis primus, Phs I, 176.

[205] Jacques Jalabert: Die Begriffe "Essenz" und "Existenz" in der Leibnizschen Philosophie, in: Leibniz` Logik und Metaphysik, hrsg. von Albert Heinekamp und Franz Schupp, Darmstadt 1988, S. 552-560, S. 552.

[206] De libertate, Cas. II, 655.

scheidet, sind alle seine geschaffenen Werke kontingent.[207] Also folgt die Existenz aus dem Wesen[208] nicht mit metaphysischer, sondern mit hypothetischer oder moralischer Notwendigkeit, welche die Möglichkeit des Gegenteils nicht ausschließt, denn "rien est necessaire dont l`opposé est possible".[209] Aber das Gegenteil ist unangemessen,[210] weil es eine Unvollkommenheit impliziert. Deshalb ist das Prinzip der Kontingenz oder der Existenz der Dinge "la *convenance* ou le choix *du meilleur*".[211] Nach dem Prinzip der Angemessenheit wählt Gott unter allen Möglichkeiten die miteinander verträglichen Möglichkeiten, die "Compossibilia"[212] aus. Da sie im Vergleich mit dem bloß Möglichen ein Höchstmaß an Realität oder Vollkommenheit (Seinsgrund oder Wesenheit) besitzen, erweist sich seine Wahl als die beste aller möglichen. Der zureichende Grund für die Wahl Gottes, diese und keine andere Welt zu erschaffen, "ne peut se trouver que dans la *convenance*, ou dans les degrés de perfection, que ces Mondes contiennent".[213] Demnach trägt die beste aller möglichen Welten nicht den Stempel eines flachen Optimismus, sondern bezeichnet die mathematische Lösung einer "Extremwertaufgabe"[214] mittels des Kalküls de minimis et maximis.

Als Folge des zureichenden Grundes reduziert sich die Verwirklichung des Guten darauf, das Maximum an Wesenheit oder Realität mit dem kleinsten Aufwand zu schaffen.[215] Aufgrund dieser mathematisch-logischen Methode, die ebensowenig zweckgerichtet ist wie die geometrische Methode Spinozas, denkt auch Leibniz fatalistisch. Die Rede von Gottes Güte verschleiert seinen heimlichen Spinozismus. Das Gute, das Gott erschafft, "hat keinen moralischen Charakter und kann auch keinen haben. Es besteht einzig und allein in

---

[207] Siehe zum Thema Kontingenz Heinrich Schepers: Zum Problem der Kontingenz bei Leibniz. Die beste der möglichen Welten, in: Leibniz` Logik und Metaphysik, hrsg. von Albert Heinekamp und Franz Schupp, Darmstadt 1988, S. 193-222.

[208] De contingentia, Phs I, 179: "In Deo existentia non differt ab Essentia, vel, quod idem est, Deo essentiale est existere. Unde Deus est Ens necessarium. Creaturæ sunt contingentes, hoc est existentia non sequitur ex ipsarum Essentia."

[209] Discours de metaphysique §13, GP IV, 438.

[210] Causa Dei § 21, GP VI, 441; vgl. auch Discours de metaphysique § 13, GP IV, 436 ff.

[211] Monadologie § 46, GP VI, 614.

[212] Louis Couturat: Über Leibniz` Metaphysik, S. 64.

[213] Monadologie § 54, GP VI, 616.

[214] Louis Couturat: Über Leibniz` Metaphysik, S. 65.

[215] Vgl. ebd. S. 70.

der metaphysischen 'Vollkommenheit', d.h. im Grad des Wesens oder der Realität".[216] Obwohl Leibniz Gott Verstand und Wille zuschreibt, so daß Gott nur das Gute wollen kann, weil "les passions, qui viennent de la perception confuse d`un bien apparent, ne sauroient avoir lieu en Dieu; et l`indifference vague est quelque chose de chimerique",[217] hat die Schöpfung so wenig einen moralischen Wert wie das Produzieren der willenlosen göttlichen Substanz des Spinoza. Weder die Philosophie Spinozas noch die des Leibniz kennen ein Handeln aus sittlicher Einsicht. Ohne einen zureichenden Grund wäre Gottes Handeln nicht lobenswert für Leibniz,[218] aber mit einem solchen beruht das erschaffene Gute auf einer 'göttlichen Mathematik'[219]. So ist das Wissen vom Guten bei Leibniz ein mathematisches, das durch Bivalenz und Objektivierbarkeit gekennzeichnet ist.

Leibniz insistiert vielerorts auf die Zweckursachen (causae finales), was den Eindruck erwecken mag, er reiße sich von Spinozas Ethik los. Doch damit meint Leibniz nichts anderes als immer "par les voyes les plus aisées et les plus determinées" eine Wirkung hervorzubringen, wobei er sich auf seine Regeln der Katoptrik und der Dioptrik beruft.[220] Festzuhalten bleibt,

> daß diese (scheinbare) Finalität sich einfach umformt in ein Problem der Minimax-Rechnung, der man schwerlich eine moralische Bedeutung zuschreiben kann. [...] Das Wesentliche an der von Leibniz gesuchten Finalität ist nicht einmal ein quantitatives Maximum oder ein quantitatives Minimum, sondern die logische oder mathematische *Bestimmung* des zu lösenden Problems, und das empfindet Leibniz als 'das Schönste' bei dieser Betrachtung.[221]

Aus physikalisch-dynamischen Erwägungen führt Leibniz die Zweckursache bzw. die substantielle Form ein. Sie entspricht der "vis primitiva", welche nichts anderes als die erste Entelechie ist.[222] Die primitive Kraft ist etwas

---

[216] Ebd. S. 70.

[217] Théodicée § 319, GP VI, 305 f.

[218] Discours de metaphysique § 3, GP IV, 428 f.

[219] Vgl. De rerum originatione radicali, GP VII, 304 und Louis Couturat: Über Leibniz` Metaphysik, S. 65.

[220] Discours de metaphysique § 21 f., GP IV, 446 ff.

[221] Louis Couturat: Über Leibniz` Metaphysik, S. 71.

[222] Specimen dynamicum, GM II, 2. Abt., 236: "Duplex autem est *Vis Activa* (quam cum nonnullis non male *Virtutem* appelles), nempe ut *primitiva*, quae in omni substantia corporea per se inest (cum corpus omnimode quiescens a rerum natura abhorrere arbitrer), aut *derivativa*,

Metaphysisches und bildet ein der materiellen Masse übergeordnetes, gleichsam formales Prinzip. Es ist zur Erklärung der Ordnung der Dinge erforderlich, denn nicht alle Wahrheiten über die körperlichen Dinge können allein aus logischen und geometrischen Axiomen gefolgert werden.[223]

### Substanzen

Ob man dieses Prinzip nun als 'Form', als εντελεχεια oder als 'Kraft' bezeichne, darauf komme es nicht an,[224] versichert Leibniz. Aber man muß bedenken, daß die substantielle Form, ohne welche "un corps ne subsistera plus d`un moment",[225] nur ein Element der Substanz ist. Wenn Leibniz definiert: "que la nature d`une substance individuelle ou d`un estre complet, est d`avoir une notion si accomplie qu`elle soit suffisante à comprendre et à en faire deduire tous les predicats du sujet à qui cette notion est attribuée",[226] kann man wie Johann Bernoulli fragen: Was ist ein unvollständiges Sein? Leibniz antwortet Bernoulli: "passivum sine actio, et activum sine passivo."[227] Der Gebrauch des Prädikats "vollständig" bezieht sich also darauf, daß eine jede Substanz aus zwei unvollständigen Elementen besteht: aus Aktivität und Passivität oder aus substantieller Form und Materie oder aus Entelechie und derivativer Kraft oder aus Subjekt und seinen Prädikaten.[228]

---

quae primitivae velut limitatione, per corporum inter se conflictus resultans, varie exercetur. Et primitiva quidem (quae nihil aliud est, quam εντελεχεια η πρωτη) *animae vel formae substantiali* respondet".

223 Ebd. GM II, 2. Abt., 241: "Hinc igitur, praeter pure mathematica et imaginationi subjecta, collegi quaedam metaphysica solaque mente perceptibilia esse admittenda, et massae materiali principium quoddam superius, et ut sic dicam formale addendum, quandoquidem omnes veritates rerum corporearum ex solis axiomatibus logisticis et geometricis, nempe de magno et parvo, toto et parte, figura et situ, colligi non possint, sed alia de causa et effectu, actioneque et passione accedere debeant, quibus ordinis rerum rationes salventur."

224 Ebd. GM II, 2. Abt., 241 f.: "Id principium Formam, an εντελεχειαν, an Vim appellemus, non refert".

225 Discours de metaphysique § 12, GP IV, 436.

226 Ebd. § 8, GP IV, 433.

227 20./30. Sep. 1698 Leibniz an Bernoulli, GM III, 2. Abt., 542.

228 Vgl. Martial Gueroult: Die Konstitution der Substanz bei Leibniz, in: Leibniz` Logik und Metaphysik, hrsg. von Albert Heinekamp und Franz Schupp, Darmstadt 1988, S. 484-511, S. 486 ff.

Von der Substanz gibt es sowohl eine *Nominaldefinition*, die nur die Kennzeichen einer von anderen zu unterscheidenden Sache enthält, als auch eine *Realdefinition*, aus der die Möglichkeit einer Sache hervorgeht.[229] Zur ersten gelangt die Logik: "Substanz ist, was all [ihre] Prädikate begründet", zur anderen die Physik: "Substanz ist die individuelle Kraft, die all ihre Veränderungen erklärt."[230]

Auf der "vis primitiva" beruht die innere Strebung ("*Appetition*") der Substanz, durch die sie von Perzeption zu Perzeption übergeht[231] und so völlig aus sich selbst heraus zur Entfaltung des unendlich in ihr Angelegten drängt. Denn jede Substanz ist ein "miroir vivant perpetuel de l`univers".[232] Also muß sie "auf verworrene Weise die Gesamtheit der Realitäten oder der Monaden, die dieses Universum bilden, die Gesamtheit der Beziehungen, die sie miteinander verbinden und die sie selbst mit den anderen verknüpft, in sich schließen".[233]

Ein materieller Körper, ein "*aggregatum* des simples"[234] tritt als "phaenomenon reale seu bene fundatum" in Erscheinung,[235] indem sich die "vis primitiva" in Raum und Zeit als derivative Kraft manifestiert, die dem Bereich der phänomenalen Erscheinungen angehört und als Wirkursache behandelt wird.[236] Mit dem Zustandswechsel einer jeden Substanz entsteht zugleich die phänomenale Welt, die nur deshalb existiert, weil die vielen Substanzen ihre immanente Realität wechselseitig zur Erscheinung bringen und damit der materiellen Welt gewissermaßen eine Realität leihen.

---

229 Meditationes de Cognitione, GP IV, 424 f.: "Atque ita habemus quoque discrimen inter *definitiones nominales*, quae notas tantum rei ab aliis discernendae continent, et *reales*, ex quibus constat rem esse possibilem [...]."

230 Martial Gueroult: Raum, Zeit, Kontinuität und Principium Indiscernibilium, in: Leibniz` Logik und Metaphysik, hrsg. von Albert Heinekamp und Franz Schupp, Darmstadt 1988, S. 512-528, S. 520.

231 Monadologie § 15, GP VI, 609.

232 Ebd. § 56, GP VI, 616.

233 Martial Gueroult: Die Konstitution der Substanz bei Leibniz, S. 487.

234 Monadologie § 2, GP VI, 607.

235 Leibniz an de Volder, Brief ohne Datum ediert, er wurde wahrscheinlich im Jahr 1705 verfaßt, GP II, 276.

236 Ebd. GP II, 275 ff.; vgl. Martial Gueroult: Raum, Zeit, Kontinuität und Principium Indiscernibilium, S. 516.

Einem anorganischen Körper fehlt eine zentrale Monade, er formiert deshalb nur ein "*unum per accidens*".[237] Doch "chaque corps vivant a une Entelechie dominante qui est l`Ame dans l`animal",[238] während die Geistmonade ("*Esprit*" oder "Ame Raisonnable") die dominante Substanz im Menschen ist,[239] der ein "*unum per se*"[240] bildet.
Das Verhältnis zwischen Geist und Körper versteht Leibniz als ein Kräfteverhältnis, jedenfalls schließt er "jede transeunte Kausalität, also jeden *influxus* aus".[241] Mit der Redeweise, die Monaden haben keine Fenster, durch die etwas herein- oder heraustreten kann, bezeichnet Leibniz metaphorisch die Erhaltung der Kraft in einem geschlossenen System. Er betont damit den Unterschied zur cartesischen Ansicht, nach welcher dieselbe Bewegungsgröße erhalten bleibt.[242] Weil eine Substanz passiv und aktiv ist, bildet sie ein geschlossenes System, das wiederum in ein größeres eingebettet ist: in das aus einer Vielheit von Substanzen gebildete Universum. Da im Universum der gleiche Grundsatz gilt, bedeutet die Fensterlosigkeit nicht, Umweltfaktoren könnten die menschliche Entwicklung nicht beeinflussen. Wenn äußere Faktoren und Milieubedingungen ohne Einfluß auf die menschliche Entwicklung wären, dann müßte auch ein Aggregat von Substanzen, das sich zufällig auf einem Turm befindet, mit gleichbleibender Geschwindigkeit herunterfallen. Es beschleunigt sich aber nach Leibniz. Entsprechend üben unterschiedliche Sitten, gesellschaftliche Verhältnisse, die jeweilige Erziehung und Bildung einen Einfluß aus: "Il arrive même quelques fois encore dans le train de la vie humaine, qu`un naturel plus excellent reussit moins, faute de culture ou d`occasions."[243] Da Entwicklung wie Bewegung zum phänomenalen Bereich

---

[237] 28.11/8.12.1686 Leibniz an Arnault, GP II, 76.

[238] Monadologie § 70, GP VI, 619.

[239] Ebd. § 29, GP VI, 611.

[240] Discours de metaphysique § 34, GP IV, 459.

[241] Erich Hochstetter: Von der wahren Wirklichkeit bei Leibniz, in: Leibniz` Logik und Metaphysik, hrsg. von Albert Heinekamp und Franz Schupp, Darmstadt 1988, S. 452-483, S. 466.

[242] Vgl. Discours de metaphysique § 17, GP IV, 442 f.

[243] Théodicée § 105, GP VI, 161. Siehe auch Théodicée § 101, GP VI, 159: "Mais les hazards où nous nous trouvons malgré nous, ne contribuent que trop à ce qui donne ou ôte le salut aux hommes. Figurons nous deux enfants jumeaux Polonois, l`un pris par les Tartares, vendu aux Turcs, porté à l`apostasie, plongé dans l`impieté, mourant dans le desespoir; l`autre sauvé par quelque hazard, tombé depuis en bonnes mains pour être instruit comme il faut, penetré des plus solides verités de la religion, exercé dans les vertus qu`elle nous recommande,

gehören, bestreitet Leibniz keineswegs eine Beziehung des Menschen zu seinem Milieu, wie Buddecke es ihm unterstellt.[244]
Für Descartes "ist das Vollständige das Seiende, das wir unter Absehung von allen Prädikaten in sich selbst begreifen können".[245] Für Leibniz dagegen ist die Substanz kein einfacher Begriff, der ohne alle seine Prädikate deutlich zu denken ist.[246] Spinoza definiert die Substanz als das, was in sich ist und durch sich begriffen wird (Eth I, D. 3). Sie sei einzigartig, weil keines ihrer unendlichen vielen Attribute verneint werden kann, ohne den Begriff Gottes aufzuheben (Eth I, L. 14). Durch Verneinen werde ein Mangel bezeichnet, der mit dem Begriff Gottes oder der Substanz unverträglich ist.[247]
Schon 1678 kritisierte Leibniz Spinozas Substanzdefinition: Sie lasse offen, ob die beiden Bestimmungen (das 'in se esse' und das 'per se concipitur') zusammenfallen müssen oder nicht, um dem Begriff der Substanz zu genügen.[248] Während Spinoza das 'in se esse' dunkel lasse, meint Leibniz, die Totalität der Prädikate sei derart im Subjektbegriff enthalten, "que celuy qui entendroit parfaitement la notion du sujet, jugeroit aussi que le predicat luy appartient."[249]

---

mourant avec tous les sentimens d`un bon Chretien: on plaindra le malheur du premier, qu`une petite circonstance peutêtre a empêché de se sauver aussi bien que son frere; et l`on s`etonnera que ce petit hazard ait dû decider de son sort par rapport à l`eternité."

244 Wolfram Buddecke: C. M. Wielands Entwicklungsbegriff, S. 40: "Die Tatsache, daß Wieland an der lebensvollen Beziehung des Menschen zu seinem Milieu festhält, besagt nun freilich zunächst nur, daß Entwicklung für ihn kein autarker, in völliger Isolation sich vollziehender Prozeß ist, wie Leibniz auf Grund des besonderen Substanzcharakters und der Fensterlosigkeit der Monade zu lehren genötigt war." Ähnlich denkt Klaus Bäppler (Der philosophische Wieland, S. 70).

245 Martial Gueroult: Die Konstitution der Substanz bei Leibniz, S. 485.

246 Vgl. ebd. S. 506.

247 Vgl. Wolfgang Bartuschat: Spinoza in der Philosophie von Leibniz, in: Spinozas Ethik und ihre frühe Wirkung, hrsg. von Konrad Cramer, Wilhelm G. Jacobs und Wilhelm Schmidt-Biggemann, Wolfenbüttel 1981, S. 51-66, S. 54.

248 Ad Ethicam B.d. Sp., GP I, 139: "*Definit.* 3. *Substantia* est quod in se est et per se concipitur. Etiam haec obscura. Quid enim in se esse? Deinde quaerendum est, cumulative an disjunctive inter se conjungat: in se esse, et per se concipi; id est an hoc velit: substantia est id quod in se est, item substantia est id quod per se concipitur; an vero velit substantiam esse id in quo utrumque hoc concurrit, ut nempe et in se sit et per se concipiatur. Aut necesse erit ut demonstret, qui unum habeat etiam alterum habere, cum contra videatur potius, esse aliqua quae sint in se, etsi non per se concipiantur."

249 Discours de metaphysique § 8, GP IV, 433.

Also verlangt Leibniz von einer Substanz, daß sich die Totalität ihrer Prädikate begründen lasse.[250] Nicht, wie Bartuschat will, "erst die Preisgabe des per se concipitur erlaubt, von dependierenden Seienden zu sagen, es seien Substanzen."[251] Für das Enthaltensein aller Prädikate im Subjektbegriff muß es vielmehr einen zureichenden Grund geben. Dieser ersetzt sozusagen das 'per se concipitur' in Spinozas Definition.

Von Bourguet wurde Leibniz verdächtigt, seine Monadenlehre impliziere einen Spinozismus. Spinoza "auroit raison, s`il n`y avoit point de monades"; Leibniz wies Bourguets Einwand zurück, "alors tout, hors de Dieu, seroit passager et s`evanouiroit en simples accidens ou modifications, puisqu`il n`y auroit point la base des substances dans les choses, laquelle consiste dans l`existence des Monades."[252] Aufgrund der einzigen Substanz, die alles in ihrer Wesenheit enthält, hat ein singulärer Modus nicht seine eigene individuelle, ganz persönliche Wesenheit oder Essenz. Dieser Mangel an Substantialität des endlichen Modus veranlaßte Leibniz, von Flüchtigkeit zu reden.

Alle Substanzen sind individuell. So gibt es keine zwei völlig gleiche Substanzen, die "*solo numero*" verschieden sind;[253] es ist immer möglich, "de trouver une difference interne, ou fondée sur une denomination intrinseque."[254] Denn "si les substances simples ne differoient point par leur qualités, il n`y auroit point de moyen de s`appercevoir d`aucun changement dans les choses".[255] Daß jeder Unterschied innerlich sein muß, schreibt das Prinzip der Identität des Nichtzuunterscheidenden, das sogenannte Indiszernibilienprinzip vor. Im Paragraph 60 der *Monadologie* heißt es:

> Ce n`est pas dans l`objet, mais dans la modification de la connoissance de l`objet, que les Monades sont bornées. Elles vont toutes confusement à l`infini, au tout, mais elles sont limitées et distinguées par les degrés des perceptions distinctes.[256]

---

[250] Vgl. Martial Gueroult: Die Konstitution der Substanz bei Leibniz, S. 506.

[251] Wolfgang Bartuschat: Spinoza in der Philosophie von Leibniz, S. 55.

[252] Dez. 1714 Leibniz an Bourguet, GP III, 575.

[253] Discours de metaphysique § 9, GP IV, 433.

[254] Monadologie § 9, GP VI, 608.

[255] Ebd. § 8, GP VI, 608.

[256] Ebd. § 60, GP VI, 617.

Bevor die Frage beantwortet werden kann, ob der Distinktheitsgrad der Perzeption einen inneren Unterschied markiert, ist auf Leibniz` Differenzierung der Erkenntnisformen einzugehen.

### Formen der Erkenntnis

Die Erkenntnis ist entweder dunkel oder *klar* und die klare Erkenntnis wiederum entweder *verworren* oder *deutlich*, die deutliche Erkenntnis aber entweder inadäquat oder *adäquat* und gleichfalls entweder symbolisch oder *intuitiv*; wenn aber die Erkenntnis zugleich *adäquat und intuitiv* ist, so ist sie am vollkommensten.[257] Gegen den Evidenzbegriff des Descartes, der ihn aus der klaren und deutlichen Erkenntnis ableitet, bringt Leibniz vor, die Kriterien dieser Erkenntnis seien nicht definiert. Er selbst unterscheidet von der *klaren* die *dunkle* Erkenntnis, die eine dargestellte Sache nicht wiedererkennt.[258] Bei der *klaren* aber *verworrenen* Erkenntnis werden Gegenstände nicht durch Angabe von Merkmalen, sondern auf Zeugnis der Sinne hin voneinander unterschieden, so erkennt man zum Beispiel Farben und Gerüche.[259] Da ohne Kenntnis der Merkmale eine Sache nicht erklärt und bestimmt werden kann, zeichnet sich die *klare* aber *verworrene* Erkenntnis durch das berühmte "*je ne sçay quoy*"[260] aus. Derartig antworten beispielsweise Künstler, die zwar angemessen erkennen, was richtig und was fehlerhaft gemacht ist, ohne doch oft den Grund ihres Urteils angeben zu können. So sagen sie dem Fragenden, sie vermißten etwas, ich weiß nicht was, in dem Gegenstand, der ihnen mißfällt.[261] Kann

---

[257] Meditationis de Cognitione, GP IV, 422: "Est ergo cognitio vel obscura vel *clara*, et clara rursus vel confusa vel *distincta*, et distincta vel inadaequata *vel adaequata*, item vel symbolica *vel intuitiva*: et quidem si simul adaequata et intuitiva sit, perfectissima est."

[258] Ebd. GP IV, 422: "*Obscura* est notio, quae non sufficit ad rem repraesentatam agnoscendam [...]. *Clara* ergo cognitio est, cum habeo unde rem repraesentatam agnoscere possim, eaque rursus est vel confusa vel distincta."

[259] Ebd. GP IV, 422: "*Confusa*, cum scilicet non possum notas ad rem ab aliis discernendam sufficientes separatim enumerare, licet res illa tales notas atque requisita revera habeat, in quae notio ejus resolvi possit: ita colores, odores, sapores, aliaque peculiaria sensuum objecta satis clare quidem agnoscimus et a se invicem discernimus, sed simplici sensuum testimonio, non vero notis enuntiabilibus".

[260] Discours de metaphysique § 24, GP IV, 449.

[261] Meditationes de Cognitione, GP IV, 423: "Similiter videmus pictores aliosque artifices probe cognoscere, quid recte, quid vitiose factum sit, ad judicii sui rationem reddere saepe non posse, et quaerenti dicere, se in re quae displicet desiderare nescio quid."

eine Sache hingegen durch Merkmale unterschieden werden, liegt eine *klare* und *distinkte* Erkenntnis vor. Sie ist immer dann gegeben, wenn man von etwas eine *Nominaldefinition* besitzt.[262] Dennoch ist diese Erkenntnis *inadäquat*, denn "on peut encore douter si la notion definie est possible".[263] *Distinkt* und *adäquat* ist eine Erkenntnis erst dann, wenn "tout ce qui entre dans une definition ou connoissance distincte est connu distinctement, jusqu`aux notions primitives";[264] wenn also bis zu den ersten Möglichkeiten ("*prima possibilia*") und unauflöslichen Begriffen ("notiones irresolubiles") oder, was auf dasselbe hinausläuft, bis zu den absoluten Attributen Gottes ("absoluta Attributa DEI"), nämlich zu den ersten Ursachen ("causas primas") und dem letzten Grund der Dinge ("ultimam rerum rationem"), analysiert wird, kurz, bei einer vollkommenen Analyse der Begriffe.[265] Damit kann Gott allein distinkt und adäquat erkennen. "*Intuitiv*" nennt Leibniz die Erkenntnis, "quand mon esprit comprend à la fois et distinctement tous les ingrediens primitifs d`une notion".[266] Zusammengesetzte Begriffe werden in der Regel nicht intuitiv erkannt. Durch Intuition sind unter den Vernunftwahrheiten zum Beispiel die identischen Aussagen zu erkennen, unter den kontingenten Wahrheiten ist die Erkenntnis unserer Existenz intuitiv.[267] Die "notiones irresolubiles" oder "notiones distinctae primitivae" können nicht anders als intuitiv erkannt werden,[268] denn *einfach*, frei von Merkmalen oder Elementen ("requisitis") sind sie

---

262 Ebd. GP IV, 423: "At *distincta notio* est qualem de auro habent Docimastae, per notas scilicet et examina sufficientia ad rem ab aliis omnibus corporibus similibus discernendam: tales habere solemus circa notiones pluribus sensibus communes, ut numeri, magnitudinis, figurae, item circa multos affectus animi, ut spem, metum, verbo circa omnia quorum habemus *Definitionem nominalem*, quae nihil aliud est, quam enumeratio notarum sufficientium."

263 Discours de metaphysique § 24, GP IV, 450. Ferner sagt Leibniz dort: "et tandis qu`on n`a qu`une definition nominale, on ne sçauroit s`asseurer des consequences qu`on en tire, car si elle cachoit quelque contradiction ou impossibilité, on en pourroit tirer des conclusions opposées."

264 Ebd. § 24 GP IV, 449.

265 Meditationes de Cognitione, GP IV, 425: "An vero unquam ab hominibus perfecta institui possit analysis notionum, sive an ad *prima possibilia* ac notiones irresolubiles, sive (quod eodem redit) ipsa absoluta Attributa DEI, nempe causas primas atque ultimam rerum rationem, cogitationes suas reducere possint, nunc quidem definire non ausim."

266 Discours de metaphysique § 24, GP IV, 449 f.

267 Vgl. Nouveaux Essais, L.IV, Chap. II, GP V, 342 ff .

268 Meditationes de Cognitione, GP IV, 423: "Notionis distinctae primitivae non alia datur cognitio, quam intuitiva, ut compositarum plerumque cogitatio non nisi symbolica est."

unauflöslich, undefinierbar und können nur durch sich selbst erkannt werden ("per se intelligitur").[269] Generell gilt, la pluspart des connoissances humaines n`estant que confuses ou bien *suppositives*."[270]

Unterstellt man, Leibniz sehe in den Graden der distinkten Perzeption einen qualitativen, inneren Unterschied zwischen den Substanzen, kann man einwenden, "die je spezifischen Einschränkungen der Monade" seien im Grunde nur "defiziente modi der einen Substanz":

> Nimmt man den göttlichen Standpunkt ein, dessen Verstand die Totalität dessen, was ist, mit einem Mal überschaut [...], welche Einsicht der endlichen Monade nicht möglich ist, dann wird notwendigerweise die Differenz der Monaden untereinander getilgt.[271]

Das wußte Leibniz auch. Die Qualität der Substanzen, der innere Unterschied ergibt sich für Leibniz gar nicht durch den Distinktheitsgrad; durch diesen lassen sich lediglich die einfachen Substanzen, die Seelen- und Geistmonaden voneinander unterscheiden.

Die einfachen Substanzen haben nur einfache Perzeptionen, diejenige Perzeption der Seelenmonade " est plus distincte et accompagnée de memoire"[272] und "la memoire fournit une espèce de *Consecution* aux Ames, qui imite la raison, mais qui en doit être distinguée."[273] Die Geistmonaden hingegen erkennen die "verités necessaires et eternelles" und sind zur Selbst- und Gotteserkenntnis fähig. "C`est aussi par la connoissance des verités necessaires et par leur abstractions, que nous sommes élevés aux *Actes reflexifs*, qui nous font penser à ce qui s`appelle *Moy*, et à considerer que cecy ou cela est en

[269] Ebd. GP IV, 423: "Datur tamen et cognitio distincta notionis indefinibilis, quando ea est *primitiva* sive nota sui ipsius, hoc est, cum est irresolubilis ac non nisi per se intelligitur, atque adeo caret requisitis."

[270] Discours de metaphysique § 24, GP IV, 450.

[271] Wolfgang Bartuschat: Spinoza in der Philosophie von Leibniz, S. 55 f. Vgl. auch Panajotis Kondylis: Die Aufklärung, S. 584: "Es bleibt außerdem unklar, wie den Monaden Substanzialität in gleichem Maße wie Gott zugesprochen werden kann, wenn dem letzteren keine von den Unvollkommenheiten anhaftet, die bei den ersten auftreten (z.B. unklare und undeutliche Vorstellungen). Wären die Monaden richtige, d.h. ungeschaffene Substanzen, so wäre Gott überflüssig, und umgekehrt: ist Gott den üblichen Monaden in wichtigen Hinsichten überlegen, so dürften diese als unvollkommene Modifikationen der Einen in sich vollkommenen Substanz angesehen werden." Vgl. auch Wolfram Buddecke: C. M. Wielands Entwicklungsbegriff, S. 25.

[272] Monadologie § 19, GP VI, 610.

[273] Ebd. § 26, GP VI, 611.

*Nous*".[274] Die einfachen Monaden und die Seelenmonaden "ne connoissent pas ce qu`elles sont, ny ce qu`elles font" und die fehlende Selbstreflexion ist auch der Grund, "qu`elles n`ont point de qualité morale", denn "la connoissance de ce *moy*, qui la rend capable de chastiment et de recompense."[275] Die Geistmonaden sind für ihr Tun moralisch verantwortlich, denn die Möglichkeit des Gegenteils wird durch den vorherbestimmten Subjektsbegriff nicht aufgehoben. Aufgrund ihrer moralischen Beschaffenheit sind unter allen geschaffenen Substanzen die Geister "les plus parfaits", sie "expriment le mieux la Divinité".[276] "En effect les esprits sont les substances les plus perfectionnables",[277] ihre "perfections sont les vertus".[278] Beides ist abhängig vom Grad der Erkenntnis. Je deutlicher sie erkennen, desto tugendhafter und vollkommener sind sie. Obwohl Leibniz die Erkenntnis anders einteilt und bestimmt als Spinoza, lassen beide die Tugend von der Macht des propositionalen Wissens abhängig sein. Und für beide bedeutet Freiheit die Determination des Begehrungsvermögens durch die verstandesmäßige Erkenntnis. [279] "The Ethics to wich he [Leibniz] was entitled was very similar to Spinoza`s; it had the same fallacies, and similar consequences."[280]

### Realität und Aufhebung der Realität

Der Distinktheitsgrad der Perzeption konstituiert keinen Qualitätsunterschied, ohne welchen die Realität der Monaden hinfällig wäre. Eine spezifische "difference interne" garantieren die "notiones irresolubiles", die "notiones indefinibiles" oder die "notiones distinctae primitivae", die jede Analyse beschließen. Die unauflösbaren, undefinierbaren, einfachen Begriffe, die nur

[274] Ebd. § 29 f., GP VI, 611 f.

[275] Discours de metaphysique § 34, GP IV, 459 f.

[276] Ebd. § 35, GP IV, 460.

[277] Ebd. § 36, GP IV, 461.

[278] Ebd. § 5, GP IV, 430.

[279] Vgl. Théodicée § 288, GP VI, 288: "La substance libre se determine par elle même, et cela suivant le motif du bien aperçu par l`entendement qui l`incline sans la necessiter".

[280] Bertrand Russell: A critical exposition of the Philosophy of Leibniz. With an Appendix of Leading Passages. Paperback edition first published in 1992 by Routledge in London, P. 202.

intuitiv erkannt werden können, wie "Ens" ('Wesen'),[281] genügen in ihrer Einfachheit und Unauflösbarkeit dem "Satz der Indiszernibilien". Er besagt,

> daß die Differenzen wesentlich und daher unreduzierbar sind und die Diskontinuität, das Unstetige, in sich einschließen, er leugnet den Grenzübergang. Das Indiszernibilienprinzip entspringt der Absicht, die Einzelwesen, die in ihrem ganzen Wesen individualisiert und daher *ohne gemeinsame Elemente sind*, zu begründen und eine auf letzte Begriffe gegründete Logik zu errichten.[282]

Auch die "Physik schreibt das Indiszernibilienprinzip vor",[283]

> car le mouvement, si on n`y considere que ce qu`il comprend precisement et formellement, c`est à dire un changement de place, n`est pas une chose entierement reelle, et quand plusieurs corps changent de situation entre eux, y il n`est pas possible de determiner par la seule consideration de ces changemens, à qui entre eux le mouvement ou le repos doit estre attribué.[284]

Die Schwierigkeiten beginnen damit, daß u.a. "die Physik zugleich mit dem Indiszernibilienprinzip das Kontinuitätsprinzip" fordert,[285] das sich in dem bekannten Satz ausdrückt: "*nullam transitionem fieri per saltum*".[286] Dieses Prinzip besagt, "man könne von einem Ding zum anderen durch das allmähliche Aufheben der Differenzen fortschreiten, so daß schließlich ihre Differenzen verschwinden und die Dinge ununterscheidbar werden."[287] Indem das Kontinuitätsprinzip nicht auf die phänomenale Welt beschränkt ist, sondern in seiner Allgemeingültigkeit auch eine absolute Kontinuität zwischen verschiedenen Substanzen verlangt, denn "es ist nicht nur die Bedingung der Differentialrechnung, es ist das Gesetz der Dinge",[288] bringt es die qualitativen, inneren Unterschiede der Substanzen zum Schwinden. Und damit "verschwindet die

---

[281] De Synthesi et Analysi universali, GP VII, 293: "Primae notiones quarum combinatione fiunt caeterae aut sunt distinctae aut confusae; distinctae quae per se intelliguntur, ut Ens; [...]."

[282] Martial Gueroult: Raum, Zeit, Kontinuität und Principium Indiscernibilium, S. 519.

[283] Ebd. S. 519.

[284] Discours de metaphysique § 18, GP IV, 444.

[285] Martial Gueroult: Raum, Zeit, Kontinuität und Principium Indiscernibilium, S. 521.

[286] 24. 3. / 3. 4. 1699 Leibniz an de Volder, GP II, 168.

[287] Martial Gueroult: Raum, Zeit, Kontinuität und Principium Indiscernibilium, S. 519.

[288] Ebd. S. 522.

Realität der Dinge, insoweit diese, um real zu sein, innerlich verschieden sein müssen."[289]

Das Kontinuitätsprinzip fordert das Gegenteil des Indiszernibilienprinzips. So "entsteht ein Zwiespalt zwischen zwei entgegengesetzten Forderungen, die das Prinzip des zureichenden Grundes mit gleichem Nachdruck vorschreibt."[290] Leibniz konnte beides nicht vermitteln. Martial Gueroult nennt einen Ausweg: Leibniz hätte einen freien, grundlosen, mithin unbegreiflichen und alogischen Schöpfungsakt "von der Gesamtheit des Erschaffenen" absondern müssen, um eine "unbegreifliche Dualität" zu erhalten:[291] einerseits die "Zone der Beziehungen" oder der "individuellen Substanzen"[292] und andererseits die Zone der primitiven, einfachen, beziehungslosen Begriffe, die man einen "alogischen Bereich des disparaten Einfachen"[293] nennen kann. Denn "die Disparata entziehen sich den einfachsten Beziehungen, sogar der Identität und dem Widerspruch".[294] Dann könnte man von einer Zone in die andere nur mit einem "*Bruch*"[295], also nicht sprunglos gelangen, und das Kontinuitätsgesetz würde nicht greifen. Wieland und Jacobi wählen einen ähnlichen Ausweg, ohne der Irrationalität zu verfallen. Nimmt man wie Gueroult den "*Bruch*" als das "Merkmal einer radikalen Irrationalität",[296] dann schließt man nichtpropositionale Wissensformen aus.

Aber der Gott des Leibniz handelt nach dem zureichenden Grund und diesem Prinzip "gelingt es, den Akt der Wahl wieder einem rationalen Bereich einzuverleiben"[297] und das Indiszernibilien- und Kontinuitätsprinzip auch hier wirksam werden zu lassen. Die von Gott gewählte Welt hebt sich durch einen qualitativen, inneren Unterschied von allen anderen möglichen Welten hervor, der aber "gleichzeitig der Kontinuität unterworfen ist", so daß er durch "Gleichmachung der Differenzen" wieder ausgelöscht wird.[298]

---

[289] Ebd. S. 522.

[290] Ebd. S. 521.

[291] Ebd. S. 523 ff.

[292] Ebd. S. 524.

[293] Martial Gueroult: Die Konstitution der Substanz bei Leibniz, S. 493.

[294] Martial Gueroult: Raum, Zeit, Kontinuität und Principium Indiscernibilium, S. 523.

[295] Ebd. S. 524.

[296] Ebd. S. 523.

[297] Ebd. S. 525.

[298] Ebd. S. 527 f.

Weil nach dem Prinzip des zureichenden Grundes "*jede Wahrheit analytisch ist*", muß Leibniz die beziehungslosen, einfachen Begriffe im Verstande Gottes mit den komplexen in Beziehung setzen, indem er sie zu den letzten Termini jeder Analyse macht, ohne daß sie selbst einer Analyse zugänglich wären. So schafft er den Übergang von der primitiven, einfachen, unteilbaren Wesenheit oder Essenz zur Existenz der Substanzen. Aber er bringt "die Ungeteiltheit der einfachen Seienden im Schoß des ursprünglichen Verstandes Gottes zum Verschwinden".[299] Liegen die Wesenheiten im Verstande Gottes, dann schwindet allerdings auch der Unterschied zu Spinozas Substanz, die alles in ihrer Wesenheit enthält.

Durch die Schöpfung "sind die einfachen Wesenheiten an sich nur noch der Kern unendlich komplexer, mit einer Unendlichkeit von Prädikaten versehener Substanzen."[300] Das wirkt sich auf die Selbsterkenntnis der Geistmonaden aus. Das durch die Reflexion konstituierte 'Ich' ist nicht der irreduzible Kern, das absolut Einfache, das Beziehungslose und Disparate, die Essenz oder Wesenheit. Denn die Reflexion ist eine Beziehung. Das reflexiv zu fassende 'Ich' ist das Subjekt, das unter Absehung von seinen Prädikaten nicht zu denken ist. Die Geistmonaden können ihre einfache Wesenheit nicht erkennen, weil ihre "notio primitiva" das unerreichbare Ende einer unendlichen Analyse bildet. Mithin ist ihre Qualität, Individualität und Substantialität für sie selbst nichts. An einer Wesenserkenntnis hindert sie das Prinzip des zureichenden Grundes. Es macht ihr absolut einfaches, irreduzibles, primitives Sein für sie unerreichbar und schließt ein nichtpropositionales Wissen vom Sein und vom Guten aus, da alle analytischen Wahrheiten auf einem propositionalen Wissen fußen.

---

[299] Martial Gueroult: Die Konstitution der Substanz bei Leibniz, S. 484 ff.

[300] Ebd. S. 498.

## III. Jenseits der Systemphilosophie

Auch wenn es Leibniz nicht glückte, die Aufhebung der Realität der Dinge zu verhindern, bleibt es sein Verdienst, mit den primitiven, einfachen Begriffen versucht zu haben, ein Bollwerk gegen die Flüchtigkeit zu errichten. Er bemühte sich, festen Boden unter die Füße zu bekommen, damit sich nicht alles in bloße Beziehungen und Relativität auflöst. Von welcher Seite Jacobi und Wieland an das Problem der Aufhebung der Realität der Dinge herangingen und welchen Ausweg sie wählten, davon soll jetzt die Rede sein. Zunächst wird Jacobis Philosophieren vorgestellt, um anschließend die Nähe zu Wielands Einstellung erhellen zu können.

## Jacobis "Unphilosophie"

### Spinozismuskritik

Spinozas System zollte Jacobi größte Bewunderung. In seiner "natürlichen Geschichte der spekulativen Philosophie" (Spin XV) umreißt er die Entwicklung des Denkens, das sich in Spinozas Ontologie vollendet habe. Fortan steht dessen Systemrationalität fest. Die Bewunderung blendete Jacobi nicht für die ontologischen und moralischen Konsequenzen. "Spinoza ist mir gut genug: aber doch ein schlechtes Heil, das wir in seinem Namen finden!"( Spin 22) Das "schlechte Heil" ist Spinozas Dementi des freien Handelns. Daß Spinoza nicht alle Freiheit leugnete, war auch Jacobi bekannt. Aber Freiheit als Determination des "conatus" durch die ratio, um das zu sein, was der Mensch seinem Wesen nach ist, nämlich Macht, ist Jacobi nicht des Namens wert. Eine "Freiheit, welche das Weltgesetz der Causalverknüpfung *über* sich hat, eine mechanisch nachbildende, einem allgemeinen (*gleich viel ob dynamischen oder atomistischen*) Triebwerk folgende Thätigkeit" (JW II, 46) macht "alle Zurechnung und Beymessung von Thaten und Werken, so wie die Persönlichkeit selbst, zu nichts" (JW II, 48). Und dann ist "das Thun und Lassen jedes menschlichen Ungeheuers *göttlich*, woran nur *Unvernunft oder Kurzsichtigkeit* etwas tadelnswürdiges finden kann" (ebd. 2. Anm.). Die Form der Freiheit und Tugend, die Spinozas Modi und Leibnizens "*dynamischen* Triebwerk[e]" (Substanzen) erreichen, verwirft er. Spinoza und auch Leibniz beseitigen Freiheit und Tugend, weil in ihren Systemen "Persönlichkeit zu nichts" wird. Jacobi will das Selbst, die Basis der Moralität, bewahren. Aber seine Argumentation beruht nicht, wie Kondylis ihm nachsagt, "auf dem Prinzip: 'was nicht sein soll, darf auch nicht sein'".[301] Sie erfolgt "eben nicht mehr aus einer Gegenmetaphysik oder unerschütterten Frömmigkeit heraus".[302]

> Bey mir kam es darauf an: nicht die entgegen gesetzte Behauptung *ungereimt*, sondern sie *vernünftig* zu machen. Ich mußte den Grund des Irrthums, seine Möglichkeit in einem guten Kopfe entdecken, und mich dergestalt in die Denkungsart des Irrenden versetzen können, daß ich ihm nachzuirren, und mit seiner Überzeugung zu sympathisieren im Stande war. (JW II, 186)

Worin irrt nun Spinoza nach Meinung Jacobis? Der Irrtum, dem nicht nur Spinoza anheim fiel, beruht "auf einem Mißverstande, der allemal *gesucht*, und *künstlich* hervorgebracht werden muß, wenn man die *Möglichkeit* des Daseyns eines Weltalls auf irgend eine Art erklären will" (Spin XV). Er stellt sich ein, wenn man versucht, "*Bedingungen* des *Unbedingten* zu entdecken" (ebd.). Die Wurzel der Täuschung liegt darin, daß man "den Begriff der *Ursache* mit dem Begriff des *Grunde*s vermischt; jenem dadurch sein Eigenthümliches entzieht, und ihn in der Spekulation zu einem *blos logischen Wesen* macht." (Spin 414 f.) Der "Begriff des *Grundes*" ist ein logischer, zeitinvarianter "*Vernunftbegriff*"; in diesem "ist kein Vorher und Nachher, sondern alles nothwendig und zugleich; und eine Folge *der Dependenz* ist die einzige, welche sich darin gedenken läßt." (Spin 409) Der "Begriff der *Ursache*" ist hingegen ein "*Erfahrungsbegriff*", der die Zeit und Sukzession zur Voraussetzung hat und sich deshalb "eben so wenig aus dem blos idealischen Begriffe des Grundes herleiten, als in diesem auflösen läßt." (Spin 415) Dieser Unterschied wird vernachlässigt durch das "von Ewigkeit her wirkende, blos mechanische Naturprinzip" der einen Substanz Spinozas, aus der die einzelnen Modi "auf eine natürliche, das ist, *nothwendig*e und *mechanische* Weise" hervorgehen (Spin 406). In der Annahme, mit dem Satz vom Grunde die Möglichkeit der Entstehung eines wirklichen Dings in der Zeit erklären zu können, irrten Spinoza und Leibniz wie alle "achtungswürdigen Philosophen unter uns, welche den Begriff einer *wirklichen* Schöpfung *wirklich* einzelner successiver Dinge *von Ewigkeit her*, für einen möglichen Begriff halten." (Spin 412 ff.) Was infolge einer "natürlichen Erklärung" entsteht, ist keine reale Welt mit wirklichen, objektiven Dingen, sondern eine "der

---

[301] Panajotis Kondylis: Die Entstehung der Dialektik. Eine Analyse der geistigen Entwicklung von Hölderlin, Schelling, Hegel bis 1802, Stuttgart 1979, S. 153.

[302] Birgit Sandkaulen: Zur Vernunft des Gefühls bei Jacobi, in: Fichte Studien, Bd. 11: Materiale Disziplinen der Wissenschaftslehre. Zur Theorie der Gefühle, hrsg. von Wolfgang H. Schrader, Amsterdam, Atlanta 1997, S. 351-365, S. 353.

wirklichen ganz unähnliche *Bilder-Ideen-* und *Wort-Welt*", eine von allem Empirischen gereinigte "Vernunftwelt, worin Zeichen und Worte die Stelle der Substanzen und Kräfte vertreten." (Spin 403) Ignoriert man den Unterschied zwischen Logik und Kausalität,

> so verwechseln wir dieses Werden eines Begriffes mit dem Werden der Dinge selbst, und glauben die wirkliche Folge der Dinge eben so erklären zu können, wie sich die ideale Folge der Bestimmungen unserer Begriffe, aus ihrer nothwendigen Verknüpfung in Einer Vorstellung erklären läßt. (JW II, 194)

Die Grund-Folge-Beziehung

> ist keine objective und wirkliche, sondern eine subjective und blos idealische, die auch nicht einmal idealisch vorhanden seyn könnte, wenn ihr nicht eine *wirkliche* Succeßion in dem Subject, welches sie in Gedanken erzeugt, zum Grunde läge, und dadurch das Stehende in ein Fließendes verwandelt würde. (Spin 408)

Daher bringt die nach dem "Satz des zureichenden Grundes, das ist: der *Vermittelung*" (Spin 431), operierende spekulative Vernunft bei ihren Nachforschungen "nie einen *wirklichen* Anfang, nie ein *reelles* Prinzip irgend eines *objectiven* Daseyns" (Spin 422) heraus, ob sie nun mit metaphysischer oder mit hypothetischer und moralischer Notwendigkeit spekuliert.
Jacobi kritisiert eine Subjektphilosophie, die kein Wesen als "*objektiv - als für sich bestehend* -" annehmen kann, sondern alles Objektive mittels der Konstruktion vernichtet, "um es durchaus *subjectiv*, unser eigenes Geschöpf - *ein bloßes Schema* -" (JW III, 21) entstehen zu lassen. Entsprechend entschlüsselt er Fichtes Philosophie als "*umgekehrten* Spinozismus" (JW III, 12):

> Eine dem ausgedehnten wie dem denkenden Wesen auf gleiche Weise zum Grunde liegende, beyde unzertrennlich verbindende Substanz, ist nichts anderes als die unanschaubare, nur durch Schlüsse zu bewährende absolute Identität selbst des Objekts und Subjects, auf welche das System der neuen Philosophie, *der unabhängigen Philosophie der Intelligenz*, gegründet ist. (JW III, 11)

Wie den Spinoza so bewundert Jacobi auch Fichte, den er als "den wahren Messias der spekulativen Vernunft, den echten Sohn der Verheißung einer *durchaus* reinen, in und *durch* sich selbst bestehenden Philosophie" (JW III, 9 f.) ohne ironischen Unterton ehrt. Aber es bleibt wie gehabt: Die absolute Identität von Objekt und Subjekt ist eine künstliche, kopulative Einerleiheit, in der sich beide Termini wechselseitig voraussetzen und bedingen, so daß weder das Ich noch das Nicht-Ich objektiv und für sich bestehen können. Konstruiert wird eine "*bloße Ichheit des Ich ohne Selbst*" (JW III, 39) wie ein "Strickstrumpf"

(JW III, 24) ohne ein "menschliches Bein" (JW III, 28), geschaffen "aus Nichts, zu Nichts, für Nichts, in Nichts" (JW III, 22).

Fern liegt es Jacobi, die Wissenschaft zu verteufeln, ihr jeglichen Wert zu bestreiten und dem Verstand sein Recht auf Erklärung dessen, was zu erklären ist, zu rauben. Das Feld der Natur, dem Inbegriff des bedingten Daseins, das "auf einer Unendlichkeit von *Vermittelungen* beruht", sind "wir schon um unserer physischen Erhaltung willen, zu bearbeiten genöthigt" ( Spin 424). Mit Spinoza, Kant und Fichte ist er überzeugt, daß nur das begriffen wird, was zumindest in der Vorstellung zu konstruieren ist, "und was wir nicht construieren können, das begreifen wir auch nicht." (Spin 424, und Anm. 419 f.) Erklären und Begreifen entdecken den "*Mechanismus*" (Spin 424) einer Sache und beherrschen ihn. Wir bleiben "so lange wir begreifen, in einer Kette *bedingter Bedingungen*. Wo diese Kette aufhört, da hören wir auf zu begreifen, und da hört auch der Zusammenhang, den wir *Natur* nennen, selbst auf." (Spin 425) Zwischen der Natur und dem Außernatürlichen, zwischen dem Bedingten und Unbedingten besteht aber niemals ein natürlicher, d.h. mechanischer Zusammenhang, wie ihn die Suche nach dem Anfang und der Entstehung der Welt voraussetzt. Die spekulative Vernunft provoziert sich, über ihren Zustandsbereich des Natürlichen zu erheben und das Außernatürliche in das Natürliche zu verwandeln. So "muß das Unbedingte aufhören das Unbedingte zu seyn; es muß selbst Bedingungen bekommen" (Spin 425 f.), sonst läßt sich keine Weltentstehung konstruieren. Auf diese Weise aber geht "jeder Weg der Demonstration [...] in den Fatalismus aus" (Spin 225, 398, vgl. 24). Denn wird das Unbedingte eliminiert, dann auch Tugend und Freiheit im eigentlichen Sinne. Persönlichkeit, Einzigartigkeit, objektives Dasein gehen in der Mechanik und Erklärungssucht unter. Durch das Kontinuitätsprinzip werden die qualitativen Unterschiede, die die Individualität und Realität garantieren, quantifiziert und "*objectiv* vernichtet" (Spin 420, Anm.). Zurück bleibt die Rationalität des mechanischen bzw. dynamischen Naturgeschehens, was Jacobi Fatalismus nennt.

### Die menschliche Doppelnatur

"Spinoza und Leibniz waren beide Antidualisten" (Spin XIV), also logische Monisten, die Vereinigungsphilosophen und Alleinheitslehrer ebenfalls. Jacobi geht von einer Doppelnatur des Menschen aus. Er nimmt den "ganzen Menschen" und findet,

> daß sein Bewußtsein aus zwei ursprünglichen Vorstellungen, der Vorstellung des *Bedingten* und des *Unbebedingten* zusammen gesetzt ist. Beyde sind unzertrennlich mit einander verknüpft, doch so, daß die Vorstellung des Bedingten die Vorstellung des Unbedingten voraussetzt, und in dieser nur gegeben werden kann. (Spin 423)

Die bedingte Natur des Menschen ist die aufeinander bezogene Einheit aus Denken (Seele als Erkenntnisvermögen) und Ausdehnung (Körper), die Descartes als res cogitans und res extensa behandelte, die Spinoza und Leibniz parallel einrichteten und deren Trennung die Vereinigungsphilosophie durch Verschmelzung von Geist und Sinnlichkeit zu überwinden trachtete. Die bedingte, dual organisierte menschliche Natur wirkt mechanisch-dynamisch. Auf sie "ist der sinnliche Trieb oder das Prinzip der Begierde" (Spin XLVI) gerichtet. Sie hat Empfindungen und ein Erkenntnisvermögen. Unter der Vernunft, "die der Mensch hat", versteht Jacobi "die Seele des Menschen, *nur in so fern* sie deutliche Begriffe hat, mit denselben urtheilet, schließt und wieder andre Begriffe oder Ideen bildet" (Spin 423). Die Vernunft liefert theoretische Erkenntnis und ist in ihrer Funktion als instrumentelle Rationalität ein "Werkzeug" (Spin 423), dessen sich der Mensch in der Praxis bedient. Die Wissensform der "Werkzeug"-Vernunft ist ein technisches Wissen.

Das "Unbedingte" geht nicht über das "Bedingte" hinaus, Jacobi läßt es dem "Bedingten" vorhergehen. Der "Mechanismus [ist] *an sich* nur etwas zufälliges, es muß eine *reine Selbstthätigkeit* ihm nothwendig überall zum Grunde liegen" (Spin XXXV f.), wie auch die "*Causalität*" nicht "als etwas blos *Vermitteltes*, oder auf Mechanismus Beruhendes gedacht werden" (Spin 430) kann. Die "*reine Selbstthätigkeit*" ist keine autonome Selbstbestimmung; Jacobi nennt sie "Freiheit", da sie dem "Mechanismus" entgegengesetzt ist. Und die Freiheit besteht

> nicht in einem ungereimten Vermögen, sich ohne Gründe zu entscheiden; eben so wenig in der Wahl des Besten unter dem Nützlichen, *oder der vernünftigen Begierde*: denn eine solche Wahl [...] erfolgt doch immer nur mechanisch; sondern es besteht diese Freiheit, dem Wesen nach, *in der Unabhängigkeit des Willens von der Begierde.* (Spin XXXVII f.)

Die bedingte, dual organisierte, endliche Natur hat ein Begehrungsvermögen, aber keinen freien Willen. Der "Wille ist reine Selbstthätigkeit" (Spin XXXVIII), "ein *Analogon* des Uebernatürlichen" (Spin 428). Und Freiheit, die Jacobi mit der "Vorsehung" (JW II, 45) gleichsetzt, ist "der eigentliche Begriff des *Unbedingten*" (JW II, 78 f.).

Wesensmäßig ist die unbedingte Natur "Geist" oder "Vernunft". Aber mit dem theoretischen und praktischen Erkenntnisvermögen der bedingten Natur haben "Geist" oder "Vernunft" nichts zu tun. Mit der sonderbar klingenden Frage, "*hat der Mensch Vernunft; oder hat Vernunft den Menschen*?" (Spin 422), verweist Jacobi auf zwei ganz verschiedene Vernunftbegriffe. Durch die Quantität der spekulativen und praktischen Vernunft, die "der Mensch hat", unterscheidet sich der Mensch vom Tier. Die Vernunft, die "den Menschen hat", fehlt den Tieren, sie macht die Menschlichkeit aus. Sie ist qualitativ eine ganz andere Vernunft und wird zur besseren Unterscheidung von der spekulativen Vernunft der bedingten Natur hier im folgenden als $Vernunft_2$ bezeichnet. Eine solche $Vernunft_2$ kennen Leibniz und Spinoza wie alle Aufklärungsphilosophen einschließlich Kant nicht.[303] Sie ist "der Geist, woraus die ganze lebendige Natur des Menschen gemacht ist, durch sie besteht der Mensch" (Spin 423). Der Mensch *besitzt* sie nicht, er kann nicht über sie wie über ein Mittel verfügen; vielmehr *ist* der Mensch diese "Geist"-Vernunft. Insofern alle Erkenntnis bedingt ist, stellt die $Vernunft_2$ kein Erkenntnisvermögen dar. Sie "schafft keine Begriffe, erbaut keine Systeme, urtheilet auch nicht, sondern ist, *gleich den äußeren Sinnen*, blos offenbarend, positiv verkündend" (JW II, 58), daß uns das Übernatürliche gegeben ist; "nehmlich, *als Thatsache - Es ist!*" (Spin 427). Sie wird mißverstanden, wenn sie im plotinischen Sinn als "überpersönliche Vernunft, die sich menschlichen Person-Sein nur modifiziert", gedeutet wird.[304] Vielmehr ist sie eine ganz persönliche Vernunft, das "Prinzip des Lebens" (Spin 429), der "Othem Gottes", den Gott den Menschen "unmittelbar aus seinem Geiste" gab (JW III, 400).

Das "Unbedingte", "Geist" oder $Vernunft_2$ ist ein nicht einholbares Sein, das immer schon da ist, bevor ein Denken einsetzt. Um dieses "Daseyn" geht es Jacobi.

> Nach meinem Urtheil ist das größte Verdienst des Forschers, Daseyn zu enthüllen, und zu offenbaren. Erklärung ist ihm Mittel, Weg zum Ziele, nächster - niemals letzter Zweck.

---

303 "Daß der Mensch von dem Thiere, daß die Vernunft von dem Verstande - nicht der Art sondern nur der *Stufe* nach, nicht *qualitativ* sondern blos *quantitativ*, unterschieden sey; ist im Grunde die Meynung aller *Nichtplatonischen* Philosophen gewesen, von Aristoteles an bis auf Kant, wie sehr auch ihre Lehrgebäude übrigens von einander abweichen; ja wohl *scheinbar* bis auf den Grund einander entgegengesetzt seyn mögen." (JW II, 28)

304 Siehe dazu Birgit Sandkaulen: Zur Vernunft des Gefühls bei Jacobi, S. 360.

> Ein letzter Zweck ist, was sich nicht erklären läßt: das Unauflösliche, Unmittelbare, Einfache. (Spin 42)

Das unauflösliche, unmittelbare, einfache "Daseyn" ist unerklärlich; das "Unbedingte", "Freiheit", "Vorsehung", "reine Selbsttätigkeit" sind dem "Verstande durchaus unbegreiflich", sobald er darauf reflektiert, scheinen sie "unmöglich" (JW II, 46) zu sein. Wo keine Verstandesoperationen greifen, da läßt sich über Wahrheit oder Falschheit nichts aussagen, da hört die Wissenschaft auf. Deshalb schreibt er Fichte: "*Sie* - nehmen von dem, was ich mit dem Wahren meine, keine Notiz, und *dürfen*, als Wissenschaftslehrer, keine davon nehmen - auch nach *meinem* Urtheil." (JW III, 17) Also ist das "Daseyn" oder der "Geist" oder das "Unbedingte" ein aller Theorie vorhergehendes Sein, keine Leibnizsche aus zwei Elementen bestehende Substanz und kein logisches Subjekt. Noch ist das "Unbedingte" ein Absolutes. Es besteht nicht aus sich selbst, Gott ist die Ursache - nicht der Grund - für das unbedingte, freie, geistige Sein. Es ist nicht nur das "Wahre", sondern auch das "Gute und Schöne". Denn "das Gute und Schöne, setzen zum voraus das Wahre, auf welches alle Vernunft gegründet ist." (JW, III, 318) Der Wille kann also nichts anderes als das Wahre, Gute und Schöne wollen und "reine Selbstthätigkeit" ist das Tun des Guten und Schönen. "Es kann also die *Möglichkeit* absoluter Selbstthätigkeit nicht erkannt werden; wohl aber ihre *Wirklichkeit*" (Spin XXXVI f.): sie wird durch die Tat bewiesen.

Von "unserem eigenen Daseyn", sagt Jacobi, "haben wir nur ein Gefühl; aber keinen Begriff" (Spin 420, Anm.), denn zu fühlen ist stets nur die Wirkung einer Ursache, aber nicht die Folge eines Grundes. Da das aller Theorie vorhergehende Sein "Geist" oder "Vernunft" ist, ist die Vernunft$_2$ und mithin das Wahre, Gute und Schöne zu fühlen.

> Das Vermögen der Gefühle, [...] ist im Menschen das über alle andere erhabene Vermögen; dasjenige, welches allein ihn von dem Thiere specifisch unterscheidet, ihn der Art, nicht blos der Stufe nach, d.i. *unvergleichbar* über dasselbe erhebt; es ist [...] mit der Vernunft Eines und Dasselbe; oder wie man auch mit Fug sich ausdrücken könnte: Es gehet uns das, was wir Vernunft nennen und über den *bloßen*, der Natur allein zugewandten Verstand erheben, aus dem Vermögen der Gefühle einzig und allein hervor. Wie die Sinne dem Verstande in der Empfindung weisen, so weiset ihn die Vernunft im Gefühle. (JW II, 61 f.)

Die Empfindungen der bedingten Natur sind subjektiv, das "Gefühl" vom unbedingten Sein ist "objektiv" (JW II, 61), da in ihm reelles, und kein ideales

Sein anzutreffen ist. Das "Gefühl" bezeichnet Jacobi auch als "*Grundtrieb*" oder als ein "*sittliches*" oder als "*Wahrheitsgefühl*". "In ihm offenbaren sich ohne Anschauung, ohne Begriff, unergründlich und unaussprechlich, das in sich Wahre, Gute und Schöne." (JW III, 317)

### Selbstfindung

"Daseyn zu enthüllen, und zu offenbaren" heißt, es zu finden. In seinem "Salto mortale" (Spin 27) formuliert sich die "*Umstellung des Denkens vom Konstruieren ins Finden*".[305] Im salto stellt er das Cartesische Axiom auf den Kopf.

> Der schneidende Unterschied meiner Vorstellungsart von den Vorstellungsarten der mehresten meiner philosophischen Zeitgenossen liegt darin, daß ich kein *Cartesianer* bin. Ich gehe, wie die Morgenländer in ihren Conjugationen von der dritten, nicht von der ersten Person aus, und glaube, man dürfe schlechterdings nicht das *sum* dem *cogito* nachsetzen. (Spin XXIV f.)

Ein aller Theorie vorhergehendes "sum" ist mittels Reflexion nicht zu erkennen. Jacobi unterscheidet sich von allen Philosophen, die "*mit dem Reflexionsvermögen allein Philosophie machen*" (JW II, 15, Anm.).

> Es war nämlich seit Aristoteles ein zunehmendes Bestreben in den philosophischen Schulen entstanden, die unmittelbare Erkenntnis überhaupt der mittelbaren, das ursprünglich alles begründende *Wahrnehmungsvermögen* dem durch Abstraction bedingten *Reflexionsvermögen*, das Urbild dem Abbilde, das Wesen dem Worte, die Vernunft dem Verstande unterzuordnen, ja in diesem jene ganz untergehen und verschwinden zu lassen. Nichts sollte fortan mehr für wahr gelten, als was sich beweisen, *zweymal weisen* ließe: wechselweise in der Anschauung und im Begriffe, in der Sache und in ihrem Bilde *oder* Worte; *und in diesem nur, dem Worte, sollte wahrhaft die Sache liegen und wirklich zu erkennen seyn.* (JW II, 11f.)

Vielleicht spricht man besser von Selbstfindung als von Selbsterkenntnis, die zur Annahme eines rein reflexiven Selbstbewußtseins verleiten könnte.
Um das "Unbedingte", das Sein, Wahre, Gute und Schöne zu finden und den Spinozismus und alles, was damit zusammenhängt, zu überwinden, springt Jacobi aus der Systemphilosophie in die "*Unphilosophie*, die ihr Wesen hat im *Nicht-Wissen*" (JW III, 9). Der Unphilosoph und "privilegirte Ketzer" (JW III, 15) setzt sich in Opposition zu einer Philosophie, die das "Selbsthervorbringen ihres Gegenstandes" (JW III, 15) betreibt, und zieht seine "Philosophie

---

[305] Ebd. S. 355.

des Nicht-Wissens dem Philosophischen *Wissen des Nichts*" (JW III, 44) vor. Was die "Unphilosophie" von der Philosophie unterscheidet, teilt er Fichte mit: "Sie", so schreibt Jacobi,

> wollen, damit sich der Grund aller Wahrheit, als in der Wissenschaft des Wissens liegend zeige, ich, damit offenbar werde, dieser Grund: das *Wahre selbst*, sey nothwendig *außer* ihr vorhanden. Meine Absicht ist aber der Ihrigen auf keine Art im Wege, so wie Ihre nicht der meinen, weil ich zwischen Wahrheit und dem *Wahren* unterscheide. (JW III, 17)

Die Opposition von Philosophie und "Unphilosophie" entspricht nicht der Differenz von Rationalismus und Irrationalismus, sondern dem Gegensatz "zwischen Wahrheit und dem Wahren", zwischen dem propositionalen, objektivierbaren, bivalenten Wissen und dem nichtpropositionalen Wissen. Im "Salto mortale" drückt sich also die Umkehrung des Denkens vom Wissen zum "*Nicht-Wissen*" aus. Gefunden wird das der Theorie vorhergehende Sein, das Wahre, Gute und Schöne im unthematischen, nicht objektivierbaren, wahrheitsindifferenten Wissen. Es ist kein unmittelbar rückbezügliches Wissen. Es richtet sich auf den mitmenschlichen Bereich und manifestiert sich als ein praktisches Wissen, indem es sagt, was zu tun ist, um wahrhaft Selbst zu sein. Es zeigt sich beispielsweise in der Fähigkeit uneigennütziger Liebe und "der Gegenstand der reinen Liebe ist derjenige, den ein *Sokrates* vor Augen hatte. Er ist das Θειον im Menschen; und die Ehrfurcht vor diesem *Göttlichen*, ist was aller Tugend, allem Ehrgefühl zum Grunde liegt." (Spin XLIV f.) Wer zu wahrer, echter Liebe fähig ist, wer

> unbedingt, nothwendig, ewig - wie sich das Leben in sich liebt - *außer sich* zu lieben die himmlische Gabe hat: der liebt erhaben. Er hat, wie Platon sich ausdrückt, Unsterbliches gebohren aus göttlichem Samen: Er ist fähig geworden der reinsten Tugend; fähig überschwänglicher Hoffnung, Zuversicht und Wonne - Er ist *Gottes* fähig geworden. (JW III, 298)

Da die Einheit von Sein und Sollen am "*Nicht-Wissen*" ausgerichtet ist, bezeichnet Jacobi seine "Unphilosophie" auch als "*Philosophie in Platons Sinne*" (JW II, 58). Ihm folgend weiß Jacobi von der Unmöglichkeit, "den entschlossenen Sophisten zu widerlegen, weil das an sich Wahre, Gute und Schöne, das er läugnet, nur *ge*-wiesen, nicht *be*-wiesen werden kann." (JW III, 459)

### Mißverstehen Jacobis

Jacobis Ansicht,

> daß es ein Wissen aus der ersten Hand gebe, welches alles Wissen aus der zweiten (*die Wissenschaft*) erst bedinge, ein Wissen *ohne Beweise*, welches dem Wissen *aus Beweisen* nothwendig vorausgehe, es begründe, es fortwährend und durchaus beherrsche, (JW II, 4)

erregte bei ihrer ersten Verlautbarung in den Spinoza-Briefen nach Jacobis eigenen Angaben "in der deutschen philosophischen Welt ein allgemeines Ärgernis" (ebd.). Er wird gescholten "ein Vernunftfeind [...], ein Prediger des blinden Glaubens, ein Verächter der Wissenschaft und zumahl der Philosophie, ein Schwärmer, ein Papist" (JW II, 4) zu sein. Daß Jacobi mit dem Sprung den Wissensbegriff revidiert und eine am unthematischen Wissen vom Guten orientierte Philosophie fordert, wurde nicht verstanden und wird nicht verstanden, solange man Jacobi für einen "*Gefühls*- oder *Gemüths*-philosophen" hält, welche Bezeichnung er als "Spottname[n]" (JW II, 12) zurückgewiesen hat.

Die Ausdrücke 'Gefühl' und 'Offenbarung' laden zu Mißverständnissen ein. Man nannte seine Philosophie irrational[306] und schlug sie der Tradition der Empfindsamkeit und der "Rehabilitation der Sinnlichkeit"[307] oder dem Bereich der Theologie zu. "'Das doppelsinnige Wort *Gefühl* ist hier ein Nothbehelf in Ermanglung eines andern, das wir umsonst in einer Sprache suchen, die nicht von Philosophen erfunden wurde.'" (JW II, 61, Anm.) Man darf das "Gefühl" vom unbedingten Sein nicht mit den Gefühlen und Empfindungen der bedingten Natur verwechseln. Die Empfindungen, die den Verstand oder die spekulative Vernunft anweisen, fühlen keine Freiheit, andernfalls wird der Bereich des Irrationalen beschritten und die Objektivität der Freiheit einge-

---

[306] Paul Kluckhohn: Die Auffassung der Liebe in der Literatur des 18. Jahrhunderts und in der deutschen Romantik, Halle a. S. 1922, S. 228. Er nennt Jacobi einen "Verfechter seelischer Gefühlsschwelgerei, die alles Körperliche gering achtet" (ebd. S. 344).

[307] Panajotis Kondylis: Die Entstehung der Dialektik, S. 129 ff. Unter der Voranname, "in erkenntnistheoretischer Beziehung bildet die Rehabilitation der Sinnlichkeit einen wichtigen Teil des Jacobischen 'totalen Realismus'" (ebd. S. 137), verkennt Kondylis die von Jacobi intendierte Revision des Wissensbegriffs vom Wissen zum "Nicht-Wissen" und die damit verbundene Absage an die konventionellen Tugendvorstellungen. Da Kondylis das aller Theorie vorhergende Sein ignoriert, nennt er Jacobis "Salto mortale" einen "salto logico" oder "salto comico" (ebd. S. 158) und glaubt, Jacobi verfange sich in "Widersprüche" (ebd. S. 156 und S. 158).

büßt. Zur unmittelbaren Wahrnehmung eines Seins vor aller Theorie dringt die rehabilitierte Sinnlichkeit gar nicht vor, denn die Aufklärungsphilosophie beschäftigt sich ausschließlich mit der bedingten Natur. Sie und die idealistische Philosophie bleiben der Theorie verbunden. Aus diesem Grund ist das "Gefühl" vom Sein weder mit dem Leibnizschen 'Ich weiß nicht was' noch mit einem 'moral-sense' verwandt. Shaftesbury und seine Nachfolger sahen sehr wohl, daß die Ethik nicht mit der Logik zu begründen und nicht mit Hobbes aus berechnender Selbstliebe zu erklären ist. Sie suchten eine Antwort auf das Problem der sittlichen Einsicht und nahmen ein eingeborenes moralisches Gefühl an. Aber zum unthematischen Wissen vom Guten gelangten sie nicht. Zwei völlig verschiedene Vernunftbegriffe, wie sie Jacobi formuliert, fehlen ihnen. Ihnen blieb als Alternative zum traditionellen Vernunftbegriff, dessen Wesen in logischer Schlußfolgerung besteht, nur das Gefühl qua Empfindung.

Ebensowenig ist das "Gefühl" vom Sein mit dem urwüchsigen Gefühl als Alternative zum kühlen, berechnenden Verstand in Einklang zu bringen, auf das sich Rousseau in Verbindung mit seiner Idee vom glücklichen Naturzustand beruft. Naturenthusiasmus ist ohne "Salto mortale" zu haben. Anders als Rousseau benötigt Jacobi nicht die Existenz Gottes, um den Menschen durch die Vorstellung von Strafe oder Belohnung zur Tugend zu motivieren, sie wird "*um ihrer selbst willen* begehrt" (JW III, 321). Die Tugend

> kann ihren Werth von keinem andern Gut, auf welches sie als Mittel zu einem Zweck sich bezöge; von keiner Absicht *außer ihr*, von keinem selbst *göttlichen, Lohne* hernehmen. Denn warum sollte Gott die Tugend belohnen, wenn sie nicht *an sich gut* und wünschenswürdig, an sich *wohlgefällig* wäre? (JW III, 319)

Hingegen tröstet sich Rousseaus savoyischer Vikar: "Si je fais une bonne action sans témoin, je sais qu`elle est vue, et je prends acte pour l`autre vie de ma conduite en celle-ci. En souffrant une injustice, je me dis: l`Etre juste qui régit tout saura bien m`en dédommager".[308]

Auch Kant löst sich mit seiner Rede von der Glückswürdigkeit (vgl. KrV A 806, B 834) nicht von dem traditionellen Gedanken der Belohnung des moralischen Handelns. Kants Postulate der praktischen Vernunft schätzt Jacobi als "Lückenbüßer" (JW III, 42, vgl. 182) ein. Was Jacobi von Kant trennt, ist die

---

[308] Jean-Jacques Rousseau: Émile ou de l`éducation. Chronologie et introduction par Michel Launay, Paris 1966, S. 381.

"*qualitative* Unterscheidung zwischen Vernunft und Verstand" (JW II, 25), oder wie Jacobi auch zu sagen pflegt:

> Mich scheidet von der Kantischen Lehre das allein, was sie auch von sich selbst scheidet und mit sich uneins macht, nämlich, daß sie das Daseyn zweyer spezifisch von einander unterschiedener Erkenntnisquellen im menschlichen Gemüth zugleich voraussetzt und bestreitet [...], jenes nämlich schweigend und sich selbst unbewußt; dieses ausdrücklich, offenbar und durchaus. (JW II, 29 f.)

Die praktische Vernunft fordert einen "Vernunftglauben" (JW III, 182) an die Ideen von Gott, Freiheit und Unsterblichkeit sowie ein Handeln, als ob es einen Gott gäbe. Rhetorisch fragt Jacobi: "Wird der Mensch es *können*, sobald er nur im Geringsten zur philosophischen Selbsterkenntnis gelangt ist, und alle diese Voraussetzungen als blose subjective Fictionen betrachten lernt, denen jede objective Realität mangelt?" (JW III, 182) Die Antwort lautet 'nein', und deshalb mahnt Jacobi in grellen Tönen, damit absticht, was abstechen soll:

> Gesteht es nur, ihr mit eurer Vernunft wider Vernunft postulirenden Philosophen; das ganze Gerüste eurer praktischen Lehre ist Nihilismus; eine Luftsäule in Luft angesetzt und in Luft aufgelöst; eine unmögliche Hypothese; ein undenkbares, chimärisches, lediglich subjectives Object; ein Gift, das den Unverständigen berauscht, den Verständigen zum Hasser der Wahrheit macht; das unheilbar wirkt, weil es unter dem Scheine der Arzney gegeben wird; das dem Menschen in das Tiefste und Beste seiner geistigen Natur Tod und Verwesung bringt; das ihn ausdörrt zu einer kalten Mumie ohne Luft und Leben! (JW III, 184 f.)

Persönlich hält Jacobi Kant so wenig für einen Nihilisten, wie er Fichte und Spinoza gottlos schimpft.[309] Kant rang jahrelang um eine an der sittlichen Einsicht orientierte Moralphilosophie, die mit der Lehre vom Faktum der Vernunft ihren Abschluß fand.[310] Seine Lösung überzeugte Jacobi nicht.

---

[309] Was er an Fichte schreibt, darf getrost auch in Hinblick auf Kant gelesen werden: "wenn ich auch Ihre Lehre, gleich der Lehre des Spinoza, Atheistisch nennen müßte; ich würde Sie *persönlich* darum doch für keinen Atheisten, für keinen *Gottlosen* halten. Wer sich mit dem Geiste über die Natur, mit dem Herzen über jede erniedrigende Begierde *wirklich* zu erheben weiß, der siehet Gott von Angesicht, und es ist zu wenig von ihm gesagt, daß er nur an ihn glaube." (JW III, 45 f.)

[310] Vgl. Dieter Henrich: Der Begriff der sittlichen Einsicht und Kants Lehre vom Faktum der Vernunft, S. 77-115.

## Wieland und die "Lebensweisheit" als das Wissen vom Wahren und Guten

Im Erscheinungsjahr der *Wissenschaftslehre* Fichtes und vier Jahre nach Kants Publikation der *Urteilskraft* komplettierte Wieland 1794 seine *Geschichte des Agathon* durch die Darstellung der Philosophie des Archytas. Schon in der *Abdankung* der ersten Romanfassung hatte sie Wieland versprochen (A 554), aber aufgrund fehlender "Muße" und "innere[r] Ruhe" (A 590) immer wieder aufgeschoben. Die späte Einlösung des Versprechens auf eine "wesentliche Veränderung der Denkart" seit Empfang und Ausgestaltung der ersten "Idee des Werkes" (A 590) zurückzuführen, weist er im *Vorbericht* zur dritten Fassung von sich.

Die "Lebensweisheit" (A 752) oder "Lebensphilosophie" (A 771) ist eine platonische Philosophie. Da Archytas die indifferente Einheit von Sein und Sollen, Ontologie und Ethik am nichtpropositionalen Wissen vom Guten ausrichtet, krönte Wieland sein moralphilosophisches Werk und machte "es der Aufschrift, *quid Virtus et quid Sapientia possit*, würdig" (A 591). Die "Lebensphilosophie" ist mit der "Unphilosophie" Jacobis verwandt, aber Wielands philosophische Haltung basiert nicht auf einem Studium der Schriften Jacobis. Gleichwohl kann Wieland bei der Abfassung der Philosophie des Archytas auf Jacobis Schrift *Über die Lehre des Spinoza in Briefen an den Herrn Moses Mendelssohn* von 1785 zurückgegriffen haben. Am 11. Oktober 1785 bedankte er sich bei Jacobi für ein Buch mit "so tiefsinnige[n] Speculationen".[311] Aller Wahrschein-

---

[311] WBr. 9,I, 79 f.: "Noch habe ich weder Ihren Malaga gekostet noch Ihr Buch gelesen; jenes von darum nicht, weil mir die Leute sagen, ich müßte den Wein wenigstens 4. Wochen ausruhen lassen, ehe er auf Flaschen gezogen werden könne; dieses nicht, weil es mir an Zeit gebrach, und weil ich der ruhigsten Seelenstille bedarf, um so tiefsinnige Speculationen verstehen und genießen zu können. Ich verspreche Ihnen aber, sobald ich es gelesen und wieder gelesen habe, Ihnen zu melden, was es auf mich gewürkt hat. Der Gegenstand, worüber Sie sich darin gegen einen Mann expectorieren, der (mit aller Achtung, die ich ihm schuldig bin, sey es gesagt) mir in dieser Sache nicht so gerade gegangen zu seyn scheint, als Sie erwarten konnten - dieser Gegenstand wird mir - mirabile dictu! - immer interessanter und immer gleichgültiger, je länger ich lebe: interessanter, weil nichts ist, was ich zu wissen neugieriger wäre als gerade die großen Gegenstände, an welchen sich alle Philosophen der Welt, von jenem ehrlichen Simonides an, blind gesehen haben; gleichgültiger, weil die bisherige Unmöglichkeit, in diesen Dingen hell zu sehen, nicht den mindesten Einfluß auf meine Glückseligkeit und Ruhe hat. Sie kennen, Mein Bester, jene berühmte Aufschrift zu Sais: 'ich bin alles was ist, was war, und was seyn wird, und meinen Schleyer hat noch kein Sterblicher aufgedekt'. Dies ist meine ganze

lichkeit nach handelt es sich dabei um Jacobis Spinoza-Briefe, denn darin, so sagt Wieland, "expectoriere" sich Jacobi "gegen einen Mann", dem er "Achtung schuldig" sei. Damit kann er Lessing meinen, mit dem Jacobi sein berühmtes Gespräch führte. Daß Wieland die zweite, 1789 erschienene, durch Beilagen erweiterte Schrift Jacobis *Über die Lehre des Spinoza* kannte, kann nicht belegt werden.

Romanimmanent ist die *Darstellung der Lebensweisheit des Archytas* motiviert durch Agathons Hoffnung, es möge ihm der Weise von Tarent helfen, einen "Ausgang aus dem Labyrinth seiner Zweifel" (A 737) zu finden. In der Tat war Agathon an der Allgemeingültigkeit der Tugend, an der Würde des Menschen und der Existenz eines göttlichen Wesens irre geworden und hofft, durch Archytas zu einem "Frieden in und mit sich selbst zu gelangen" (A 736). Auch Archytas wünscht, "ihn auf den Weg zu bringen, auf welchem er das höchste Ziel menschlicher Vollkommenheit nicht verfehlen könnte" (A 739). Ein Wissender spricht mit einem Suchenden, der sein Nichtwissen eingestanden hat.[312] Archytas aber stellt keine Theorie auf; er erzählt aus seiner Erfahrung.
Die Ideen von Gott und Unsterblichkeit,

> die Ideen [...] von einem unendlichen Geiste, der diesen unendlichen Körper beseelt, und einer unsichtbaren Welt, die der Typus der sichtbaren ist; von Gott als dem obersten Gesetzgeber dieser beiden Welten; von der ewigen Fortdauer aller Bürger der Stadt Gottes, und von den Stufen, auf welchen die verschiedenen Klassen der Wesen sich dem unerreichbaren Ziele der Vollkommenheit ewig nähern (A 756),

wurden Archytas durch die Reisebekanntschaft mit "Sophisten von Profession" (A 755) ungewiß. Er kannte "scharfsinnige und gelehrte Männer, denen diese Ideen unerweislich, andere, denen sie schwärmerisch und schimärisch vorkamen" (A 756), und suchte "Wahrheit" (A 757). Doch er war nicht geneigt, einen "*Antagonisten* dieser spitzfündigen Vernünftler abzugeben" (A 755). Den Weg der rationalen Metaphysiker erkannte er als Irrweg der spekulativen Vernunft, führen doch "alle Spekulationen [...] das Gemüt nur in einen Labyrinth von Zweifeln [...], um es ihm dann selbst zu überlassen wie es sich

---

Dogmatik in nuce - weiter habe ich nicht kommen können - Sollten Sie, oder wer es sonst sey, mich weiter befördern können, so werde ich gewiß nicht widerspenstig seyn."

[312] Agathons Eingeständnis seines Nichtwissens wird im sechsten Kapitel behandelt.

wieder heraus finden könnte". So distanzierte er sich "von subtilen Nachforschungen über bloß intelligible Gegenstände" (A 756).
Den aufgeklärten Selbstdenkern soll gewiesen werden, daß die Ideen keine Schimären sind, ohne die Grenze der spekulativen Vernunft zu überschreiten und hinter den Stand des kritischen Denkens zurückzufallen. Archytas verließ den theoretischen Erkenntnisweg und schlug den "praktischen Weg" (A 752) ein, um sich von der Wirklich- und Wahrhaftigkeit der Ideen von Gott und Unsterblichkeit, an die von "jeher die besten unter den Menschen glaubten" (A 756), durch "die Tat selbst" zu überzeugen. Aus dem Glauben soll ein Wissen werden. Denn beruhen sie auf keiner "Täuschung", dann müssen sie "in dem Innersten deiner Natur gegründet" (A 757) und zu finden sein.

> Die Wahrheit [...], die für *alle* wahr und allen *unentbehrlich* ist, die den Menschen zu seiner *Bestimmung*, zu dem was für ihn das *höchste Gut* ist, führen soll, kann nicht in dem *Brunnen des Demokritus* versenkt liegen [...]. Sie muß uns allen nahe genug liegen, um durch bloße Aufmerksamkeit auf uns selbst, durch bloßes Forschen in unsrer eignen Natur, so weit das Licht in uns selbst den Blick des Geistes dringen läßt, gefunden zu werden. (A 757)

Es soll die "Wahrheit" der Ideen gefunden werden, die die spekulative Vernunft vergeblich zu fassen bemüht ist. Der umgekehrte "praktische Weg" bedeutet die Umstellung des Denkens oder den 'Sprung' vom propositionalen Meinen und Glauben zum nichtpropositionalen Wissen, damit das aller Theorie vorhergehende, nicht mehr zu begründende wahre Sein gefunden wird. In seiner Grundlosigkeit kann es nur gefunden, diese "*unsichtbare Welt in uns selbst* aufgedeckt" (A 751) werden analog dem Enthüllen und Offenbaren von "Daseyn" nach Jacobis Diktum (Spin 42).

### Die menschliche Doppelnatur

Archytas wird auf zwei Reiche des Menschen aufmerksam.

> Das erste, was die auf mich selbst geheftete Betrachtung an mir wahrnimmt, ist, daß ich aus zwei verschiedenen und einander entgegen gesetzten Naturen bestehe: einer *tierischen*, die mich mit allen andern Lebendigen in dieser sichtbaren Welt in Eine Linie stellt; und einer *geistigen*, die mich durch Vernunft und freie Selbsttätigkeit unendlich hoch über jene erhebt. (A 757)

Daß mit dieser Entgegensetzung keine Antithese von Sinnlichkeit und Vernunft gemeint ist, sondern eine Doppelnatur, wie sie Jacobi beschreibt, zeigt ein Blick auf die "tierische Natur".

> Durch jene [tierische Natur] hange ich auf tausendfache Weise von allem, was außer mir ist, ab, bin den Bedürfnissen, die allen Tieren gemein sind, unterworfen, und selbst in der tätigen Äußerung meiner Triebe an die Gesetze der Bewegung, der Organisation und des animalischen Lebens durch eben dieselbe Notwendigkeit gefesselt, welcher jedes andere Tier untertan ist. (A 757)

Mit der "tierischen", den Naturgesetzen, also der "Notwendigkeit" unterworfenen Natur, ist die empirische, organisierte Natur aller Lebewesen gemeint. Doch sie kann nicht ausschließlich auf Sinnlichkeit reduziert werden. Denn wenn mich zwar die "tierische Natur mit allen andern Lebendigen in dieser sichtbaren Welt in Eine Linie stellt", so verfügt der Mensch als höchste Organisationsform der "sichtbaren Welt" über Vernunft, welche das Sicht- und Wahrnehmbare erkennt und theoretisch ordnet. Das theoretische Erkenntnisvermögen heißt 'spekulative Vernunft'. Wenn gilt, daß das "tierische *Ich* [...] immer nur seine eigene Befriedigung zum Zweck hat" (A 759), dann gehört zur "tierischen Natur" des Menschen auch eine zweckrationale Vernunft und ihr technisches Wissen. Da also die "tierische Natur" aus Sinnlichkeit und Vernunft besteht, ist mit der Entgegensetzung von "tierischer" und "geistiger Natur" keine Antithese von Sinnlichkeit und Vernunft gemeint. Nicht klar ist jedoch, wie das Verhältnis von Vernunft und Sinnlichkeit innerhalb der "tierischen Natur" zu denken sei. Ob zwischen Denken (Seele) und Ausdehnung (Körper) ein Parallelismus im Sinne Leibniz` und Spinozas besteht oder ob die Vernunft gemäß den französischen Materialisten ein Sublimat der Sinne ist, sagt Archytas nicht. Darum geht es ihm aber gar nicht. Er setzt vielmehr der aus Sinnlichkeit und Vernunft bestehenden "tierischen Natur" eine "geistige Natur" unvermittelt entgegen, wie es einzig Jacobi tat.

Die Vorgänger und Zeitgenossen behandelten nur diese sinnlich-vernünftige "tierische Natur", durch die "ich auf tausendfache Weise von allem, was außer mir ist" abhänge. Sie ist ein Teil des geordneten Natursystems und steht als Seinsweise eines Besonderen in Beziehung zum Allgemeinen. Die mechanisch-dynamisch wirkende "tierische Natur" läßt sich wissenschaftlich behandeln und nach dem Satz vom zureichenden Grunde in ein philosophisches System bringen, wohl auch unter der Perspektive einer 'Dialektik der Aufklärung' kritisieren. Die "tierische Natur" des Menschen versuchten Shaftesbury, Hutchesons, Butler und Hume in Abgrenzung zu Hobbes und in Gegnerschaft zu Mandeville, Clarke und Wollaston ethisch zu begründen.[313] Shaftesbury hat "die stoische Grundforderung des ομολογουμενως τη φυσει ζην vom Ethischen ins Ästhetische" gewendet, das allein den "reinsten Einklang" zwischen Ich und der Welt, ja eine "Synthese von Mensch und Gott" verspreche.[314] Er verringerte den Abstand zwischen Mensch und Gott, da er den Menschen "nach seiner ihm ursprünglich innewohnenden gestaltenden Kraft, nicht als Geschaffenes, sondern als Schöpfer" begriff,[315] ein Gedanke, der die nächste Generation bis zu Schelling tief beeindruckte. Doch Jacobi und Wieland haben ihn als Aufhebung des Seins und Schöpfung aus dem Nichts bekämpft. Diese englische Moralphilosophie kritisiert der Erzähler schon in der ersten Romanfassung. Er distanziert sich expressis verbis von "Hutchinson" und bestreitet dessen These, "die Seele [habe] ein besonderes geistiges Werkzeug, [...] moralische Dinge zu empfinden" (A 365).

Die "geistige Natur" nennt Archytas auch das "wahre Ich" (A 764), die "gottähnliche Natur" (A 751) oder die "*unsichtbare Welt in uns selbst*" (A 751). Sie wird hier weiterhin als das wahre Sein oder Selbst bezeichnet, das nicht über die "tierische Natur" hinausgeht, sondern wie bei Jacobi der Naturkausalität vorhergeht.

Von der "tierischen Natur" unterscheidet sie sich erstens "durch Vernunft" (A 757). Diese "Vernunft" bezeichnet Archytas auch als "gute[n] Dämon" (A 761, 762), als "Richter in meinem Busen" (A 753, 754, 761), als "Ausstrahlungen der Gottheit" (A 765) oder als "Geist" (A 764). Sie kann nicht identisch sein mit der Vernunft der bedingten "tierischen Natur". Zur besseren Abgrenzung wird auch sie Vernunft$_2$ genannt. Wie Jacobi verwendet Wieland zwei völlig verschiedene Vernunftbegriffe. Die spekulative und zweckrationale Vernunft reicht nur hin, um Mensch und Tier graduell hinsichtlich der besseren Erkenntnis und Handhabung des Sichtbaren zu unterscheiden. Die Vernunft$_2$, die Mensch und Tier wesensmäßig unterscheidet und Archytas "unendlich hoch" über seine "tierische Natur" erhebt (A 757), ist jedoch kein Vermögen, das man wie Intelligenz oder Rationalität besitzt und als Machtmittel gebrauchen kann. Jacobi nennt sie die Vernunft, "die den Menschen hat", und er meint damit den "Geist, woraus

---

313 Vgl. Wolfgang H. Schrader: Ethik und Anthropologie in der englischen Aufklärung. Der Wandel der moral-sense-Theorie von Shaftesbury bis Hume, Hamburg 1984.

314 Ernst Cassirer: Die Philosophie der Aufklärung, 3. Auflage Tübingen 1973, S. 421 ff.

315 Ebd. S. 423.

die ganze lebendige Natur des Menschen gemacht ist, durch sie besteht der Mensch" (Spin 422 f.). Nichts anderes versteht Wieland unter ihr, da "allein der *Geist* mein wahres *Ich* sein kann" (A 764). Das "wahre Ich" *hat* also nicht eine Vernunft$_2$, sondern *ist* eine solche. Sie ist das wahre Selbst des Menschen, aber keine überpersönliche Vernunft und kein absoluter "Geist". Sie ist nicht mit dem göttlichen Geist identisch, sondern "gottähnlich" und kann im Sinne Platons als menschlicher Nous gedeutet werden, der "gegenüber dem göttlichen" eine "konstitutionelle Mangelhaftigkeit" hat[316] und "nur im Kleinen das ist, was der Nous im All ist."[317] Der Nous gehört "in die Gattung der Ursache" und ist nicht περας (Vollendung), sondern αιτια (Ursache, Urgrund, Schöpferkraft, Urkraft).[318] Entsprechend ist auch die Vernunft$_2$ aufgrund ihrer "Selbsttätigkeit" als Ursache anzusehen.

Zwischen der spekulativen und der Vernunft$_2$ besteht ein Qualitätsunterschied. Während die spekulative Vernunft zur Erkenntnis der "sinnlichen Welt" diskursiv operiert, wird die Vernunft$_2$ als "Auge des Geistes" (A 751) und "Blick des Geistes" (A 757) als sehend (A 758) charakterisiert. Als Quelle für eine schauende Vernunft darf Platon angenommen werden. Er gebraucht den Akt des Sehens, um das Erfassen der Ideen zu verdeutlichen, und vertieft im Sonnen- und Höhlengleichnis die Lichtmetapher.[319] Sich auf Platon berufend hält auch Jacobi die Vernunft$_2$ für "ein geistiges Auge für geistige Gegenstände" oder für das "zweyte Seelenauge" zur "Erkenntnis des Einen Wahren", welches die Antidualisten, All-Einheitslehrer, Vereinigungsphilosophen der antiken wie der neuzeitlichen Aufklärung beseitigt haben (JW II 74 f.).[320] Das Sehen der Vernunft$_2$ ist weder ein intellektuelles Anschauen

---

316 Hans-Georg Gadamer: Platos dialektische Ethik und andere Studien zur platonischen Philosophie, Hamburg 1968, S. 83.

317 Ebd. S. 119.

318 Ebd. S. 117.

319 Vgl. Wolfgang Wieland: Platon, S. 301 f.

320 "Nur einige unter ihnen, die sich Philosophen nannten, versuchten dieses Organs, des zweyten Seelenauges, zu entrathen, wähnend, es müsse sich mit nur Einem Auge das nur Eine Wahre schärfer und sicherer sehen lassen, als mit zweyen. Sie stachen wirklich das eine, dem Uebersinnlich zugekehrte, Seelenauge sich aus, und fanden, daß Ihnen nun in der That alles viel klarer und deutlicher da stehe als zuvor. Was man, sagten sie, für ein zweytes wirkliches Auge gehalten habe, sey nur ein *Scheinauge* gewesen, in Wahrheit nur ein krankes Doppelsehen des allein *wirklich* sehenden Auges. Man solle nur betrachten an Ihnen, wie das Eine *wahre* Auge, nach der Operation, sich ihnen mitten vor die Stirne gezogen habe, und wie von dem

noch ein mystisches Schauen eines Übersinnlichen, sondern in Anlehnung an die Phronesis als ein Einsehen, und zwar als sittliche Einsicht zu verstehen. Die Vernunft blickt auf das Gute und indem sie das Sein "in seinem Gutsein, d.h. in dem, was es immer ist und zu sein hat, einsichtig"[321] macht, enthüllt und offenbart sie es.

Zweitens unterscheidet sich die "geistige Natur" durch "freie Selbsttätigkeit" von der "tierischen" (A 757). Also hat die "tierische Natur" des Menschen keinen freien Willen, obwohl sie eine Ursache des Handelns sein kann, denn sie wählt die Mittel der Selbsterhaltung. Dem Trieb und Begehren der organisierten "tierischen Natur" ist ein freier Wille der "geistigen Natur" entgegengesetzt, der anders als der Trieb nichts Unsittliches und Eigennütziges wollen kann, sondern nur auf das Gute aus ist und kein anderes Interesse hat, als das wahre Selbstsein im täglichen Leben und Verhalten zu zeigen. Darüber, ob man gut sein will oder nicht, kann man nicht mehr entscheiden. Freiheit meint nicht die freie Entfaltung natürlicher Kräfte, weil die Kräfte sich ja nach den "Gesetzen der Bewegung" der "tierischen Natur" richten. Auch heißt Freiheit nicht Befreiung von Leidenschaften; ihrer entledigt man sich mechanisch-dynamisch. Man hat es hier mit einem emphatischen Freiheitsbegriff zu tun, der dem Jacobis gleicht. Freiheit ist der schiere Inbegriff des Unbedingten, das dem Bedingten vorhergeht und nicht auf transzendentalem Wege durch ein Aufsteigen vom Bedingten zu erreichen ist. Das Unbedingte bedeutet nicht die "absolute Totalität der Bedingungen" (KrV, A 327, B 384; vgl. A 409, B 436); es ist also kein Logisch-Unbedingtes, sondern ontologisch zu verstehen.

Drittens kennzeichnet das wahre Sein ein Gefühl; durch "*diese* [geistige Natur] fühle ich mich frei, unabhängig, selbsttätig" (A 757). Es ist nicht eingebildet oder gedacht, also nicht thetisch, sondern direkt wahrnehmbar. Wie die Sinne und Empfindungen von der Wirklichkeit der materiellen, "sichtbaren Welt"

---

anderen, vorgeblich zweyten Auge, jetzt auch nicht eine Spur mehr zu entdecken sey. Es fanden diese Polypheme Gehör, und bey nur allzu Vielen Glauben, die dann alle wollten von dem kranken Doppelsehen und dem falschen Auge geheilt seyn. Nur Sokrates, und nach ihm sein Schüler Platon, widerstanden der einäugigen Weisheit; darthuend auf die mannigfaltigste Weise: daß die menschliche Seele, um zu der Erkenntnis des Einen Wahren zu gelangen, beyder ihr verliehenen Augen bedürfe, darum sorgfältig sie bewahren und immer sie geöffnet halten müsse; verschlösse oder vertilge sie gar das nach dem Uebersinnlichen gerichtete, *so gewönne sie mittels des anderen nur allerley grundlose Wissenschaft ohne Einsicht und letzten Zweck*."

[321] Hans-Georg Gadamer: Platos dialektische Ethik, S. 53.

Kunde geben, die der Verstand begreift und erklärt, so bezeugt ein Gefühl die Objektivität der "gottähnliche[n]", "geistigen Natur".
Mit dem Ausdruck 'fühlen' muß sich Wieland ebenso behelfen wie Jacobi. Es gibt aber Kriterien, das Fühlen des "wahren Ich" von Empfindungen des "tierischen Ich" zu unterscheiden. Die Theoretiker der Empfindsamkeit verbanden in Anlehnung an Leibniz und Locke die Empfindungen mit Lust und Unlust. Da Lust und Unlust wegen ihrer Schrankenlosigkeit immer in ihr Gegenteil umschlagen können, rieten viele Empfindsamkeitstheoretiker zur Zufriedenheit mit sich selbst als einem wünschbaren Gleichgewicht der Empfindungen.[322] Jedoch sich "frei, unabhängig und selbsttätig" zu fühlen, hat mit solcher Lust oder Unlust an den Dingen gar nichts zu tun. Empfindungen werden von Vorstellungen und Assoziationen begleitet, nicht aber das Fühlen des "wahren Ich", das sich dadurch vom Schwärmen des "tierischen Ich" unterscheiden läßt.

> Die Schwärmerei, die sich im Schatten einer unbeschäftigten Einsamkeit mit sinnlich-geistigen Phantomen und Gefühlen nährt, [...] möchte sich über die Grenzen der Natur wegschwingen [...], nimmt Träume für Erscheinungen, Schattenbilder für Wesen, Wünsche einer glühenden Phantasie für Genuß; gewöhnt ihr Auge an ein *magisches Helldunkel* [...] und berauscht sich in süßen Gefühlen und Ahnungen, die ihr den wahren Zweck des Lebens aus den Augen rücken, die Tätigkeit des Geistes einschläfern, und das unbewachte Herz wehrlos jedem unvermuteten Anfall auf seine Unschuld Preis geben. (A 769)

Schließlich wechseln die Inhalte und die Intensität der Empfindungen ständig. Das ist im Gefühl des "wahren Ich" ausgeschlossen, da es in der Entgegensetzung zum veränderlichen, empirischen oder "tierischen Ich" unwandelbares Sein oder ewiges Leben bedeutet.
Das "wahre Ich", die Vernunft$_2$ und Freiheit zu fühlen, heißt, eine präreflexive Gewißheit vom Dasein des wahren Seins zu haben. Es wirkt sich als moralisches Gefühl oder Gewissen aus, da es das "am wenigsten betrügliche Gefühl des Wahren und Guten" ist, "welches die Natur allen Menschen zugeteilt hat" (A 540). Gleiches sagt Jacobi (JW III, 317), aber der Erzähler teilt es schon 1766/67 in der ersten Romanfassung mit. Das "Gefühl" könne

> uns am besten sagen, woran wir uns halten sollen; und dahin müssen, früher oder später, die größesten Geister zurückkommen, wenn sie nicht das Schicksal haben wollen, wie die Taube des Altvaters Noah allenthalben herumzuflattern und nirgends Ruhe zu finden. (A 540)

---

[322] Vgl. Gerhard Sauder: Empfindsamkeit, Bd. I, S. 68 ff., 114 f. und 128 ff.

Archytas erzählt, sich an dieses "Gefühl des Wahren und Guten" gehalten zu haben.

> Zu meinem Glücke trug ich einen Angeber in meinem Busen, dessen Wachsamkeit nicht der kleinste Fehltritt entging, und einen Richter, der sich durch keine Ausflüchte oder Entschuldigungen der Eigenliebe bestechen ließ. Ich mußte mich also, um Friede vor ihnen zu haben, der möglichsten Unsträflichkeit befleißigen; und so bewirkte die Scheu vor mir selbst, was bei vielen keine andere Furcht erzwingen kann. (A 753)

Die richterliche Instanz äußert sich auch als "Stimme meines guten Dämons" (A 761) oder in den "leisen Warnungen meines guten Dämons" (A 762). Wieland zitiert damit Sokrates, den sein "Daimon" vor falschem Vorhaben warnt. "Mir", sagt Sokrates in der *Apologie*, "ist dieses von meiner Kindheit an geschehen, eine Stimme nämlich, welche jedesmal, wenn sie sich hören läßt, mir von etwas abredet, was ich tun will, zugeredet aber hat sie mir nie."[323] Der "gute Dämon" oder die Vernunft$_2$ oder das wahre Sein ist beim Verfehlen des Wahren und Guten zu spüren. Es handelt sich um ein ontologisches Gewissen, nicht um ein Sollensbewußtsein, das von der Vernunft (ratio) geleitet ist.
Das Fühlen und das Empfinden sind so "verschieden und einander entgegen gesetzt" wie die spekulative, zweckrationale Vernunft und die Vernunft$_2$, wie "Notwendigkeit" und Freiheit, wie Mechanismus und "Selbsttätigkeit", wie "tierisches Ich" und "wahres Ich", wie das Bedingte und das Unbedingte. Das eine ist nicht in das andere zu überführen. Wie zwei "so ungleichartige Naturen" den "ganzen Menschen" ausmachen, ist "mir selbst unerklärlich" (A 758), gesteht Archytas. Jeder Versuch der spekulativen Vernunft, das "wahre Ich", mithin Freiheit und "Selbsttätigkeit" in ein Erklärungssystem zu integrieren, hebt das "geistige", unbedingte Sein auf, denn die spekulative Vernunft kann nicht anders vorgehen, als von einer Bedingung zur anderen fortzuschreiten. Sie muß notwendig das Unbedingte zum Bedingten machen, damit hört das Unbedingte auf, unbedingt zu sein.

### Selbstfindung und Tugend

Der "Delphische Apollo" wußte als "das Organ der höchsten Weisheit" den Menschen "nichts wichtigeres zu empfehlen [...], als *Kenne dich selbst*!" (A 760). Nicht das "tierische Ich", sondern das wahre Sein soll erkannt werden. Mit der Selbstkenntnis wird aus dem "Gefühl vom Wahren und Guten", das jeder mit

---

[323] Apologie 31d, vgl. Euthyphron 3b, Theaitetos 151a.

seiner Geburt hat, ein Wissen vom Wahren und Guten. Und diese "höchste Weisheit" ist kein propositionales Wissen. Denn erstens hat Archytas das Gebiet der Spekulation verlassen und sucht nach keinem logischen Grund seines Seins. Es heißt, dem "*Grund* ihrer Wahrheit", nämlich der Ideen von Gott, nachzuforschen, sei ebenso unmöglich, wie "den Grund von meinem eigenen Bewußtsein anzugeben" (A 756). Das wahre Sein hat keinen faßlichen "Grund", sondern ist "die ewige Wirkung einer ewigen geistigen Urkraft" (A 763). Ein Grund ist Sache der Spekulation, und sie kann das Ursache-Wirkungs-Verhältnis nur erklären, indem es zum Grund-Folge-Verhältnis modifiziert wird. Doch diese Verwechslung vermeidet Archytas. Der "göttliche Ursprung" (A 765) des wahren Seins ist unerklärlich, so bleibt es dem Menschen "verborgen [...] *woher* er kam, und *wohin* er geht" (A 750). Als Folge eines erkennbaren, zureichenden Grundes wäre das "wahre Ich" überhaupt nicht wahrnehmbar, es wäre ideal konstruiert und würde seine Realität durch das zugleich wirksam werdende Kontinuitätsprinzip verlieren.

Zweitens ist propositionales Wissen wahrheitsdifferent. Doch das Wissen vom wahren Sein ist täuschungsfrei. Im wahren Sein, sagt Archytas, "hier, oder nirgends müssen wir die *Wahrheit* suchen, die uns zum sichern Leitfaden durch diese Sinnenwelt dienen soll; und hier ist für den, der sie redlich sucht, keine Täuschung möglich!" (A 751) Das Wissen ist nur deshalb unfehlbar, weil es keinen Gegenstand direkt intendiert. Die "höchste Weisheit" ist also ein nichtgegenständliches, unthematisches Wissen vom Wahren und Guten. Sie ist das "höchste" praktische Wissen, da es "uns zum sichern Leitfaden durch diese Sinnenwelt" dient, indem es dem Menschen sagt, "wie er handeln muß, um seiner Natur gemäß zu handeln, und seine Bestimmung im Weltall zu erfüllen" (A 750).

Weil das "*Kenne dich selbst*" ein unthematisches, praktisches Wissen ist, kann man das "wahre Ich" oder Sein nicht wie einen intelligiblen Gegenstand gedanklich vor sich hinstellen, intellektuell anschauen oder im Sinne Fichtes setzen lassen. Wieland greift nicht auf das Reflexionsmodell des Selbstbewußtseins zurück, das von Descartes, Leibniz, Rousseau, Kant, Fichte, den Neokantianern bis hin zur Frankfurter Schule etc. zur Thematisierung des Bezugsgegenstandes von 'ich' beansprucht wird, so unterschiedlich ihre Entwürfe auch sind.[324] Er vermeidet durch die "höchste Weisheit" einen Reflexionszir-

[324] Siehe ausführlich dazu Manfred Frank: Selbstbewußtsein und Selbsterkenntnis, insbesondere Kapitel I.1 - I.3 und III.

kel, der immer entsteht, wenn Selbstbewußtsein als ein Fall einer Identifikation beschrieben wird.[325] Das "wahre Ich" besteht aus keinem Subjekt- und Objektpol, die durch einen Akt der Identifikation in eins gesetzt werden könnten. Es geht der Identifikation, mithin aller Spekulation und Theorie vorher.

Das Reflexionsmodell scheidet zur Erklärung des Wissens vom Selbst aus. Denn das Bewußtsein "meiner vernünftigen Natur" (A 763) ist kein Selbstbewußtsein, das in reiner Reflexivität besteht. Vielmehr bezieht es sich zugleich auf etwas, das von Archytas verschieden ist. "Von dem Augenblick", als er das Delphische Rätsel löste und fühlte, "daß der Geist allein mein wahres Ich sein kann, daß nur seine Geschäfte, sein Wohlstand, seine Glückseligkeit, die meinigen sind", sagt Archytas zugleich, daß "mein Vaterland, [...] meine Hausgenossen, Mitbürger, Mitmenschen, diejenigen sind, auf welche meine Tätigkeit sich zunächst beziehen soll" (A 764). Das Wissen vom Selbst ist nicht unmittelbar rückbezüglich, sondern bezieht sich auf den mitmenschlichen Bereich, innerhalb dessen es sich als praktisches Wissen bewährt, für andere das "Beste zu tun und zu leiden, sofern keine höhere Pflicht dadurch verletzt wird" (A 764).

> Denn *von diesem Augenblick an* sind Wahrheit, Gerechtigkeit, Ordnung, Harmonie und Vollkommenheit, ohne eigennützige Rücksicht auf mich selbst, die höchsten Gegenstände meiner Liebe; ist das Bestreben, diese reinsten Ausstrahlungen der Gottheit in mir zu *sammeln* und außer mir zu *verbreiten*, mein letzter Zweck, die Regel aller meiner Handlungen, die Norm aller Gesetze, zu deren Befolgung ich mich verbindlich machen darf. Mein Vaterland hat alles von mir zu fodern, was dieser höchsten Pflicht nicht widerspricht: aber so bald sein vermeintes Interesse eine ungerechte Handlung von mir foderte, so hörten für diesen Moment alle seine Ansprüche an mich auf, und wenn Verlust meiner Güter, Verbannung und der Tod selbst auf meiner Weigerung stände, so wäre Armut, Verbannung und der Tod der beste Teil den ich wählen könnte. (A 764 f.)

Weil das Wissen vom Sein "mein[en] letzte[n] Zweck, die Regel aller meiner Handlungen, die Norm aller Gesetze" angibt und "ohne eigennützige Rücksicht auf mich selbst", auf "Armut, Verbannung und Tod" zur gerechten

---

[325] Ebd. S. 24. "Denn wäre Bewußtsein durch Selbstbezug ausgezeichnet - so, daß dasjenige, von dem Bewußtsein besteht, erst mit dem Gewahren in die Sicht käme -, so wäre das erste Bewußtsein (in der Stellung des Gegenstandes) auf ein zweites Bewußtsein (in der Stellung eines Subjekts) verwiesen - auf ein Bewußtsein, das, selbst unbewußt, abermals auf ein Bewußtsein verwiesen wäre, für welches das gleiche Erfordernis gälte, das also, um zu sein, was es ist, auf ein viertes Bewußtsein angewiesen wäre, und so ad infinitum."

"Handlung" motiviert, ist die "Lebensweisheit" des Archytas die Weisheit, die Sokrates bei keinem findet, der für weise gehalten wird, und die Platon in der *Politeia* als Wissen der Idee des Guten oder im *Politikos* als königliche Kunst intendierte. Die iterative Wendung "*von dem Augenblick an*" betont die Indifferenz vom Sein und Sollen.

Gesetzestreue sagt noch gar nichts über Tugendhaftigkeit aus. Archytas denkt an Situationen, in denen gerade dieser Gehorsam der Tugend der Gerechtigkeit widerstreitet. Alle Gesetze, Standards, geschriebene oder tradierte Normen passen aufgrund ihrer Zeitinvarianz niemals exakt auf den Einzelfall. Die sokratische "höchste Weisheit" gibt als zeitbezogenes oberstes Gebrauchswissen ein, was hic et nunc gerecht, wahr, schön und gut ist. Sie sagt augenblicklich, wie in einer bestimmten Situation zu handeln ist, um die "Pflicht, von dem einzigen Oberherren, den ich über mir erkennen darf" (A 764), zu erfüllen und motiviert unmittelbar zur Tat. Bezeichnet wird sie auch als

> ein Glaube, [...], der mich auf dem geradesten Wege zur größten sittlichen Güte und zum reinsten Genuß meines Daseins führt, die in diesem Erdenleben möglich sind; ein Glaube, der, so bald er allgemein würde, die Quellen aller sittlichen Übel verstopfen [...] würde [...]. (A 766)

Landläufig motiviert die Furcht vor "Armut, Verbannung und Tod" zur Tugend. Solche Zweckrationalität entspringt der sinnlich-vernünftigen "tierischen Natur", die ihr bedingtes Sein zu erhalten strebt. Die landläufige Tugend ist knechtisch,[326] will "durch *fremden Beifall* [...] belohnt" werden (A 755) und macht nicht dauerhaft glücklich. Beständige "Glückseligkeit", der "reinste Genuß meines Daseins", solche Genugtuung wird nur erfahren, wenn die Handlung um des wahren Seins willen geschieht. Und insofern die "höchste Weisheit" eingibt, wie zu handeln ist, um glückselig zu sein, ist das Wissen vom wahren Sein auf "mittelbare Weise"[327] rückbezüglich.

Mit "Glückseligkeit" ist freilich kein hedonistischer Eudämonismus gemeint, wie er von der Schule Epikurs vertreten wurde, und auch kein voluntaristischer. Die eigentliche Glückseligkeit nimmt materiellen Verlust, "Verbannung und Tod" hin. Solchen aretologischen Eudämonismus haben Sokrates, Platon und Aristoteles vertreten, "indem sie die Eudämonie wesentlich oder ausschließlich in der αρετη, der in eins gesehenen Tüchtigkeit und Tugend, er-

---

[326] Vgl. Phaidon 68d ff.

[327] Vgl. Wolfgang Wieland: Platon, S. 312 ff.

blickten."[328] Er ist dadurch gekennzeichnet, daß "im sittlich guten Handeln selbst unmittelbar die Erreichung der Glückseligkeit gesehen und hieraus ein Antrieb zur frei gewollten Ausübung solchen Handelns gewonnen wird".[329]

Durch das unthematische, oberste praktische Wissen vom Sein fand Archytas "die Wahrheit [...], die für *alle* wahr und allen *unentbehrlich* ist" (A 757). Sie ist intersubjektiv gültig, da sie allen Menschen durch Selbstfindung zugänglich ist. Von subjektiver Gültigkeit wäre die "Wahrheit" auf der Grundlage der Introspektion des empirischen, "tierischen Ich", dessen Zustände wechseln.
Die Ideen von Gott und Unsterblichkeit sind keine "Täuschung", weil sie Archytas nicht verdinglicht. Nur so leiten sie durch das "Labyrinth des Lebens" (A 762) und regulieren den richtigen Gebrauch der Dinge im Alltag. Denn eine Idee kann "in originärer Weise immer nur als nicht direkt intendierbarer Bezugspunkt eines unthematischen Wissens gegeben sein".[330] Der Delphische Imperativ läßt sich umformulieren: Mache die Ideen vom Sein, Wahren, Guten und Schönen nicht zu Dingen einer zweiten übersinnlichen Welt, sonst bleiben sie im "*Brunnen des Demokritus* versenkt liegen" (A 757).
Das "*Kenne dich selbst!*" überschreitet die philosophische Wissenschaft. Wer eine Methode der Selbsterkenntnis erwartet, wird enttäuscht. Es gibt keine. Das Erlangen "höchster Weisheit" wird mit Erleuchten und Durchstrahlen der Seele metaphorisch umschrieben. "*Von dem Augenblick an*", als der "göttlichste aller Gedanken" seine "Seele durchstrahlt", nämlich "daß dieses unermeßliche Weltall [...] nicht das Werk eines blinden Ungefährs oder mechanisch wirkender plastischer Formen [...], sondern die *sichtbare Darstellung der Ideen* eines *unbegrenzten Verstandes* [...] ist" (A 762 f.), ab diesem Moment kennt Archytas sich selbst. Die "blinde" Entstehung der Welt erinnert an Spinoza, sofern aus der "natura naturans" ohne Verstand und Willen alles mit bloßer Notwendigkeit folgt. Würde Gott "blind" oder "mechanisch" wirken, müßten aber Freiheit und "Selbsttätigkeit" bloß eingebildet sein, wie Spinoza unermüdlich versicherte. Irren kann der Verstand allerdings, aber Archytas denkt nicht, das "wahre Ich" sei "frei, unabhängig, selbsttätig", vielmehr fühlt er es unmittelbar. Und dieses Gefühl brachte Archytas dazu, sich vom

---

328 Historisches Wörterbuch der Philosophie, hrsg. von Joachim Ritter und Karlfried Gründer, Darmstadt 1971 ff., Artikel: Eudämonismus von H. Reiner.

329 Ebd.

330 Wolfgang Wieland: Platon, S. 150.

propositionalen, mittelbaren Wissen des Selbstseins und Gottes abzukehren und einer sokratischen Weisheit zu vertrauen.

### Die Weisheit des Archytas

Freilich: Aussagen sind stets bivalent und alles, was Archytas sagt, läßt sich bezweifeln. Er selbst hingegen ist jedem Zweifel entrückt, weil sein Wissen nicht darin aufgeht, etwas *über* etwas sagen zu können. Es liegt nicht in den Sätzen, sondern in der Einsicht, die der Summe seiner Mitteilungen vorhergeht. Sie ist selbst gar nicht von der Art eines propositionalen Gebildes. Doch beim Erzählen muß sich Archytas propositional strukturierter Sätze bedienen. Durch das Prädizieren geht die Unmittelbarkeit seiner Einsicht verloren. Sie ist nicht objektivierbar und läßt sich als solches auch im Dialog nicht zeigen. "Zeigen lassen sich immer nur die Wirkungen eines solchen Wissens."[331] Eine "Wirkung" der "Erfahrung" ist es, daß man "in treffenden Aussagen über das, was innerhalb ihres Bereiches der Fall und was nicht der Fall ist", sprechen kann.[332] Deshalb ist die Fähigkeit des Archytas, über die menschliche Doppelnatur zu reden, was Agathon im Gespräch mit Hippias nicht kann, ein Indiz für seine Weisheit. Er spricht wie jeder Fachmann, der sein Können nur indirekt zeigen kann. Wer das Gesagte versteht und wiedergibt, hat noch nicht das Können. Agathon und die Leser müssen sich selbst finden. Delphische Selbstkenntnis ist niemandem abzunehmen.
Indirekt zeigt sich die Weisheit des Archytas auch darin, daß er wie jeder Meister seinem Lehrling Anleitung und Hilfestellung geben kann. Er ist fähig, Agathon "zu jenem *Kenne dich selbst* behülflich zu sein, welches [...] unmittelbar zu dem einzigen Mittel führt, wodurch den Übeln der Menschheit gründlich geholfen werden kann" (A 767).

> Denn worin anders als in dieser Unbekanntheit mit der hohen Würde unsrer Natur, mit der unendlichen Erhabenheit des Unsichtbaren in uns über das Sichtbare, und mit der unerschöpflichen Stärke unsrer bloß durch Nichtgebrauch so wenig vermögenden Geisteskraft, worin anders liegt die erste Quelle aller unsrer Übel? (A 760)

Fehlverhalten rührt von der "Unbekanntheit" mit sich selbst her, nicht aus einer Intention auf das moralisch Häßliche und Böse. Der Satz des Sokrates,

---

[331] Ebd. S. 56.
[332] Ebd. S. 231.

daß niemand freiwillig Unrecht tut,[333] gilt auch in der "Lebensphilosophie". Das Gegenteil, daß keiner freiwillig gut und gerecht ist, setzt die Annahme voraus, Freiheit entfalte Naturanlagen. Da von dieser Freiheit, deren Grenze die Kraft des Individuums bestimmt, größte Gefahr ausgeht, wird sie zum Schutz der Gemeinschaft durch positive Gesetze beschränkt, die als Hemmnis natürlicher Freiheit erfahren werden. Ein solcher Gegensatz zwischen Wollen und Sollen entfällt in der "Lebensphilosophie". Was man nicht soll, will das "wahre Ich" auch gar nicht. So ist dem Handelnden vorgegeben, was er wahrhaftig will. Der Wille "steht nicht zu seiner Disposition".[334] In Anlehnung an Platon geht auch die "Lebensphilosophie" von einer "universalen Teleologie des Handelns" aus; dem Handelnden ist ein letztes Ziel vorgegeben, für das er sich "weder entscheiden kann noch zu entscheiden braucht, weil er sich schon immer mit ihm identifiziert hat."[335] Es ist keine Teleologie gemeint, "die schon von Natur aus das Handeln mitsamt seinen Folgen, notfalls sogar gegen den Willen des Handelnden, einem letzten Ziel zuordnet. Denn es geht um eine Teleologie, die auf das Wissen und das Wollen des Handelnden angewiesen bleibt."[336] Archytas meint diese Teleologie, wenn er auf Agathons Frage: "ob Hoffnung da ist, mich mit mir selbst in bessere Übereinstimmung zu bringen", antwortet: "Die beste Hoffnung [...], sofern [...] der Grund des Übels nicht im *Willen* sitzt. Denn dies haben die Krankheiten der Seele vor den körperlichen voraus, daß keine unheilbar ist so bald der Patient geheilt sein *will.*" (A 749) Es dauert aber lange, bis Agathon überhaupt erkennt, krank zu sein, d.h. einsieht, nicht zu wissen, was er letztlich will. Tut er Unrecht, irrt er hinsichtlich dessen, was er eigentlich will. Während in der neuzeitlichen Philosophie der Wille immer bewußt ist und selbst nicht der Wahrheitsdifferenz unterliegt, hat man es in der "Lebensphilosophie" mit einem irrtumsfähigen Willen zu tun. Auch wenn die Terminologie befremdet, ist es wegen der Unfreiwilligkeit alles Unrechttuns zweckmäßig, sie beizubehalten.

Schließlich zeigt sich die Weisheit des Archytas indirekt in seiner Fähigkeit, derartig "weise Gesetze" zu geben, daß das Volk "mehr durch die Macht der Sitten als durch das Ansehen der Gesetze regiert zu werden schien" (A 519). Seine Regierungskunst gleicht der königlichen Kunst, wie sie im *Politikos* be-

---

333 Protagoras 345d f., Apologie 25d f., siehe dazu Wolfgang Wieland: Platon, S. 263 ff.

334 Wolfgang Wieland: Platon, S. 265.

335 Ebd. S. 268.

336 Ebd. S. 269.

schrieben wird. Zu dieser Kunst gehört "die gesetzgebende [...]; das beste aber ist, wenn nicht die Gesetze Macht haben, sondern der mit Einsicht königliche Mann."[337] Aufgrund seiner sittlichen Einsicht wurde Archytas "bis an sein Ende als die Seele des Staats und der Vater des Vaterlands angesehen", dem "nur die äußerlichen Zeichen der königlichen Würde fehlten" (A 526).

### Mißverstehen der "Lebensphilosophie"

Die Forschung hat die "Lebensphilosophie" bisher nicht als platonische Philosophie des nichtpropositionalen Wissens vom Guten erkannt. Ob man in der Philosophie des Archytas einen ästhetischen Moralismus Shaftesburys[338] oder eine irrationale Komponente[339] erblickt, ob man die Entgegensetzung von "tierischer" und "geistiger Natur" als Antithese von Sinnlichkeit und Vernunft deutet,[340] ob man glaubt, "individuelle Anlage [...] und die Gegebenheiten der Wirklichkeit" seien "zu einer vollendeten Harmonie verbunden",[341] oder meint, die *Geschichte des Agathon* sei ein Entwicklungs- und Bildungsroman, man ignoriert das aller Theorie vorhergehende wahre Sein und das spezifische Wissen davon.[342] Im Entwicklungs- und Bildungsroman geht es um die Konstitution eines mit sich selbst reflektierenden Subjekts, das sich mit dem

---

337 Politikos 294a.

338 Ein mehr oder weniger starker Einfluß Shaftesburys auf die Ausgestaltung der Philosophie des Archytas wird beispielsweise angenommen von: Herbert Grudzinski: Shaftesburys Einfluss auf Chr. M. Wieland. Mit einer Einleitung über den Einfluss Shaftesburys auf die deutsche Literatur bis 1760, Stuttgart 1913, S. 91 f; Erich Groß: C. M. Wielands "Geschichte des Agathon", S. 145 ff.; Hans Wolffheim: Wielands Begriff der Humanität, S. 188 f.; K.-H. Schwabe: Bemerkungen zur Wirkung Shaftesburys auf C. M. Wieland, in: Wieland – Kolloquium Halberstadt 1983, hrsg. von Thomas Höhle, Halle (Saale) 1985, S. 185-189, S. 188.

339 John McCarthy: Fantasy and Reality, S. 93: "Note that the key word is fühle. The final affirmation is an irrational act based as far as possible on a rational substructur." Ein täuschungsfreies Wissen basiert auf keiner "rational substructur". Die Rede vom Irrationalismus wäre gerechtfertigt, wenn Archytas aufgrund von subjektiven Empfindungen der organisierten "tierischen Natur" an die Existenz eines höchsten Wesens glauben würde.

340 Wolfram Buddecke: C. M. Wielands Entwicklungsbegriff, S. 204.

341 Jan-Dirk Müller: Wielands späte Romane, S. 91.

342 So kam Guthke zu der Annahme: "Wieland repräsentierte folglich [...] jenes Stadium oder jene Möglichkeit der Aufklärung, wo diese sich mit unwiderstehlicher Logik gegen sich selbst richtet und in Ratlosigkeit endet, wo sie die Ergebnisse der rationalen Skepsis zutiefst beunruhigend und nicht eigentlich annehmbar findet - aber auch unwiderlegbar!" (Karl S. Guthke: Alptraum der Vernunft?, S. 149).

Allgemeinen, in der Regel die Gesellschaft, vermittelt. Aber es geht nicht um Vermittlung oder Synthese, sondern um das Transzendieren jeder These im unthematischen Wissen vom Selbstsein.

Erhart deutet die Philosophie des Archytas "stoizistisch", aber eine "'asketische' Technik der 'Selbstbeherrschung'"[343] gibt nicht an, ob das "Vaterland [...] eine ungerechte Handlung" verlangt (A 765). Eine solche "Technik", mit der sich das "tierische Ich" beherrschen läßt, ist ambivalent und nimmt nicht ohne eine zusätzliche Motivation "Armut, Verbannung und [...] Tod" hin.

Auch das Naturell des Archytas kann nicht entscheiden, was in einer bestimmten Situation gerecht ist. Archytas fehlen "eine glühende Einbildungs-Kraft" und "heftige Leidenschaften" (A 523). Mit diesem Mangel wird häufig die außergewöhnliche Tugend begründet und erklärt.[344] Als Platon-Kenner weiß Wieland, daß Kühnheit und Furchtlosigkeit als natürliche Eigenschaften die Tugend der Tapferkeit nicht garantieren.[345] So hat der Erzähler schon in der ersten Romanfassung die natürliche, auf "Temperament" und "Anlage" beruhende Tugend Dions als Schein gekennzeichnet (A 366).

Man glaubte, Kant habe Wieland beeinflußt.[346] Das ist unwahrscheinlich, denn Wieland wünschte, "the cant of Mr. Kant"[347] schon im *Merkur* nicht zu finden und schrieb im Erscheinungsjahr der dritten Romanfassung an Reinhold,

> mir [spukt] Kants *Religion innerhalb den Grenzen der bloßen Vernunft* gewaltig im Kopf herum ... machen Sie sich nur immer auf große Klagen und Piken gefaßt, die ich bey Ihnen gegen diesen Archi-Philosophen anhängig machen werde, mit dem ich mich fast alle Augenblicke entzweye und am Ende doch immer wieder aussöhnen muß. Mit *Ihm* - laß ich gel-

---

343 Walter Erhart: Entzweiung und Selbstaufklärung, S. 387.

344 Vgl. McCarthy: Fantasy and Reality, S. 96; Werner Frick: Providenz und Kontingenz, S. 495; Jan-Dirk Müller: Wielands späte Romane, S. 91; Gerd Hemmerich: Werkinterpretation, S. 83 ff.; Horst Thomé: Roman und Naturwissenschaft, S. 242; Dorothee Kimmich: Christoph Martin Wielands Epikureismus. Ars Vivendi und der Widerstand gegen eine Dialektik der Aufklärung, in: Wieland-Studien III (1996), S. 47-74, S. 59.

345 Vgl. Laches 190e ff.

346 Erich Groß: C. M. Wielands "Geschichte des Agathon", S. 153 ff.; Friedrich Sengle: Wieland, S. 202; Alfred E. Ratz: Freiheit des Individuums und Gesellschaftsordnung bei Christoph Martin Wieland, S. 25; Klaus Oettinger: Phantasie und Erfahrung, S. 97; Horst Lange: Vermittlungsformen des Ideals, S. 331 ff.; Klaus Schaefer: Der Schluss von CH. M. Wielands "Geschichte des Agathon", S. 48; Gerhart Mayer: Der deutsche Bildungsroman, S. 37.

347 Zitiert bei Thomas C. Starnes: Christoph Martin Wieland. Leben und Werk II, S. 325.

ten - aber mit seinem philosophischen Rothwälsch, das weder teutsch ist, noch sich in irgend eine Sprache, ohne sie zu destruieren, übersetzen läßt, *Niemahls*![348]

Und fünf Jahre nach Abfassung der "Lebensweisheit" wollte und konnte Wieland nicht mehr "dem nur zu lange zurückgehaltenen Drange" widerstehen, seine "Herzensmeinung über das Pseudophilosophische Unwesen unserer Zeit" - Kants Transzendentalphilosophie - "laut werden zu lassen".[349] In seiner 1799 im zweiten Heft des *Neuen Teutschen Merkur* erschienenen Rezension der Schrift Johann Gottfried Herders *Eine Metakritik zur Kritik der reinen Vernunft* warnte er vor "diesem neuen philosophischen Ungetüm", das

> durch die unermüdeten Bemühungen ihres Urhebers und seiner eifrigsten Lehrjünger und Nachfolger ein ascendant oder vielmehr eine *Transzendenz* über den Verstand einer nicht geringen Anzahl älterer und jüngerer teutscher Köpfe gewann, wovon die nachteiligen Folgen endlich auffallend genug geworden sind, um die Aufmerksamkeit derjenigen zu verdienen, denen es obliegt dahin zu sehen, ne quid respublica detrimenti capiat.[350]

Mit dieser Mahnung kam Wieland nicht ungeschoren davon. Wilhelm Traugott Krug sprach in seiner Gegenschrift *Uiber Herder`s Metakritik und deren Einführung in`s Publikum durch Hermes Psychopompos* Wieland philosophische Kompetenz ab:

> Was die W.sche Philosophie betrifft, so ist sie eine zwar etwas sinnliche, doch übrigens gutmüthige Lebensweisheit, die für den Hausbedarf, und in einem Gedichte, Romane oder Gespräche, wo es gerade nicht auf tiefe Ergründung angesehen ist, recht brauchbar seyn mag; daß sie aber W. zum Maßstab eines philosophischen Systems nimmt, welches die Gesetze und Gränzen alles Erkennens ausmitteln soll, [...] dieß hätte man ihm als einem Manne von gesunder Beurtheilung nicht zutrauen sollen.[351]

Wieland kritisiert, daß "transzendentale Visionen ohne Gegenstand ehrlichen Leuten die Köpfe verrückt haben" und man sich "unbrauchbare Hirnspinneweben für Realität verkaufen lasse".[352] Kant habe sein System bzw. das "magi-

---

[348] Zitiert ebd. II, S. 336.

[349] Ein Wort über Herders Metakritik zur Kritik der reinen Vernunft, in: Christoph Martin Wieland: Von der Freiheit der Literatur. Kritische Schriften und Publizistik, 2 Bde., hrsg. und kommentiert von Wolfgang Albrecht, Frankfurt am Main 1997, Bd. 1, S. 536.

[350] Ebd. S. 525.

[351] Zitiert nach Wolfgang Albrecht (Hrsg.): Christoph Martin Wieland. Von der Freiheit der Literatur, Bd. II, S. 1209.

[352] Ein Wort über Herders Metakritik zur Kritik der reinen Vernunft, S. 528.

sche Schloß" [...] durch die Allgewalt seines synthetischen Zauberstabes aus pseudoplatonischen *Noumenons* in das *überempirische Leere* hingewebt"[353] und das wahre Sein zum 'Ding an sich' in einer zweiten Welt gemacht. Daher sein Rat, "aus den Hyperplatonischen *Hyperuranischen* Räumen zur echten Sokratischen Philosophie herabzusteigen."[354] Tragisch sei, daß Kants System

> für nichts geringeres als für das einzige, ewig unzerstörbare *Pantheon der Wahrheit* ausgegeben [wird], außer welchem kein Heil ist, und in welches alle Adamskinder, die nicht in ihrer angebornen Radikalblindheit ewig dahintappen und verloren gehen wollen, einzugehen *genötigt werden* müssen.[355]

Die Annahme, in die "Lebensphilosophie" sei Kants Philosophie eingeflossen, ist unhaltbar. Das "eigentliche Selbst", das der Mensch als "Intelligenz" nach Kant ist (GMS, BA 118), ist mit dem "wahren Ich" Wielands nicht identisch. Kant, der "zwei Standpunkte" (GMS, BA 108) der Betrachtung unterscheidet, geht von einer Zwei-Welten-Perspektive aus. Als Teil der Sinnenwelt ist der Mensch determiniert. Doch als "Noumenon", also als Ding oder Wesen an sich selbst, gehört er zur intelligiblen Welt, zu einem "Reich der Zwecke" (GMS, BA 74), als deren Glied er Freiheit, Autonomie und mithin Würde hat. Gleich dem wahren Sein gibt es auch nach Kant von der übersinnlichen, intelligiblen Seinsweise keine begriffliche Erkenntnis. Man bringt sich um dieses "Unsichtbare, für sich selbst Tätige", wenn man es "versinnlicht, d.i. zum Gegenstand der Anschauung mach[t]" (GMS, BA 107). "Dadurch, daß die praktische Vernunft sich in eine Verstandeswelt hinein denkt, überschreitet sie gar nicht ihre Grenzen, wohl aber, wenn sie sich hineinschauen, hineinempfinden wollte." (GMS, BA 118) Für Kant ist das "eigentliche Selbst" bloß denkbar und die intelligible Welt ein "Standpunkt" des Betrachtens, den der Denkende einnehmen muß, "wofern ihm nicht das Bewußtsein seiner selbst, als Intelligenz, mithin als vernünftige und durch Vernunft tätige, d.i. frei wirkende Ursache, abgesprochen werden soll." (GMS, BA 119) Hingegen rechnet Wieland das wahre Sein nicht zu einer zweiten Welt, vielmehr versteht er es gemäß der "griechischen Ontologie" als ein "gegenwärtig Vorhandenes".[356]

---

353 Ebd. S. 527.

354 Ebd. S. 535, Wielands Anmerkungsziffer 5 zu Herders Satz: "'Verbiete dem Raben, der den Imperativ mit Mühe gelernt hat, sein salve, und er hat nichts mehr zu sagen.'"

355 Ebd. S. 527.

356 Hans-Georg Gadamer: Platos dialektische Ethik, S. 27.

Ein Gefühl vom 'Ding an sich selbst', das dessen Realität bezeugt, gibt es nach Kant nicht, weil die praktische Vernunft denkt und nicht vernehmend ist. Freiheit ist für Kant "die unbedingte Kausalität der Ursache in der Erscheinung" (KrV, A 419, B 447), "die Unabhängigkeit der Willkür von der Nötigung durch Antriebe der Sinnlichkeit" (KrV, A 534, B 562), "eine reine transzendentale Idee, die erstlich nichts von der Erfahrung Entlehntes enthält, zweitens deren Gegenstand auch in keiner Erfahrung bestimmt gegeben werden kann" (KrV, A 533, B 561). Also ist ihre "objektive Realität an sich zweifelhaft" (GMS, BA 114). Denn Freiheit können

> wir, als etwas Wirkliches, nicht einmal in uns selbst und in der menschlichen Natur beweisen; wir sahen nur, daß wir sie voraussetzen müssen, wenn wir uns ein Wesen als vernünftig und mit Bewußtsein seiner Kausalität in Ansehung der Handlungen, d.i. mit einem Willen begabt, uns denken wollen [...]. (GMS, BA 101 f.)

Auch Wieland kann die Freiheit nicht beweisen, aber er denkt sie nicht als Voraussetzung und muß sie nicht wie Kant "jedem vernünftigen Wesen, das einen Willen hat [...] leihen" (GMS, BA 101), sondern macht sie unmittelbar wahrnehmbar durch das allgemeine Seinsgefühl, das ihre objektive Realität bezeugt. Doch laut Kant können wir uns der Freiheit nicht "unmittelbar bewußt werden", vielmehr "ist es das moralische Gesetz, dessen wir uns unmittelbar bewußt werden (so bald wir uns Maximen des Willens entwerfen), welches sich uns zuerst darbietet" (KpV, A 53). Kant und Wieland fassen den freien Willen unterschiedlich auf. Für Kant bedeutet die Freiheit des Willens "Autonomie, d.i. die Eigenschaft des Willens, sich selbst ein Gesetz zu sein" (GMS, BA 98), während für Wieland der Wille des wahren Seins überhaupt nicht zur Disposition des Menschen steht. Deshalb befindet sich der Mensch nicht wie in der Transzendentalphilosophie "im Spannungsfeld zweier Motivationskräfte, derjenigen der Sinnlichkeit und der praktischen Vernunft", und ist nicht in der Lage, "der letzteren und ihrem Sollen das maßgebende Wort für die Willensbestimmung zu erteilen."[357] Ob der Mensch gut und gerecht sein will oder nicht, diese Möglichkeit der Entscheidung entfällt in der "Lebensphilosophie", deren universale Teleologie eine Antinomie zwischen Freiheit und Naturbestimmtheit gar nicht aufkommen läßt. Der Wille kann zur Erfüllung des Sollens gar nicht genötigt werden. Die "Lebensphilosophie"

---

[357] Friedrich Kaulbach: Immanuel Kants 'Grundlegung zur Metaphysik der Sitten'. Interpretation und Kommentar, Darmstadt 1988, S.46.

stellt außer dem Delphischen keine Imperative auf, weil das Sollen ein Wollen, das wahre Sein ein Gutsein ist. Kants Frage nach der Möglichkeit eines kategorischen Imperativs (GMS, BA 48 ff., und BA 110 ff.) und mithin eine Synthese von Sinnenwelt und Vernunftwelt entfallen, weil eine perspektivische Zweiweltentheorie wegfällt. Nach Kant ist der Mensch dazu aufgefordert, selbst einen guten Willen herzustellen, welcher der Nötigung nicht mehr bedarf, so daß das "Bild einer Entwicklungsgeschichte des Willens" entsteht.[358] Wieland geht davon aus, daß jeder Mensch von Anfang an einen guten Willen hat, über dessen Wollen sich der Mensch irrt, sofern er nicht zur irrtumsfreien "höchsten Weisheit" gelangt. Doch ein derartiges oberstes Gebrauchswissen hat man noch nicht erreicht, wenn man gemäß der Forderung des kategorischen Imperativs den Stand eines Urhebers der Natur einnimmt und prüft, ob eine Handlungsmaxime als Gesetz der als teleologisch gedachten Natur gewollt werden kann. Denn das Wissen, was getan werden soll, motiviert nicht jeden Menschen unmittelbar zur Tat. Das imperativische Wissen der praktischen Vernunft Kants ist ein 'know-that', aber kein oberstes 'know-how'. Man darf nach Kant

> das Bewußtsein dieses Grundgesetzes ein Faktum der Vernunft nennen, weil man es nicht aus vorhergehenden Datis der Vernunft, z. B. dem Bewußtsein der Freiheit (denn dieses ist uns nicht vorher gegeben) herausvernünfteln kann, sondern weil es sich für sich selbst uns aufdringt als synthetischer Satz a priori, der auf keiner, weder reinen noch empirischen, Anschauung gegründet ist [...]. (KpV, A 55 f.)

Von jedem Satz kann man sich distanzieren, so ist auch das Wissen eines "synthetischen Satzes a priori" propositional und objektivierbar. Daher braucht Kant anders als Wieland noch eine "Triebfeder", die das Subjekt antreibt und nötigt, der Pflicht zu genügen: das moralische Gefühl der "Achtung fürs Gesetz" (KpV, A 127 ff.); "ohne diese Triebfeder hätte auch [Kants] Moralphilosophie die Ohnmacht der Vernunft einzugestehen."[359] Weil die praktische Vernunft denkt - das Erkennen "ist nur im Bereich der Perspektive der Erscheinungen möglich"[360] -, aber nicht zur irrtumsfreien sokratischen Weisheit gelangt, bedarf der Handelnde in Kants Moralphilosophie der Idee des "höchsten Guts", in welcher "Tugend und Glückseligkeit als notwendig ver-

---

358 Vgl. ebd. S. 54 f.

359 Volker Gerhardt, Friedrich Kaulbach: Kant. 2., unveränd. Aufl. Darmstadt 1989, S. 89.

360 Friedrich Kaulbach: Immanuel Kants 'Grundlegung zur Metaphysik der Sitten', S. 158.

bunden gedacht" werden (KpV, A 204). Da er das "höchste Gut" nur in einer "intelligiblen Welt unter einem weisen Urheber und Regierer" (KrV, A 811, B 839) antreffen kann, denkt er sich in sie hinein und macht sich zum Bürger eines "Reichs der Zwecke", damit er seinen "Einsatz für die Pflicht nicht prinzipiell als ergebnislos, d.i. als sinnlos anzusehen" braucht,[361] sondern zumindest hoffen darf, glückselig zu werden. Die Hoffnung auf Glückseligkeit entfällt in der "Lebensphilosophie" durch einen aretologischen Eudämonismus.
Also läßt sich das 'intelligible Ich' nicht mit dem "wahren Ich" gleichsetzen und die Weisheit des Archytas nicht mit der praktischen Vernunft Kants erklären.

### Die Philosophie des Archytas in der ersten Romanfassung

Obwohl in der ersten Romanfassung die Philosophie des Archytas nicht ausgeführt wird, gibt es Indizien für eine am Wissen vom Guten orientierte Überzeugung. Erstens resultiert die Tugend nicht aus "einem System von metaphysischen Spekulationen", vielmehr ist "die Philosophie des Archytas ganz praktisch" (A 525). Sie ist keine praktische Philosophie, die Handlungstheorien aufstellt, sondern eine Haltung, die man einnehmen kann oder auch nicht. Nimmt man sie ein, ist sie eine Praxis, die an den persönlichen Vollzug gebunden ist und ein praktisches, unthematisches, nicht objektivierbares Wissen voraussetzt. Da ein technisches Wissen kein Tugendwissen ist und Archytas "in dem ganzen Laufe seines Lebens ein tugendhafter Mann gewesen ist" (A 522), muß ihm sokratische Weisheit zugebilligt werden.
Überdies verweist der Erzähler auf die menschliche Doppelnatur. Archytas

> schränkte seine Nachforschungen über die bloß intellektualischen Gegenstände lediglich auf diese einfältigen Wahrheiten ein, welche das allgemeine Gefühl erreichen kann, welche die Vernunft bekräftiget, und deren wohltätiger Einfluß auf den Wohlstand unsers Privat-Systems so wohl als auf das allgemeine Beste allein schon genugsam ist, ihren Wert zu beweisen. (A 525)

Die Gefühle des "tierischen Ich" sind kontingent und erlangen keine allgemeingültige Wahrheit. Mit der "Wahrheit [...], welche das allgemeine Gefühl erreichen kann", wird die präreflexive Gewißheit vom wahren Sein angezeigt, das wesensmäßig "Vernunft" ist.

---

361 Ebd. S. 190.

Die spekulative Vernunft bleibt auf den empirischen Bereich eingeschränkt; Archytas strebt nicht, "über die Grenzen des menschlichen Verstandes hinauszugehen" (A 525). So muß die "Pythagoräische Philosophie [...] – eben diese Philosophie, welche in dem Gehirne so vieler andrer zu einem seltsamen Gemische von Wahrheit und Träumerei wurde, - sich durch Nachdenken und Erfahrung in dem seinigen" (A 524) zur sokratischen Weisheit entwickelt haben. Andernfalls würde er das, "was unsre Seele von Gott [...] zu denken fähig ist" (A 524), für Hirngespinste halten, zumindest die objektive Gültigkeit der Existenz Gottes bestreiten.
Für diese Auslegung spricht die vom Autor behauptete "Übereinstimmung" (A 591) der Romanfassungen. Sie wird um so glaubwürdiger, wenn sich auch an anderen Texten[362] zeigen läßt, daß die am Wissen vom Guten orientierte Einheit von Ontologie und Ethik zur philosophischen Grundhaltung Wielands gehört.

## Wielands philosophische Grundhaltung

### *Die Abenteuer des Don Sylvio von Rosalva*

Schon im *Don Sylvio*, der im Februar 1764 erschien, ging Wieland von einem Sein aus, das jeder Theorie unverfügbar bleibt. Bezeichnenderweise findet man den Beleg in dem Kapitel *Worin der Autor eine tiefe Einsicht in die Geheimnisse der Ontologie an den Tag legt.* Seine "Einsicht" liegt darin, daß "das berühmte, *cogito ergo sum*" den "Zweifel" am "eigenen Daseyn" nicht hebt (WG 11, 257), sondern zur Evidenz des Nichtseins führt. Pedrillo "dachte wirklich *gar nichts*", und wenn er "noch fähig gewesen wäre, einen *Syllogismus* zu machen, so würde doch der Kartesianische Grundsatz zu nichts anderm gedient haben, als ihn aus den *Zweifel* an seinem Daseyn in die *Gewißheit*, daß er *nicht sey*, zu stürzen" (WG 11, 257 f.). Weil das "Daseyn" aller Theorie vorhergeht, würde es durch die Operationen der spekulativen, "subtilsten Vernunft" - wenn Pedrillo "nachgegrübelt, reflektiert, distinguiert, kombiniert, analysiert und abstrahiert"

---

362 C. M. Wieland. Sämmtliche Werke, 39 Bde. und 6 Supplementbände, hrsg. von der "Hamburger Stiftung zur Förderung von Wissenschaft und Kultur" in Zusammenarbeit mit dem "Wieland-Archiv", Biberach/Riß, und Hans Radspieler, Hamburg 1984, Faksimiledruck der Ausgabe letzter Hand, der sogenannten "wohlfeilen", Leipzig: Göschen, 1794 - 1811. Aus dieser Wieland-Ausgabe wird unter der Sigle 'WG' mit nachstehender Band- und Seitenzahl zitiert. Sperrdruck wird kursiv wiedergegeben.

hätte - notwendig "weggeläugnet" (WG 11, 258) und durch ein nicht lebensfähiges, mittelbares Gedankenkonstrukt verdrängt. Da sich Wieland an einem 'Sum' orientiert, das das propositionale Wissen und Denken erst bedingt, kritisiert er den Cartesischen Satz als den "*Grundsatz der Nichtexistenz*" (WG 11, 259). So hat er statuiert, was Jacobi rund 20 Jahre später sagte: "man dürfe schlechterdings nicht das sum dem cogito nachsetzen" (Spin XXV), und die Romantiker haben Jacobi nachgeeifert und ein präreflexives Sein postuliert.[363]
Der "schlichte natürliche Menschenverstand, Vernunftsinstinkt, Wahrheitssinn, oder wie man es sonst nennen will, (denn über *Worte* werden wir niemahls Streit anfangen)" (WG 11, 258), ist die präreflexive Gewißheit vom wahren Sein, die im *Agathon* als "Instinkt und dieses am wenigsten betrügliche Gefühl des Wahren und Guten" (A 540) bezeichnet wird. Er ist "weit nützlicher [...] als die subtilste Vernunft" (WG 11, 258), da er die Realität des wahren Seins unmittelbar bezeugt.

Als Wieland den Roman 1795 in seine Gesamtausgabe aufnahm, kritisierte er in einer Fußnote Fichtes Philosophie. Zu der Bemerkung, "wer weiß, ob er [Pedrillo] endlich nicht der Stifter einer neuen filosofischen Sekte geworden wäre", die

> wegen ihrer besondern Bequemlichkeit die schwersten fysischen und moralischen Aufgaben ohne die geringste Mühe aufzulösen, alle andre Sekten der Dualisten, Materialisten, Pantheisten [...] in kurze Zeit verschlungen hätte (WG 11, 258 f.),

notierte Wieland: "Man vergesse nicht daß dies vor mehr als dreyßig Jahren geschrieben wurde; und also keine Satire auf die Deutschen Metafysiker des Jahres 1795 seyn kann." (WG 11, 259) Die Fußnote bestreitet im Wortlaut, was gerade durch ihre Setzung angesonnen wird. Der Autor der *Wissenschaftslehre* (1794) avanciert zum "Stifter einer neuen filosofischen Sekte", der mit seinem 'absoluten Ich' die Preisgabe des wahren Seins forciert. Wieland hat also in "mehr als dreyßig Jahren" seine philosophische Grundhaltung nicht geändert. Die Hinwendung seines Schwiegersohns Reinhold zu Fichte erschütterte ihn, so daß er Reinhold bittet, ein Mittel zu finden, um "die fatale

[363] Inwiefern sich Wieland und Jacobi von den Frühromantikern unterscheiden, wird am Schluß der Arbeit dargetan.

Kluft auszufüllen, die Kant und Fichte zwischen uns entstehen gemacht haben."[364]

Auch Kant scheint Wieland im *Don Sylvio* zu kritisieren, und zwar in der Erzählung vom Prinzen Biribinker, der auf einen verzauberten Kürbis trifft, dessen Menschlichkeit ihm der Zauberer Padmanaba wegnahm:

> Ich war der einzige von allen, dem er den Gebrauch der Vernunft und der Sprache ließ, wovon die erste (wie er glaubte) mir zu nichts nützen könnte, als mich durch die Erinnerungen meiner verlornen Glückseligkeit zu peinigen, und die andere zu nichts als zu manchem eiteln Ach! und O! oder Gesprächen, worin ich die Mühe haben müßte, mir die Antworten selbst zu geben. Allein in diesem Stücke betrog sich der weise Mann ein wenig. Denn so ungünstig auch immer die Figur und Organisazion eines Kürbisses zu *Beobachtungen* seyn mag, so geschickt ist sie hingegen zu *transcendentalen* Betrachtungen; und mit allem dem entdeckt man doch in hundert Jahren nach und nach eines oder das andere, was entweder unsere schon gefaßten *Hypothesen* bestätiget, oder uns auf die Spur einer *neuen* bringt. (W 12, 234 f.)

Erst 1795 bei Aufnahme des Werkes in seine Gesamtausgabe schrieb Wieland "*transcendentale* Betrachtungen". In der Erstausgabe verwendete Wieland den Ausdruck "Betrachtungen à priori", der "nicht etwa genuin kantisch" gebraucht worden war.[365] Wie dem auch sei, die subtile Kritik Wielands liegt darin, daß apriorische bzw. "*transcendentale Betrachtungen*" und alles was damit zusammenhängt (Autonomie des Willens, 'reines Ich') nicht hinreichen, aus einem Kürbis einen Menschen zu machen. Mittels ihrer entdeckt der Kürbis mancherlei "Hypothesen", aber selbst in "hundert Jahren" findet er kein der Theorie vorhergehendes wahres Selbstsein, das ihm von Padmanaba weggezaubert wurde, wie es Kant, "der neue mehr als Ariostische Atlante, durch die Allgewalt seines synthetischen Zauberstabes"[366] zum Verschwinden brachte.

### *Betrachtungen über J.J. Rousseaus ursprünglichen Zustand des Menschen*

In seiner 1770 erschienen Rousseau-Kritik nahm Wieland das Delphische Orakel "*Lerne dich selbst kennen!*" (WG 14, 121) zum Anlaß, sich von Rousseaus

---

[364] Zitiert bei Thomas C. Starnes: Christoph Martin Wieland. Leben und Werk II, S. 753.

[365] Jan Philipp Reemtsma: Das Buch vom Ich. Christoph Martin Wielands "Aristipp und einige seiner Zeitgenossen", Zürich 1993, S. 116 f.

[366] Ein Wort über Herders Metakritik zur Kritik der reinen Vernunft, S. 527.89

Ansichten zu distanzieren. In die Vorrede zum *Discours sur l'origine et les fondements de l' inégalité parmi les hommes* hatte Rousseau behauptet, "que la seule inscription du temple de Delphes contenait un précepte plus important et plus difficile que tous les gros livres des moralistes."[367] Wieland protestierte: "Diese Moralisten, von denen *Rousseau* so wenig zu halten scheint, konnten doch wohl keinen andern Zweck haben, als in ihren großen dicken Büchern den Inhalt dieses nehmlichen γνωϑι σεαυτον zu entwickeln." (WG 14, 121) Selbst wenn sie alle verzagt wären, "so begreife ich doch nicht, wie wir *weniger* aus ihren Büchern lernen könnten, als - was uns die Delfische Pforte lehrt, nehmlich -'daß es dem Menschen gut sey, sich selbst zu kennen.' - Und was haben wir da gelernt?" (WG 14, 122), fragt er rhetorisch. Wohl nichts Geringeres als das, was das Gute ist. Aber der "große Punkt ist, - wie wir es anzufangen haben, um zu dieser Erkenntnis zu gelangen? - und hierüber macht uns diese Pforte nicht klüger als der elendeste Kommentar, der jemahls über die *Ethik des Aristoteles* geschrieben worden ist." (WG 14, 122) Also ist die gesuchte "Erkenntnis" theoretisch nicht zu fassen. Die delphische Weisheit ist jedoch von den "Modefilosofen unsrer Zeit" vergessen worden und "in Zeiten, wie die unsern" obsolet,

> da Witz und Beredsamkeit einen Freybrief haben die gesunde Vernunft zu mißhandeln, wenn es nur auf die sinnreiche Art geschieht; wo *Hippiasse* und *Karneaden* durch rhetorische Taschenspielerkünste die Bewunderung ihrer Zeitgenossen erschleichen; und neuer Unsinn, in schöne Bilder gekleidet, mit spielenden Gegensätzen verbrämt, und mit den Schellen des rednerischen Wohlklangs behangen, willkommner ist, als die alte Vernunft in ihrem schlichten Sokratischen Mantel! (WG 14, 123 f)

"Witz und Beredsamkeit" gründen auf die theoretische, spekulative und zweckrationale Vernunft. Gerade das technische Wissen ist erforderlich, um "durch rhetorische Taschenspielerkünste die Bewunderung" anderer zu "erschleichen". Folglich kann das Wissen der "gesunden" oder der "alten Vernunft in ihrem schlichten Sokratischen Mantel" nur das oberste Gebrauchswissen sein. Hätte Rousseau von der sokratischen Weisheit gewußt, dann hätte er "vieler Bemühungen des Geistes bey dieser Gelegenheit überhoben seyn können; denn wer in der Welt wird ihm die Folgen streitig machen, die er aus

---

[367] Discours sur l'origine et les fondements de l'inégalité parmi les hommes, in: Jean-Jacques Rousseau: Schriften zur Kulturkritik. Über Kunst und Wissenschaft. Über den Ursprung der Ungleichheit unter den Menschen. Französisch-Deutsch. Eingeleitet, übersetzt und hrsg. von Kurt Weigand, 5. Aufl. Hamburg 1995, S. 62.

seiner Hypothese zieht? - Die *Hypothese* selbst ist es, was wir ihm geradezu wegläugnen." (WG 14, 141) Die "Hypothese" vom ursprünglichen Naturzustand des Menschen, in dem er angeblich einig mit der Natur, frei und glücklich in der Isolation lebte und sogar durch das Mitleidsgefühl auf ganz natürliche Weise tugendhaft und gut war, gewinnt Rousseau nur durch Ausschluß des wahren Seins. "*Rousseau* formiert seinen *Wilden*, indem er so lange von einem Menschen herunter schnitzelt, bis nichts übrig bleibt als das Thier" (WG 14, 164). Ohne das der Theorie vorhergehende "geistige" Sein bleibt dem Menschen nur seine organisierte aus Denken und Ausdehnung bestehende "tierische Natur", die mit allen anderen Naturorganisationen vergleichbar und wissenschaftlich zu betrachten ist. Aus diesem Grund ist es nicht gerechtfertigt, Wieland zu den undifferenzierten Kritikern zu zählen, die Rousseaus Kritik in die Forderung nach einem "vorzivilisatorischen Primitivismus - 'Zurück zur Natur' -" verdrehen.[368]

Erhart hat recht, Wieland kritisiert das methodische Verfahren Rousseaus, doch geht es Wieland nicht darum, daß die Hypothesen ungesichert sind,[369] sondern darum, daß sie, selbst wenn sie gesichert sind, das Unbedingte bedingen, das wahre, geistige Sein thematisieren und so die Ideen vom Wahren, Guten und Schönen funktionslos machen. Rousseau, der sich zwar redlich bemühte, "uns Gutes" zu tun, hat "sich auf seinem Wege verirrt" (WG 14, 125). Auf seinem theoretischen Wege, "Abstrakzionen für Wahrheit" (WG 14, 213) zu halten, gehen die Menschen aus seinem "*eigenen Gehirne*" wie "aus der Fabrik des *Prometheus*" (WG 14, 234) hervor. Wieland kritisiert das Schaffen aus dem Nichts.

Das gegen Rousseau hervorgekehrte "*sympathetische Gefühl*, welches den Menschen mit einer süßen Gewalt nöthiget, sich *selbst in andern Menschen* zu lieben, und welches, wie *Cicero* göttlich spricht, die *Grundlage alles Rechts* ist" (WG 14, 204 f.), rührt vom wahren Sein. Es ist durch nichts "gänzlich zu vertilgen" und der "kostbare Samen jeder gesellschaftlichen Tugend" (WG 14, 204).

---

[368] Walter Erhart: Entzweiung und Selbstaufklärung, S. 193, Anmerkungsziffer 19, vgl. ders.: "Was nützen schielende Wahrheiten?" Rousseau, Wieland und die Hermeneutik des Fremden, in: Rousseau in Deutschland. Neue Beiträge zur Erforschung seiner Rezeption, hrsg. von Herbert Jaumann, Berlin, New York 1995, S. 47-78, S. 48, Anmerkungsziffer 5; vgl. auch Frederic C. Tubach: Perfectibilité: der zweite Diskurs Rousseaus und die deutsche Aufklärung, in: Études Germaniques 15 (1960), S. 144-151, S. 149.

[369] Walter Erhart: "Was nützen schielende Wahrheiten?", S. 56 ff.

Für Rousseau ist das Mitleid (la pitié) eine natürliche Tugend, die "d`autant plus universelle et d`autant plus utile à l`homme, qu`elle précède en lui l`usage de toute réfelxion", und es ist "si naturelle, que les bêtes mêmes en donnent quelquefois des signes sensibles".[370] Das Mitleid mäßigt "dans chaque individu l`activité de l`amour de soi-même".[371] Der Grad der natürlichen Tugend richtet sich nach der Stärke des Mitleids. Es ist um so heftiger, "que l`animal spectateur s`identifiera plus intimement avec l`animal souffrant".[372] Doch ob es gut und gerecht ist, dem Bemitleideten zu helfen, das vermag das vom subjektiven Vorstellen abhängige Mitleid nicht unparteiisch zu sagen. Da im urwüchsigen Zustand jeder von anscheinend nur sanften Emotionen gesteuert ist, denn "rien n`est si doux que lui dans son état primitif",[373] wird jeder blindlings ohne sittliche Einsicht und ohne eine "véritable idée de la justice"[374] zu helfen versuchen. Diese Bereitschaft, die nach Rousseau durch die unbegrenzte Perfektionierung des geistigen Vermögens im Zivilisationsprozeß mehr und mehr verloren geht, und die Lessings Trauerspiel wiederherstellen sollte, damit Mitleid sich "immer leichter und leichter rege",[375] ironisiert Wieland. Zwar erkennt Rousseau die Unverträglichkeit von Tugend und Wissen der spekulativen und zweckrationalen Vernunft,[376] aber Sokrates schlägt er fälschlich der spekulativen Philosophie zu:

---

[370] Discours sur l'origine et les fondements de l'inégalité parmi les hommes, S. 170.

[371] Ebd. S. 174.

[372] Ebd. S. 174.

[373] Ebd. S. 206.

[374] Ebd. S. 176.

[375] Gotthold Ephraim Lessing: Werke, 8 Bde., in Zusammenarbeit mit Karl Eibl, Helmut Göbel, Karl S. Guthke, Gerd Hillen, Albert von Schirnding und Jörg Schönert hrsg. von Herbert G. Göpfert, München 1970-79, Lizenzausgabe 1996 für die Wissenschaftliche Buchgesellschaft Darmstadt, Bd. IV, Brief an Mendelssohn vom 18.12.1756, S. 190. (Alle weiteren Zitate aus dieser Ausgabe werden unter der Sigle 'LW' mit nachstehender Band- und Seitenzahl angegeben.) Siehe zum Einfluß des Mitleidsgedankens Rousseaus auf Lessing Ulrich Kronauer: Rousseaus Kulturkritik und die Aufgabe der Kunst. Zwei Studien zur deutschen Kunsttheorie des 18. Jahrhunderts, Heidelberg 1978, und derselbe: Der kühne Weltweise. Lessing als Leser Rousseaus, in: Rousseau in Deutschland. Neue Beiträge zur Erforschung seiner Rezeption, hrsg. von Herbert Jaumann, Berlin, New York 1995, S. 23-45.

[376] Vgl. Rüdiger Bubner: Rousseau, Hegel und die Dialektik der Aufklärung, in: Aufklärung und Gegenaufklärung in der europäischen Literatur, Philosophie und Politik von der Antike bis zur Gegenwart, hrsg. von Jochen Schmidt, Darmstadt 1989, S. 404-420, S. 406.

> Quoiqu`il puisse appartenir à Socrate et aux esprits de sa trempe d`acquérir de la vertu par raison, il y a longtemps que le genre humain ne serait plus, si sa conservation n`eût dépendu que des raisonnements de ceux qui le composent.[377]

Freilich erhoben sich schon vor Wieland Stimmen gegen Rousseaus Kulturkritik. Aus naivem Fortschrittsglauben oder religiösem Glauben an Gottes weise Natureinrichtung wurde der Bruch zwischen Natur und Kultur bezweifelt.[378] Indem sich Wieland an der sokratischen Weisheit orientiert, weicht er jedoch entgegen Erharts Ansicht vom "Chor der deutschen Rousseau-Kritiker"[379] ab und steht dem Pessimismus und Kulturoptimismus gleichermaßen fern. "Meine Absicht ist eben so wenig, unserm Jahrhundert *Hohn zu sprechen*, als ihm zu schmeicheln." (WG 14, 328)

### *Was ist Wahrheit*

Auch im Aufsatz *Was ist Wahrheit* im *Teutschen Merkur* von 1778 indiziert Wieland die menschliche Doppelnatur und tadelt den Allmachtsanspruch des theoretischen Wissens. Die "kaltblütige, spitzfindige immer zurückhaltende, immer argwöhnische, immer voraus sehende, immer räsonierende Vernunft" (WG 24, 43) ist durch die Prädikate als die spekulative und zweckrationale

---

[377] Discours sur l'origine et les fondements de l'inégalité parmi les hommes, S. 176.

[378] Vgl. dazu Claus Süßenberger: Rousseau im Urteil der deutschen Publizistik bis zum Ende der Französischen Revolution. Ein Beitrag zur Rezeptionsgeschichte, Frankfurt 1974; Rüdiger Bubner: Rousseau, Hegel und die Dialektik der Aufklärung, S. 404-420; Walter Erhart: "Was nützen schielende Wahrheiten?", S. 48 ff.

[379] Walter Erhart: "Was nützen schielende Wahrheiten?", S. 47. Wenn man laut Erhart bei der Suche nach geschichtsphilosophischen Theorien Wielands "alsbald vor einem Scherbenhaufen steht" (ebd. S. 52), dann dürfte der Grund dafür auch in Wielands Orientierung am nichtpropositionalen Wissen vom Wahren und Guten liegen. Wielands Rousseau-Kritik hält Frederic C. Tubach (Perfectibilité: der zweite Diskurs Rousseaus und die deutsche Aufklärung, S. 146) "von vorneherein überholt"; Timotheus Klein (Wieland und Rousseau, in: Studien zur vergleichenden Literaturgeschichte, hrsg. von Max Koch, Bd. 4, Berlin 1904, S. 172 f.) spricht Wieland ein "rechtes Verständnis für Rousseaus Ziele und den Zusammenhang seiner Ideen" ab; Günter Hartung (Wielands Beitrag zur philosophischen Kultur in Deutschland, S. 24) sagt ihm "(im Marxschen Sinne) ideologische Beschränktheit" nach und Hans-Jürgen Ketzer (Einige Bemerkungen zu Wielands Rousseau-Aneignung und deren Beurteilung durch die Stürmer und Dränger, in: Wieland - Kolloquium, Halberstadt 1983, S. 267-272) glaubt, Wieland könne Rousseaus Skepsis in ihrer "Begründung und ihrer Motivation weder nachvollziehen noch akzeptieren, ohne sich selbst als literarischer Vertreter des deutschen Bürgertums in Frage zu stellen" (ebd. S. 268).

Vernunft der "tierischen Natur" gekennzeichnet. Sie ist "von je her am geschäftigsten gewesen [...], *Glauben und Liebe*, die einzigen Stützen unsers armen Erdenlebens, zu untergraben und umzustürzen" (ebd.).

Das "unerklärbare *innere Licht*" oder der "Strahl der Gottheit, dem wir den so sehr gemißbrauchten Nahmen *Vernunft* geben" (WG 24, 44), ist das wahre Sein. Mißbraucht wird die "Vernunft" zur Bezeichnung des theoretischen Erkenntnisvermögens. Es "haben unläugbar alle Menschen etwas, das die Stelle eines solchen innern Lichts vertritt, und das ist – *das innige Bewußtseyn dessen was wir fühlen*." (WG 24, 44) Und dieses "Gefühl" ist "gerade das, was sich der Mensch am schwersten und seltensten nehmen läßt, ja was sich schwerlich irgend ein Mensch, wie schwach er immer sey, in irgend einem Falle nehmen läßt" (WG 24, 45). Den Schwankungen und Veränderungen der empirischen Natur nicht unterworfen, ist das wahre Seinsgefühl "unter allen Kennzeichen der Wahrheit [...] unläugbar das *sicherste*; vorausgesetzt, daß ein Mensch überhaupt gesund und des Unterschieds seiner Empfindungen und Einbildungen sich bewußt ist." (WG 24, 44). Wer an Schwärmerei krankt, kann schwerlich das Seinsgefühl von den "Empfindungen und Einbildungen" seiner "tierischen Natur" unterscheiden. Leicht hält er das eine für das andere, wie es Agathons Geschichte zeigen wird.

Wieland rügt die allgemeine Tendenz, die Vernunft$_2$ ("Licht", "Strahl") um ihre Funktion zu bringen, als "Leitstern" des "Glaubens und Lebens" (WG 24, 44) zu dienen. Nicht nur ein paar "Sofisten und Witzlinge", "der Mensch" verwechselt die Vernunft$_2$ mit einem schöpferischen Intellekt und "verwandelt" dadurch "ihren natürlichen Gebrauch in den unnatürlichen" (ebd.). So verfährt der *Kriticismus*, er bringt *die Vernunft zu Verstande*, wie es im Titel der erstmals 1801 erschienen Schrift Jacobis *Über das Unternehmen des Kritizismus* heißt, in welcher er vornehmlich Kant kritisierte. Doch "da der Mensch nun einmahl diesen unglücklichen Hang hat", das wahre Sein aufzuheben, das "zweyte Seelenauge" (JW II 74) auszustechen, warnt Wieland: "wehe ihm, wenn seine [spekulative] Vernunft die *einzige* Führerin seines Lebens ist!" (WG 24,44)

Auf die Frage, *Was ist Wahrheit?*, antwortet Wieland verschlüsselt:

> Die *Wahrheit* (wenn wir noch einen Augenblick mit dem Gleichniß spielen dürfen) flieht vor der keichenden Verfolgung ihrer feurigsten Liebhaber [...]. Der Grübler, der sie überall sucht, findet sie nirgends, just darum, weil er sich nicht einbilden kann daß sie ihm so nahe sey. (WG 24, 49)

Die Antwort lautet: Wahrheit ist das unthematische Wissen vom wahren Sein und Sollen, die dem "Grübler", der propositionales Wissen sucht, entgeht.[380] Weil dieses Wissen nicht zu objektivieren ist und man die Wahrheit deshalb nicht wie bewegliche Güter besitzen kann, sagt Wieland gleichnisweise,

> so bald ihrer zwey sich über ihren ausschließenden Besitz in die Haare gerathen, so darf man sicher rechnen, daß sie es ihnen macht, wie *Angelika* den beiden Rittern im *Ariost*: während die tapfern Männer sich bey den Köpfen haben, geht die Dame davon, und lacht über beide. (ebd.)

Aus dem gleichen Grund äußert er: "Die *Wahrheit* ist weder hier noch da" (ebd.). Doch "wer nur *fühlen*, und seine Gefühle *zu Gedanken* erhöhen, und seine Gedanken *in ein Ganzes zusammenfassen* und *ertönen* lassen kann", wer also sein wahres Seinsgefühl zu sittlicher Einsicht erheben kann, "ist ihr *Priester*, ihr *Zeuge*, ihr *Organ*" (WG 24, 49 f.).

### *Über den freyen Gebrauch der Vernunft in Glaubenssachen*

In der Schrift *Über den freyen Gebrauch der Vernunft in Glaubenssachen*, die zuerst ab Januar 1788 im *Teutschen Merkur* in fortlaufenden Aufsätzen *Gedanken von der Freyheit über Gegenstände des Glaubens zu philosophieren* publiziert wurde, haut Wieland in die gleiche Kerbe wie in *Was ist Wahrheit*. Mit kräftigen Worten prangert er die Beseitigung echter Tugend, Humanität und Religion an. Schuld hat der "gehässige *Dämon*" (WG 29, 27) der spekulativen Vernunft - nicht zu verwechseln mit dem "guten Dämon" (A 761). Er war "von uralten Zeiten bis auf diesen Tag so unselig geschäftig", den Glauben an Gott und ein ewiges Leben "auf alle nur ersinnliche Weise *zu verunstalten, zu verdunkeln*" und die "*Stütze*", den "*Trost* und die *Hoffnung der Menschheit*" zu untergraben und "zu einem *Werkzeuge des Betrugs* [...], ja sogar zu einem *Gifte* zu machen, das die Seele [...] in ein moralisches Scheusal verwandelt" (WG 29, 27).

---

[380] Daß es Wieland in diesem Aufsatz um relative Wahrheit gehe, glauben Susanne Wipperfürth (Wielands geschichtsphilosophische Reflexionen, S. 201), Karl S. Guthke (Alptraum der Vernunft?, S. 148) und Horst Thomé (Utopische Diskurse, S. 512). Thomé behauptet: "Das einzige, wenn auch gebrechliche Kriterium für solche individualisierten Wahrheiten ist '*das innige Bewußtsein dessen, was wir fühlen*'" (ebd. S. 511). Aber erstens ist das genannte Wahrheitskriterium laut Text nicht "gebrechlich", sondern "unläugbar das *sicherste*". Zweitens handelt es sich nicht um "individualisierte Wahrheiten", weil das "Gefühl" vom wahren Sein nicht subjektiv, sondern allgemein ist.

Die Aufhebung des wahren Seins durch die Vorherrschaft der spekulativen Vernunft beschreibt Wieland bildlich mit einer im "*Kerker*" liegenden "Vernunft" und gleichzeitig mit ihr in "Fesseln" gelegten "Freyheit" (WG 29, 62 f.). So weicht Wieland vom gängigen Vernunft- und Freiheitsverständnis zur Blütezeit der Aufklärung ab. Er meint das aller Theorie vorhergehende wahre Sein, das "tausend nicht gemeine Köpfe" (WG 29, 63) durch ihre Kunst, "Widersprüche in eine Art von Zusammenhang zu bringen" (WG 29, 51) in einem "*Zauberthurme*" (WG 29, 63) der Spekulation beseitigen. Einer Besserung sah Wieland 1788 nicht optimistisch entgegen, da "es beynahe ungereimt wäre, die Erlösung dieser gefangenen Prinzessinnen für möglich zu halten, geschweige unternehmen zu wollen." (WG 29, 63). Sie ist nur durch die Umstellung des Denkens zu erwarten. Als "*Wahrheit aller Wahrheiten*" erklärt Wieland, die Menschen können nur "besser" und "weiser werden", wenn sie "richtig denken" (WG 29, 61 f.). Eine Besserung der Moralität bleibt aus, "so lange die Vernunft nicht *in alle ihre Rechte eingesetzt* ist" (WG 29, 62). Um "weiser" zu werden und "richtig" zu "denken", muß vom Sein und Sollen ein irrtumsfreies, ungegenständliches, praktisches Wissen erlangt werden.
Zur Ausübung echter Religion ist ebenfalls sokratische Weisheit nötig. Unter dem Begriff "Religion" kann sich Wieland

> nichts andres denken, als den *Glauben an ein unerforschliches Urwesen*, durch welches alle Dinge *bestehen*, und nach unveränderlichen Gesetzen der vollkommensten *Gerechtigkeit*, oder (was eben dasselbe sagt) der vollkommensten *Güte* und *Weisheit*, in Ordnung *erhalten werden* - verbunden mit dem *Glauben* der *Fortdauer unsers eigenen*, uns nicht minder unerforschlichen *Grundwesens*, mit *Bewußtseyn unsrer Persönlichkeit* und einem solchen *Fortschritt zu größerer Vollkommenheit, der durch unser Verhalten in diesem Leben modificiert wird.* Von diesem Glauben behaupte ich: [...]; daß seine Wurzel so tief in unserer Natur liege und gleichsam mit allen Fasern derselben so verschlungen sey, daß man, um sie im Menschen gänzlich auszurotten, *den Menschen selbst* zerstören müßte [...]. (WG 29, 87 f.)

Das "unerforschliche *Grundwesen*" (wahre Sein) wird durch ein sogenanntes "dunkle[s] Gottesgefühl, das der menschlichen Natur angeboren und eigen scheint" (WG 29, 97), wahrgenommen. Wenn aber das "unerforschliche Grundwesen" nicht von sittlicher Einsicht eingeholt wird, dann führt das "dunkle Gottesgefühl" leicht zur Schwärmerei, zum Aberglauben und Fanatismus, wie es Wieland im *Don Sylvio*, *Agathon* und *Peregrinus Proteus* schildert:

> Rohe sinnliche Menschen verlangten einen *sichtbaren* und *palpabeln* Gott. Durchdrungen von einem mächtigen aber dunkeln Gefühl des *Göttlichen in der Natur*, aber unfähig, dieses Gefühl zu einem *reinen Vernunftsbegriff* zu erheben, füllten sie die ganze Welt mit göttlichen Naturen an, und bildeten sich ihre Götter nach ihrem Bedürfnis. (WG 29, 89 f.)

Für die "Religion" als "eine Angelegenheit des *Herzens*, nicht des *Kopfes*" (WG 29, 123), findet Wieland nicht leicht die geeignete Formulierung, die sich an sein übriges Denken anschlösse. Was er ausdrückt, umreißt fast das gesamte Spektrum der neuzeitlichen Moralphilosophie, suggeriert eine moral-sense-Theorie oder religiöse Gefühlsphilosophie und verwischt die Besonderheit des Wissens vom Guten, wenn er vom "Herzen" spricht. Aber die Absicht war, den Geist der Lehre Christi auf sokratische Weisheit zurückzuführen, von der sich das Christentum immer mehr entfernt habe.[381]

### Zusammenfassung

Also hat sich Wieland schon 1764, 1770, 1778 und 1788 am unthematischen Wissen vom Wahren und Guten orientiert. Die allgemeine Annahme, Wieland habe um 1760 eine "empiristische Wendung"[382] von seiner jugendlichen Schwärmerei, seinem Mystizismus und spekulativen Platonismus zum Empirismus, Sensualismus, antimetaphysischen Materialismus vollzogen, ist nicht begründet. Wieland verabschiedete nicht Platon, um zum englischen und französischen Aufklärungsdenken überzulaufen. Er gab den plotinischen Plato-

---

[381] Nach Wolfgang Albrecht ziele Wieland darauf, "Religion wieder zur individuellen Herzensangelegenheit zu machen und von Staatsbelangen strikt zu trennen" sowie "den reformatorischen Geist lebendig zu erhalten bzw. zu erneuern" (Christoph Martin Wieland: Von der Freiheit der Literatur, Bd. II, S. 1180). Horst Thomé meint, Wieland habe in dieser Religionsschrift eine "moderat deistische These" vertreten (Religion und Aufklärung in Wielands *Agathodämon.* Zu Problemen der 'kulturellen Semantik' um 1800, in: Internationales Archiv für Sozialgeschichte der deutschen Literatur, 15. 1 (1990), S. 93-122, S. 110). Ähnlich sieht es Hermann Müller-Solger (Der Dichtertraum, S. 62): "Die Polemik gegen die 'Religion' aber hatte zum Ziel, der 'wahren Religion', der 'natürlichen Religion', dem Deismus, zum Siege zu verhelfen." Von den Zeitgenossen wurde Wielands Absicht auch nicht verstanden. Hauptsächlich in Berlin, wo man seine Schrift im Kontext des preußischen Religionsedikts vom 9. Juli 1788 wahrnahm, war sein Essay den Gegnern des Ediktes willkommen, von den Gegenaufklärern wurde er den religions- und staatsgefährdenden Schriften zugeordnet; vgl. zur Wirkung dieser Schrift Wolfgang Albrecht (Hrsg.): Christoph Martin Wieland: Von der Freiheit der Literatur, Bd. II, S.1176 f.

[382] Horst Thomé: Roman und Naturwissenschaft, S. 117 ff.; vgl. Erich Groß: C. M. Wielands "Geschichte des Agathon", S. 57 ff.; Friedrich Sengle: Wieland, S. 89 ff.; Hans-Jürgen Schings: Der anthropologische Roman, S. 251 ff.; Günter Hartung: Wielands Beitrag zur philosophischen Kultur in Deutschland, S. 12 f.; Sybille Gössl: Materialismus und Nihilismus, S. 48 ff.; Werner Frick: Providenz und Kontingenz, S. 387.

nismus preis,[383] der von einer strikten Zweiweltenvorstellung ausgeht und die Ideen vom Wahren, Schönen und Guten als gegenständliche Elemente einer höheren Wirklichkeitsstufe auffaßt. Gemäß der Zweiweltenvorstellung, die auch Agathon zeitweilig kultiviert, sind erst die entkörperten Seelen zur Anschauung des Intelligiblen fähig. Wieland hebt die Verdinglichung der Ideen auf, seine Wendung liegt also in der Erkenntnis des besonderen Modus des Wissens vom Guten, die dem jugendlichen Dichter fehlte.[384]

---

383 WBr. 3, 289: "J`ai été autrefois Enthousiaste en fait de religion, de Métaphysique et de Morale; je l`ai été de bonne foi: telle étoit ma façon d`être alors, ou le resultat de cent milles causes physiques et morales. Quoique ayant cessé d`être enthousiaste dans un sens, je ne suis pas moins ami de la vérité, je ne trouve pas la vertu moins aimable, pour ne pas croire à la préexistance de l`âme, ou pour ne m`exstasier plus à l`image d`un séraph couleur de rose, aile d`or et d`azur. - [...] J`ai été obligé ou de reformer mon Platonisme, ou d`aller vivre dans quelque désert du Tyrol. L`expérience m`a désabusé d`une illusion après l`autre, enfin je me suis trouvé au niveau. Je pense sur le Christianisme comme Montesquieu sur son lit de mort; sur la fausse sagesse des esprits sectaires et les fausses vertus des fripons comme Lucien: sur la morale spéculative comme Helvetius, sur la métaphysique - rien du tout; elle n`est pour moi qu`un objet de plaisanterie", schrieb Wieland am 16. 7. 1764 an Julie Bondeli.

384 Das 1751 entstandene Lehrgedicht *Die Natur der Dinge oder die vollkommenste Welt* erschien ihm selbst 1770 als "die Frucht eines enthusiastischen Spaziergangs eines noch sehr jungen und sehr platonischen Liebhabers" (WG, Supp. 1, 5). Daß seinem Frühwerk *Moralische Briefe in Versen* von 1751/52 eine "tiefe Einsicht in die moralischen Dinge, Feinheit des Witzes und die Gabe des sanften Sokratischen Spottes" fehlt, dafür hat er sich im Vorwort zur dritten Ausgabe entschuldigt: "Der jugendliche Verfasser kannte damahls die Menschen nur aus Gemählden, und ging nur mit moralischen Wesen um. Selbst die liebenswürdige Freundin, an welche diese Verse gerichtet sind, hatte sich in seiner alles verschönernden Fantasie zu einem überirdischen Wesen entschleiert. Daher kommt es, daß seine Sittenlehre oft allzu idealisch ist und in der Ausübung sich bald zu strenge, bald zu nachgelassen finden würde. [...] Überdieß bildet sich ein junger filosofischer Einsiedler, den der Karakter eines *Sokrates* in Entzückung gesetzt hat, ein, es sey gar leicht ihn nachzuahmen, weil es so natürlich ist ihn zu lieben: Die Erfahrung allein kann ihm diesen Irrthum benehmen." (WG, Supp. 1, 278 ff.) Im *Vorbericht* zu *Timoklea* sagt er rückblickend auf das 1754 entstandene Gespräch: "Der *Sokrates*, der hier redend eingeführt wird, ist freylich von dem Sokrates, wie ihn der Verfasser sich *jetzt* vorstellt, wenigstens eben so verschieden, als auch dieser es vielleicht von dem wirklichen Sokrates ist." (WG, Supp. 4, 37) Diesen ersten Versuch "in der dialogistischen Kunst" nimmt Wieland ohne großartige Verbesserung nur deshalb in seiner Sammlung auf, damit man "die Fortschritte, die er binnen vierzig Jahren in dieser Kunst gemacht haben mag", erkennen kann, denn nach seiner Selbsteinschätzung ist "seit einem Paar Jahrzehnden [...] der Weg freylich nach und nach gebahnter worden."(WG, Supp. 4, 37 f. )

Der "Mathematiker - und nur er - ist der eigentliche 'Platoniker' im landläufigem Sinn des Wortes."[385] Dieser gelangt in die Schußlinie Wielands, wenn Archytas "diese Art von Spekulationen seinem Freunde Plato [überließ]" (A 525) oder wenn über die Rolle Platons am Hofe zu Syrakus zu lesen ist:

> Er schloß immer richtig aus seinen Prämissen; aber seine Prämissen setzten immer mehr voraus, als war; und er bewies durch sein Exempel, daß keine Leute mehr durch den Schein der Dinge hintergangen werden, als eben diejenige welche ihr ganzes Leben damit zubringen, *inter Sylvas Academi* dem *was wahrhaftig ist* nachzuspähen. (A 382)

Insbesondere in seinem Spätwerk *Aristipp und einige seiner Zeitgenossen* wird Platon getadelt. Beispielsweise schreibt Aristipp in seinem 27. Brief, daß dessen Philosophie "*geraden Weges* zu einer Art von *Schwärmerey* führt, deren natürliche Folgen, außer seiner *Wolkenkuckuksheimischen* Republik, allenthalben verderblich sein würden." (WG 35, 269) Für Auerochs "schließt sich Wielands Platonbild doch eng an die Topoi der Schwärmerkritik des 18. Jahrhunderts an."[386] Aber die aufgeklärten Empiristen, die der Schwärmerei den Kampf ansagen, gehen, indem sie jegliches Wissen von der Existenz eines göttlichen Wesens ausschließen, auch von einer Zweiweltenvorstellung aus. Aus diesem Grund übt Wieland keine typische Schwärmerkritik im Sinne der Aufklärungsepoche.[387]

Platon und Platoniker sind zu trennen, Wieland verfügt offenbar über ein doppeltes Platonbild. Daß bei Platon der Mathematiker nicht das letzte Wort hat, ist Wieland nicht entgangen. Platon läßt seinen Sokrates sagen, die Mathematiker gehörten zwar zu denen, die etwas vom Sein erfaßt hätten, jedoch träumten sie nur davon und könnten es im Wachen nicht sehen, "solange sie,

---

385 Wolfgang Wieland: Platon, S. 183 und S. 214 f.

386 Bernd Auerochs: Platon um 1800, in: Wieland-Studien III (1996), S. 161-193, S. 161.

387 Es stimmt zwar, daß "Wielands Auseinandersetzung mit Platon also in mehr als Schwärmerkritik" kulminiere, aber Auerochs (Platon um 1800, S. 181), der Wielands Platonbild nur anhand des *Aristipp* aufstellt, erkennt die Wurzel der Platonismuskritik nicht: "Doch Wieland begreift die ‚Politeia' auch im Lichte jenes mit der Französischen Revolution erst entstandenen konservativen Denkens, das alle abstrakten Neuerungen, die mit Terror der jeweils bestehenden Gesellschaft aufgeprägt werden müssen, ablehnte, und seien sie noch so gut gemeint." Die Deutung ist schon deshalb unwahrscheinlich, weil bereits 1766/67 in der *Geschichte des Agathon* die *Politeia* kritisiert wird (vgl.A 376 ff., 412). Ohne Berücksichtigung der platonischen Philosophie des Wissens vom Guten läßt sich Wielands Stellung innerhalb der Platonrezeption im 18. Jahrhundert nicht adäquat bestimmen, ein Manko auch bei Benno Böhm: Sokrates im achtzehnten Jahrhundert.

Annahmen voraussetzend, diese unbeweglich" ließen und "keine Rechenschaft davon geben" könnten.[388] Aus diesem Blickwinkel des platonischen Sokrates tadelte Wieland auch sein eigenes Lehrgedicht *Die Natur der Dinge*, da er "das System dieses Gedichts und die Hypothesen, die darin behauptet werden, für nichts besseres als wachende Träume eines filosofierenden Dichters, oder Visionen eines poetisirenden Platonikers, *in herba*, ausgiebt"(WG, Supp.1, 8). Wieland verwendet Platon als literarische Figur, der er aufgrund der Ausgestaltung des mathematischen Wissens besonders in der *Politeia* ein solches zuschreiben kann, um sich selbst vom gängigen Platoniker abzugrenzen.

[388] Politeia 533c.

## IV. Die *Geschichte des Agathon* von 1766/67

Nach Abenteuern - die Rettung des Helden aus einer Baccus-Orgie, Wiederfinden und erneute Trennung von Psyche, Verkauf Agathons als Sklave an den Sophisten Hippias - Motive, die dem heliodorschen[389] und höfischen Roman entlehnt sind - verwickelt Hippias Agathon in ein Gespräch. Agathon vertritt gegen dessen materialistische Position seine Tugendideale, doch schließlich hält er aufgrund seiner Erlebnisse in Smyrna und Syrakus die lauthals für falsch erklärten Ansichten des Sophisten Hippias für begründet und wahr. Wie also sollte das "ganze Werk" noch als eine "Widerlegung" des Hippias gelesen werden können? Das "Land der Wunder" (A 512) leistet sie nicht, zumal der Erzähler sich selbst von der Wahrscheinlichkeit des Erzählschlusses distanziert, da er versichert, "unsere Absichten sind bereits erreicht, und die glücklichen oder unglücklichen Umstände, welche dem Agathon noch bevorstehen mögen, haben nichts damit zu tun" (A 512). Doch Hippias und Agathon täuschen sich; die Wahrheit findet sich dritten Orts. Es gilt, die im unbedingten Guten gegründete Indifferenz von Ethik und Ontologie der Romankonzeption zu erkennen, um Hippias und Agathon des Irrtums zu überführen und "das ganze Werk [...] als eine Widerlegung" des Hippias zu begreifen, die Agathon in der ersten Romanfassung noch nicht zu leisten vermag.

### Die philosophische Kontroverse zwischen Hippias und Agathon

#### Form der Auseinandersetzung

Hippias reißt Agathon, der im Garten "ungestörte Einsamkeit" (A 56) genießen will, aus Träumereien: "Du scheinst in Gedanken vertieft, Callias?" (A 58) Ob Agathon willig ist, mit ihm zu debattieren, fragt er nicht. Er intendiert, Agathon zur materialistischen Philosophie zu bekehren. Wechselreden münden in einen Lehrvortrag über dieses System, der Agathon nicht überzeugt.

---

389 Siehe dazu Renate Johne: Wieland und der antike Roman, in: Christoph Martin Wieland und die Antike. Eine Aufsatzsammlung. Überarbeitete Beiträge eines Kolloquiums in Erfurt 1983, hrsg. im Auftrag der Winckelmann-Gesellschaft von Max Kunze, Stendal 1986, S. 45-54.

Die Auseinandersetzung ist antagonistisch. Symptomatisch für solche Gespräche ist die Berufung auf einen Schiedsrichter.[390] Hippias überantwortet die Entscheidung der "Frage [...], ob Hippias oder Callias richtig denkt?", dem "ganze[n] menschliche[n] Geschlecht" als "Richter" (A 106). Nach Ansicht Agathons ist wenig gewonnen, denn "können nicht zehn Millionen die Pest haben, und Sokrates allein gesund herum gehen?" (A 106 f.) Damit hat er die Instanz bedeutet, vor der er und Hippias nicht bestehen.

Insofern Agathon und Hippias nicht Wahrheit suchen, sondern recht behalten wollen, ähnelt ihre Gesprächsführung der Dialogik der Eristiker. Ihnen wirft Sokrates vor, sie kümmerten sich nicht darum, wer in der Sache recht hat, wollen überreden und gefallen.[391] Indem jedoch beide ihre Meinung für richtig halten und sich damit identifizieren, weichen sie von den eristischen Wortfechtern ab. Hippias ist überzeugt, es gebe kein Wissen von der Unsterblichkeit der Seele und Existenz eines "obersten Geistes". Wäre es nur ein Wettkampf, würde er Agathon am Ende des Gesprächs nicht auf "eine stärkere Probe setzen" wollen und geloben,

> wenn er in dieser den Sieg erhält, [...] - ja, so will ich meine Nymphen entlassen, mein Haus den Priestern der Cybele vermachen, und an den Ganges ziehen, und in der Höhle eines alten Palmbaums, mit geschloßnen Augen und den Kopf zwischen den Knien, so lange in der nämlichen Position sitzen bleiben, bis ich, allen meinen Sinnen zu trotz, mir einbilde, daß ich nicht mehr bin! (A 114)

Agathon hingegen zweifelt nicht am "obersten Geist" und hält sich "für einen Geist, der in einen tierischen Leib eingekerkert ist". "Wofür sollt ich mich sonst halten?" (A 59)

Wie Sokrates immer das Selbstverständnis seiner Gesprächspartner prüft, ob sie widerspruchsfrei Rechenschaft geben können, so versucht Hippias, Agathon in Widersprüche zu treiben. Doch während jener seinem Gegenüber die Unkenntnis seiner selbst bewußt macht, hofft dieser die Richtigkeit seiner eigenen Meinung mit fremdem Irrtum zu begründen. Eine Patt-Situation entsteht durch die Gesprächsintention des Hippias. Agathon beharrt auf der Evidenz, versucht erst gar nicht, "das Dasein" des "obersten Geistes" (A 62) zu beweisen. Wenn seine Antwort auch laut *Vorbericht* "das beste enthält, was man" gegen Hippias "sagen kann" (A 16), bewährt sich dieses Beste nicht im

---

[390] Siehe Wolfgang Wieland: Platon, S. 79.

[391] Vgl. Phaidon 91a f., Charmides 166c und Wolfgang Wieland: Platon, S. 75 ff.

sittlichen Leben. Zum Schaden für Agathon kann Hippias diese Inkonsistenz zwischen Meinung und Tun nicht aufdecken. Dazu müßte er nämlich Tugendidealen eine mögliche praktische Wirkung einräumen. Doch daran hindert ihn seine Intention, Agathon von seinen Idealen abzubringen.
Auf Agathons Frage, "Und worauf gründest du deine Tugend?" (A 63), bricht er den Dialog ab, ist anders als die Eristiker wirklich erzürnt: "O Jüngling, lange genug hab ich deinen Ausschweifungen zugehört" (A 63), droht, "deine Denkungsart allein wird dich unglücklich machen", verspricht doch auch: "Allein diesem Übel kann noch geholfen werden" (A 64), und geht zu Bett. Nach der unentschiedenen Runde greift Hippias das Thema einige Tage später wieder auf und wechselt zum Lehrvortrag über. Agathon erduldet die Langrednerei stumm,[392] teils aus Neugierde, "die Denkungsart eines Hippias in ein System gebracht zu sehen, teils weil er sich von der Beredsamkeit [...] Ergötzung" (A 69) verspricht. Doch welche Funktion im Roman kann der "merkwürdige Diskurs" haben,

> durch dessen vollständige Mitteilung wir desto mehr Dank zu verdienen hoffen, da wir von Kennern versichert worden, daß der geheime Verstand desselben den buchstäblichen an Wichtigkeit noch weit übertreffe, und der wahre und unfehlbare Prozeß, den Stein der Weisen zu finden, darin verborgen liege (A 72)?

Um den "buchstäblichen" Sinn oder propositionalen Gehalt geht es Wieland nicht. Vielmehr dient die Rede des Hippias einem "geheime[n]", nichtpropositionalen Zweck, das System des Hippias der Haltlosigkeit und ihn der Unkenntnis seiner selbst zu überführen. Die Inkonsistenz des Hippias heraustreten zu lassen, ist "der wahre und unfehlbare Prozeß, den Stein der Weisen zu finden".

### Inkonsistenzen und Irrtümer des Hippias

Hippias verliert Kredit, sofern Rede und Tun nicht übereinstimmen. Er behauptet, als der "Weise" ließe er sich "die Vorurteile und Torheiten gefallen

392 Vgl. Protagoras 334d ff. Sokrates hingegen protestiert gegen die Art der Gesprächsführung des Protagoras und verlangt, er möge sich der Kurzrednerei bedienen. Bezeichnend für die sophistische Mentalität antwort Protagoras: "O Sokrates [...], schon mit vielen Menschen habe ich den Kampf des Redens bestanden, hätte ich aber das getan, was du von mir verlangst [...], so würde ich gewiß keinen einzigen überwunden haben, und Protagoras würde keinen Namen haben unter den Hellenen."

[...], die er antrifft", und sei "bereit", die "Begriffe" der anderen "zu billigen" (A 103). Doch er verwirft Agathons "Begriffe", will dessen "seltsame Art von Wahnwitz" (A 64) heilen und ihn "von einem Irrwege zurückrufen" (A 65). Indem sich Hippias "so viele Mühe" gibt, Agathon "weise zu machen" (A 105), ist er nicht, was er vorgibt zu sein. Mittels dieser Diskrepanz zeigt Wieland indirekt, daß dem Sophisten das unthematische Wissen vom eigenen Sein fehlt. Agathon entgeht diese Unstimmigkeit, weil er sich vornahm, sich zu ergötzen, anstatt Wahrheit zu suchen.
Hippias der Inkonsistenz zu überführen, beruht auf folgendem: "Unabhängig von jedem Inhalt seiner Behauptungen hat man, wenn man sich überhaupt auf ein Gespräch einläßt, durch die Tat bereits ein Zugeständnis gemacht", egal, "ob man dies will und weiß oder nicht."[393] Hippias gesteht Ideen zu, ohne es zu wissen. Ausgangspunkt seines "Anti-Platonismus" sind Platons oder Sokrates` Fragen: "Was ist das Schöne? Was ist das Gute?" (A 96) Ähnlich wie in Platons *Hippias maior* meint Hippias, er müsse zuvor angeben, "was die Menschen schön und gut nennen", denn:

> Was für eine unendliche Verschiedenheit in den Begriffen, die man sich bei den verschiedenen Völkern des Erdbodens von der Schönheit macht! Alle Welt kommt darin überein, daß ein schönes Weib das schönste unter allen Werken der Natur sei. Allein wie muß sie sein, um für eine vollkommne Schönheit in ihrer Art gehalten zu werden? Hier fängt der Widerspruch an. [...] Der Europäer wird die blendende weiße, der Mohr die rabengleiche Schwärze der seinigen vorziehen [...]. Hat es mit dem Schönen in sittlichen Verstande, mit dem was sich geziemt, eine andre Bewandtnis? Die Spartanischen Töchter scheuen sich nicht, in einem Aufzug gesehen zu werden, wodurch in Athen die geringste öffentliche Metze sich entehrt hielte. [...] Diese Verschiedenheit der Begriffe vom sittlichen Schönen zeigt sich nicht nur in besondern Gebräuchen und Gewohnheiten verschiedner Völker, [...] sondern selbst in dem Begriff, den sie sich überhaupt von der Tugend machen. Bei den Römern ist Tugend und Tapferkeit einerlei; bei den Atheniensern schließt dieses Wort alle Arten von nützlichen und angenehmen Eigenschaften in sich. [...] Was folget nun aus allen diesen Beispielen? Ist nichts an sich selbst schön oder recht? Gibt es kein gewisses Modell, wornach dasjenige, was schön oder sittlich ist, beurteilt werden muß? Wir wollen sehen. Wenn ein solches Modell ist, so muß es in der Natur sein. (A 96 ff.)

Die "unendliche Verschiedenheit in den Begriffen" betrifft ausschließlich die Sachen, die als 'schön', 'gut', 'sittlich' gewertet werden. Doch die Funktion der Prädikate, zu werten und zu empfehlen, bleibt sich überall gleich. Es findet sich kein "Widerspruch", denn zwischen den beschreibenden Prädikaten

[393] Wolfgang Wieland: Platon, S. 109.

("weiße", schwarze Hautfarbe) und dem Wertprädikat 'schön' sowie zwischen "Tapferkeit" und dem Prädikat 'gut' besteht keine logische Folgebeziehung wie in analytischen Urteilen.[394] Die "Beispiele" sollten ihn gerade lehren, daß "nichts an sich selbst schön oder recht" ist. Es gibt keine Handlung, die immer und in jeder Situation "recht" bzw. "sittlich" ist. Es lassen sich wie in Platons *Laches* Situationen denken, in denen die "Tapferkeit" nicht "Tugend", sondern Tollkühnheit und Unkenntnis der Gefahr darstellen.[395] Auch der "Gehorsam gegen die Gesetze" (A 97) kann verwerflich sein, wenn eine ungerechte Handlung befohlen wird. Aber Hippias sucht "in der Natur" ein allgemeingültiges "Modell" und behauptet: Das "Modell" des Schönen

> eines jeden Volks ist nichts anders als die Abbildung eines Weibes, die bei einer allgemeinen Versammlung dieses Volks für diejenige erklärt würde, bei der sich die National-Schönheit im höchsten Grade befinde. Allein welches unter so vielerlei Modellen ist denn an sich selbst das schönste? (A 98)

Hippias läßt sich eine Völkerversammlung einfallen, "wozu eine jede Nation den schönsten Mann und das schönste Weib, nach ihrem National-Modell zu urteilen, geschickt" (A 98) hätte. "Der Spartaner würde also vermutlich für den schönsten Mann, und die Perserin für das schönste Weib erklärt werden." Hinsichtlich des "sittlichen Schönen" würde die "aufgeklärteste und geselligste Nation" (A 99) die Wahl gewinnen. Doch Hippias irrt; solches "Schöne" und "sittlich Schöne" lassen sich nur in Relation zu den anderen Modellen bestimmen, niemals als solches absolut setzen. Selbst der Konsens aller gibt keine allgemeingültigen Kriterien für das Schöne und Gute. Beschreiben ist nicht dasselbe wie Werten; Wertprädikate können nicht durch Prädikate ersetzt werden, die keine empfehlende Funktion haben, andernfalls beraubt man sich des Mittels der Wertung und Empfehlung.[396] Doch Hippias ersetzt Wertprädikate durch beschreibende, wenn er von einem Naturmodell ausgeht, "wornach dasjenige, was schön oder sittlich ist, beurteilt werden muß". Deshalb müßte er sich strikt einer Wertung enthalten. Indem er aber mit allen seinen "Beispielen" wertet, stimmt sein Tun nicht mit seiner Theorie überein.

---

394 Siehe dazu Richard Mervyn Hare: Die Sprache der Moral. Erste deutsche Ausgabe der Originalausgabe: The Language of Morals, 1952, übersetzt von Petra von Morstein, Frankfurt am Main 1972, S. 109 ff.

395 Laches, 196d ff.

396 Vgl. Richard Mervyn Hare: Die Sprache der Moral, S. 123.

Inkonsistent ist er auch in seiner Sittlichkeit. Das Schöne und Gute basiert für Hippias nicht auf "abstrakte[n] Ideen", also nicht auf für sich bestehenden Entitäten in einer zweiten Welt; er schließt sich den Sophisten an, "deren Sittenlehre sich [...] auf die Natur und würkliche Beschaffenheit der Dinge gründet" (A 101). Aber in der Praxis hält er sich nicht daran: Die Sophisten "erkennen und befolgen [...] doch in der Tat kein andres als jenes allgemeine Gesetz der Natur, welches dem Menschen sein eignes Bestes zur einzigen Richtschnur gibt." (A 102) Er gibt also zu, etwas als gut bewerten zu können. Das ist ihm aber nach seiner "Sittenlehre" unmöglich, denn die "Natur und würkliche Beschaffenheit der Dinge" sagt nichts über deren Güte aus. Um die Qualität eines Gegenstandes zu beurteilen, muß man sich am Gebrauch und Zweck orientieren und über ein unthematisches Gebrauchswissen verfügen.
Die Inkonsistenz beruht darauf, daß Hippias durch den Gebrauch der Wertprädikate 'schön', 'sittlich', 'gut' schon die Idee des Schönen und Guten zugesteht, ohne sich dessen bewußt zu sein. "Wer Ideen in Frage stellen will, kommt immer schon zu spät. Wer überhaupt redet, wer mit einem Gebrauchsding bestimmungsgemäß umgeht, hat sie bereits vorausgesetzt und bezieht sich in unthematischer Weise auf sie."[397] Doch Agathon ist unfähig, Hippias auf das versteckte Zugeständnis und dessen Inkonsistenz zwischen Theorie und Praxis aufmerksam zu machen. So wird sich Hippias nicht bewußt, daß sein Wissen ein vermeintliches ist. Was der Erzähler behauptet, die "Weisheit" der Sophisten, "von der sie Profession machten, war von der Socratischen [...] unendlich unterschieden; oder besser zu sagen, sie war die vollkommne Antipode derselbigen" (A 46), illustriert Wieland durch die Gesprächskonzeption, welche die Leser vom Wort des Erzählers überzeugen kann und soll.

### Der Materialismus des Hippias

Nahezu einhellig sieht die Forschung in Hippias den Vertreter einer Aufklärung französischer Prägung. Thomé nennt La Mettrie und Helvétius als Quelle.[398] Für eine Analogie zu La Mettrie, der das Denken von der

---

[397] Wolfgang Wieland: Platon, S. 150.

[398] Horst Thomé: Roman und Naturwissenschaft, S. 127 ff.; Erich Groß (C. M. Wielands "Geschichte des Agathon", S. 66 ff und 108 ff.) nennt unter anderem noch Malebranche, Montesquieu und Bonnet, deren Ansichten Wieland beeinflußt hätten.

Körperlichkeit abhängig sein läßt, führt Thomé u.a. die Behauptung des Hippias an,

> denn das ist einmal gewiß, daß du ein Tier bist. [...] Wenn du einen Vorzug vor ihnen hast, so ist es eine schönere Gestalt, ein paar Hände, mit denen du mehr ausrichten kannst als ein Tier mit seinen Pfoten, eine Bildung gewisser Gliedmaßen, die dich der Rede fähig macht, und ein lebhafterer Witz, der von einer schwächern und reizbarern Beschaffenheit deiner Fibern herkommt; und der doch alle Künste, womit wir uns so groß zu machen pflegen, den Tieren abgelernt hat. (A 59 f.)

Tatsächlich werden mentale Fähigkeiten ("Rede", "lebhafterer Witz" und "Künste") auf die Physis und die Beschaffenheit einzelner Organe reduziert - heute würde man sagen, der mentale Zustand sei eine C-Faser-Reizung. Aber schon im nächsten Satz nimmt Hippias den Reduktionismus zurück; "ich will dir zugeben, dasjenige was in dir denkt sei ein Geist, und wesentlich von deinem Körper unterschieden." Diese Unterscheidung macht La Mettrie nicht, er verwirft die Immaterialität des Geistes[399] und hält das Denken für eine Eigenschaft der Materie wie das Bewegungsvermögen.[400] Hippias aber erachtet die Seele nicht für materiell, denn anders kann sie nicht Herr über die Körperaffektionen werden:

> Es scheint also unmöglich zu sein, [...] ohne diejenige Stärke der Seele, die uns fähig macht das Joch der Phantasie und des Wahns abzuschütteln, und die Leidenschaften in unsrer Gewalt zu haben, zu demjenigen ruhigen Zustande von Genuß und Zufriedenheit zu kommen, der die Glückseligkeit ausmacht. (A 74)

Auch lehnt Hippias "ein unsterbliches Leben bei den Göttern" (A 88) nicht kategorisch ab und "will hiermit nicht leugnen, daß es Götter, Geister oder vollkommnere Wesen als wir sind, haben könne oder würklich habe" (A 88). Die Antinomie von Leib und Seele bzw. Geist und Körper wird er noch im Elysium bekräftigen:

> Denn, wofern wir anders etwas mehr als ein bloßes Aggregat von Zufälligkeiten sind, so muß den Bestimmungen, die wir von außenher erhalten [...], etwas *eigentümliches* und *beständiges* zum Grunde liegen; und was könnte das anders sein als die *individuelle Form*, von welcher sich niemand trennen kann? (A 781)

Leibniz, nicht die französischen Materialisten, dachte so.

---

399 Julien Offray de la Mettrie: L`homme machine, Die Maschine Mensch. Übersetzt und hrsg. von Claudia Becker, Hamburg 1990, S. 22, 60, 94 f.

400 Ebd. S. 124.

Die Lehre des Hippias fußt nicht auf einem reduktionistischen Materialismus, vielmehr ist sie im Lichte Spinozas zu sehen,[401] den Wieland sehr früh als Monisten der Natur gelesen hat. Am 6.3.1752 schrieb er an Bodmer:

> Ich nahm mir damals vor villeicht der erste nachfolger des Spinoza zu seyn, darinn, daß ich dem Kopf nach ein Freydenker und im Hertzen der tugendhafteste mann wäre. Ich fand aber bald daß ohne Gott und Religion keine Tugend ist.[402]

Sofern Wieland in Spinozas System die materialistische Lehre fundiert, gewinnt Hippias eine starke Position.[403] Freilich bestehen zwischen Spinozas System und dem des Hippias erhebliche Differenzen. Spinozas intuitive Erkenntnis der Substanz entfällt bei Hippias. Aus Spinozas ethischer ratio wird die auf die Materie bezogene spekulative und zweckrationale Vernunft. Hippias bezeichnet sie als die "gesunde Vernunft", als "die Führerin unsers Lebens" (A 75) und erhebt sie somit über die "Sinne und eine Beobachtung ohne Vorurteil" (A 60), deren Primat von der Forschung gelegentlich behauptet wird.[404] Spinozas Meinung, alles Körperliche könne nur inadäquat erkannt werden, teilt Hippias nicht. Er spricht auch nicht von Spinozas Gefüge aus Substanz, Attribut und Modus. So kann nicht eindeutig geklärt werden, ob nach seiner Ansicht die Seele eher einem Modus oder einer Leibnizschen Geistmonade ähnelt, ob es nur eine Substanz oder viele gibt. Den Begriff 'Substanz', hinsichtlich dessen Spinoza und Leibniz vorwiegend differieren, verwendet Hippias gar nicht. Diese Unbestimmtheit erlaubt es,

---

[401] Damit wird nicht bestritten, daß Wieland Denkansätze der französischen Materialisten aufgegriffen hat. Wenn, so Kondylis, "die Materialisten Spinozas eindeutige Formulierung des monistischen Grundsatzes bzw. seiner einzelnen Implikationen gern registrierten und auswerteten" (Die Aufklärung, S. 261), dann konnte Wieland durchaus in Spinozas System Formulierungen der französischen Materialisten integriert haben.

[402] WBr. 1, 52.

[403] Spinozas Theorie ist schwerer zu widerlegen als ein reduktionistischer Materialismus; siehe dazu Manfred Frank: Selbstbewußtsein und Selbsterkenntnis, S. 116 ff. Schon Rousseau bestritt, die Materie könne denken und fühlen (Jean-Jacques Rousseau: Émile ou de l`éducation, 4. Buch, S. 358 f.). Und Wieland wollte die Position des Hippias keinesfalls schwächen. So bemängelt er an Platons Darstellungsweise der Sophisten im Kapitel *Über das Historische im Agathon:* "Denn, wiewohl sie unleugbar so schädliche Leute waren, als Plato sagt, so waren sie doch gewiß nicht halb so dumm, als er sie macht; und wie hätten sie auch so schädlich sein können, wenn sie so dumm gewesen wären?" (A 577, Anmerkungsziffer 8)

[404] Vgl. Horst Thomé: Roman und Naturwissenschaft, S. 152, Klaus Oettinger: Phantasie und Erfahrung, S. 68 ff.

Hippias im Elysium eine Leibnizsche These in den Mund zu legen. Da Hippias auf physikalische Erörterungen verzichtet, fällt der Unterschied zwischen dem Selbsterhaltungsstreben der Modi und der Selbstentfaltung der Monaden nicht ins Gewicht. Jedenfalls handelt es sich bei Spinozas "conatus" und Leibniz` 'substantieller Form' um eine Kraft. Mit einem solchermaßen modifizierten spinozistischen System wird indessen eine Metaphysikkritik und ein Wertnihilismus eingeführt, die nicht hinter dem radikalen französischen Materialismus zurückstehen. Fünf Gründe sprechen für eine Anlehnung an Spinoza.

Übereinstimmend mit Spinoza lehnt Hippias erstens einen Gottesbegriff ab, dem zufolge die Welt aufgrund "eines verständigen und freien Entschlusses" (A 62) entstanden sei.

Zweitens kritisiert er anthropomorphe Gottesvorstellungen. Von "Jupiter" und "Venus", an die zu glauben die "Religion unsrer Väter befiehlt" (A 87), hat "kein Mensch in Griechenland den mindesten Begriff" (A 88). Ersatzweise wird der Gott "als ein heroischer Mann" und die Göttin als ein "schönes Weib" (A 88) vorgestellt und verehrt. Aber "alle diese Geister, diese Welten, welche sie bewohnen, und diese Glückseligkeiten, welche man nach dem Tode mit ihnen zu teilen hofft, [haben] nicht mehr Wahrheit [...], als die Nymphen, die Liebesgötter und die Grazien der Dichter" (A 87). Eine "nach Vergnügen lechzende Einbildungskraft" (A 85) malt sich das Reich der Geister aus; "man verbiete den Schöpfern der überirdischen Welten sich keiner irdischen und sinnlichen Materialien zu bedienen, so werden ihre Welten [...] plötzlich wieder in den Schoß des Nichts zurückfallen, woraus sie gezogen worden." (A 87) Religion also ist Mythologie.

Drittens ist das Göttliche immanent: "Wenn eine Gottheit ist, so ist sie entweder die Natur selbst, oder die Urheberin der Natur; in beiden Fällen ist die Stimme der Natur die Stimme der Gottheit." (A 76) In diese These ist das "Deus sive (seu) natura" (Eth. IV, Vorrede) eingeflossen. Die "Stimme der Gottheit" kann als potentia Gottes gedeutet werden, die sich in den einzelnen Dingen als "Stimme der Natur" (potentia) ganz erfüllt. Da sie jedes Lebewesen "zur Erhaltung seines Lebens und seiner Gattung auffordert, oder es vor demjenigen warnet, was seinem Wesen die Zerstörung dräuet" (A 76), gleicht sie Spinozas "conatus".

Viertens gründet Hippias wie Spinoza die Tugend auf Selbsterhaltung und macht Glückseligkeit von einer "Kunst" (A 73), also vom Können der Selbstbehauptung abhängig. Aus dem Selbsterhaltungsstreben ergibt sich der ethische Grundsatz des Hippias: "Suche dein Bestes; oder mit andern Worten: Befriedige deine natürliche Begierden, und genieße so viel Vergnügen als du kannst." (A 100) Doch deswegen empfiehlt er keine uneingeschränkte Lustbefriedigung. "Es ist unleugbar, daß nicht alle Arten und Grade des Vergnügens gut sind." (A 78) Je mehr man weiß, um so sicherer findet man das Bessere, desto eher gelingt es, "zu den höchsten Stufen des Glücks empor zu steigen" (A 104); wer aber nicht weiß, wird unglücklich.

In der ersten Erkenntnisgattung, der imaginatio, ist nach Spinoza eine erfolgreiche Selbsterhaltung, dauerhaftes Glück ausgeschlossen. Ersetzt man die imaginatio durch "Wahn" und "betrogne Einbildung" kommt Hippias in seinen Ausführungen (A 74)[405] zu einem ähnlichen Ergebnis wie Spinoza. Hippias beschreibt die Ohnmacht, den Affektionen Herr zu werden. "Menschliche Maschinen"[406] werden völlig von außen bestimmt, 'verlieren' sich ans Äußere und beurteilen die Dinge bloß nach deren zufälligen Eindrücken auf den eigenen Körper. Hippias rät Agathon: "Um weise zu sein, hast du nichts nötig als die gesunde Vernunft an die Stelle dieser begeisterten Zauberin, und die kalte Überlegung an den Platz eines sehr oft betrüglichen Gefühls zu setzen." (A 75 f.) So wie die ratio bei Spinoza aus der Knechtschaft der Affektionen befreit, macht die spekulative oder die "gesunde Vernunft" als "Stärke der Seele" uns fähig, "das Joch der Phantasie und des Wahns abschütteln, [...] die Leidenschaften in unsrer Gewalt zu haben, zu demjenigen ruhigen Zustand von Genuß und Zufriedenheit zu kommen, der die Glückseligkeit ausmacht" (A 74). Nach Spinoza ist die aus der ratio entspringende Zufriedenheit die höchste, die es geben kann (Eth IV, l. L. 52), und die Freude, die aus der Betrachtung der eigenen Wirkungskraft entspringt,

---

405 "Wahn und Leidenschaften sind die Triebfedern dieser menschlichen Maschinen; beide setzen sie einer unendlichen Menge von Übeln aus, die es nur in einer betrognen Einbildung, aber eben darum wo nicht schmerzlicher doch anhaltender und unheilbarer sind, als diejenigen die uns die Natur auferlegt. Diese Art von Menschen ist keines gesetzten und anhaltenden Vergnügens, keines Zustandes von Glückseligkeit fähig, ihre Freuden sind Augenblicke, und ihre übrige Dauer ist entweder ein würkliches Leiden, oder ein unaufhörliches Gefühl verworrner Wünsche, eine immerwährende Ebbe und Flut von Furcht und Hoffnung, von Phantasien und Gelüsten, kurz eine unruhige Bewegung die weder ein gewisses Maß noch ein festes Ziel hat, und also weder ein Mittel zur Erhaltung dessen was gut ist sein kann, noch dasjenige genießen läßt, was man würklich besitzt." (A 74)

406 Nicht nur die französischen Materialisten, schon Leibniz verwendet diesen Ausdruck, z.B. in der Monadologie § 64, GP VI, 618.

heißt Eigenliebe oder Zufriedenheit mit sich selber (Eth III, L. 55, Anm.). Auch Hippias freut sich über das, was er der Kraft der "gesunden Vernunft" verdankt. Glückseligkeit ist nicht hedonistisch im maßlosen Genuß körperlicher Lust gedacht, sondern beruht darauf, daß das Denken sich aller Dinge bemächtigt. Eben diese Überlegenheit des Geistes wußten und genossen die Sophisten und kümmerten sich nicht darum, daß ihre "Weisheit" ethisch anstößig war. Sie "ist die Geschicklichkeit, sich der Menschen so zu bedienen, daß sie geneigt sind, unser Vergnügen zu befördern, oder überhaupt die Werkzeuge unsrer Absichten zu sein" (A 94). Die Mitmenschen als Mittel zur Beförderung des eigenen Nutzens zu betrachten, kann als Auslegung des Lehrsatzes verstanden werden, der besagt, daß für den Menschen nichts nützlicher sei als ein Mensch, der nach der Leitung der Vernunft lebt, und daß die Menschen einander dann am meisten nützlich sind, wenn jeder am meisten seinen eigenen Nutzen sucht (Eth IV, L. 35, F.1, 2). Denn Hippias hält die auf der "Weisheit der Sophisten" beruhende "Geschicklichkeit" für eine "Gefälligkeit, die aus einer tiefen Kenntnis der Menschen entspringt" (A 95), nämlich aus der Kenntnis des Grundaffekts der Freude. Auf Menschen wirkt man, wenn man ihnen Freude bereitet. Spinoza hält die Freude für unmittelbar gut, da sie die Wirkungskraft des Körpers vermehrt (Eth IV, L. 41). Sie findet mehr und mehr Nahrung, je mehr der Mensch sich vorstellt, von anderen gelobt zu werden (Eth II, L. 53, F.). Die Lehre scheint Hippias in seiner Rede aufzunehmen, wenn der weise Sophist "den Toren in dem Gedanken [bestärkt], daß nichts abgeschmackter sei, als Verstand [zu] haben, den Verschwender in dem Wahn, daß er großmütig, den Knicker in den Gedanken, daß er ein guter Haushalter [...] sei" (A 103). Der Vernünftige, sagt Spinoza, wird sich hüten, die Fehler der Menschen aufzuzählen,[407] denn ein Tadel verursacht Trauer, die die Wirkungskraft des Menschen hemmt.

Die "Geschicklichkeit, jede Gestalt anzunehmen, wodurch wir demjenigen gefällig werden können, auf den wir Absichten haben" (A 95), dient keineswegs dazu, "Hochachtung" zu erreichen, sondern "die Liebe der Menschen zu erlangen; weil wir nur diejenigen lieben können, die uns ähnlich sind, die unsern Geschmack haben oder zu haben scheinen, und so eifrig sind, unser Vergnügen zu befördern" (A 95). Auch nach Spinoza bemüht sich der Vernünftige nicht um Bewunderung oder gar Hochachtung, sondern um die Liebe der

[407] Eth IV, H. 25: "In communibus deinde colloquiis cavebit hominum vitia referre, et de humanâ impotentiâ non nisi parcè loqui curabit [...]."

anderen (Eth IV, H. 25 und III, L. 52, Anm.), um Eintracht und Freundschaft (Eth IV, H. 12). Dazu ist Geschick und Wachsamkeit ("ars et vigilantia") erforderlich (Eth IV, H. 13). Zwar erzeugt auch die Schmeichelei ("adulatio") Eintracht, aber sie bezeugt knechtische Gesinnung ("servitudo") oder Unredlichkeit ("perfidia") (Eth IV, H. 21). Ebenso möchte Hippias die "Gefälligkeit" von der "Schmeichelei" (A 95) unterschieden wissen. Als "Schmeichelei" kann sie nur bezeichnet werden, "wenn sie von den Gnathonen die um die Tafeln der Reichen sumsen, nachgeäffet wird" (A 95).

Fünftens denkt Hippias wie Spinoza über den Staat. Thomé weist darauf hin, daß Hippias sich "in der Vermittlung von Natur und Gesellschaft von der französischen Aufklärung trennt", indem er "die Natur eben nicht als Rechtsgrund für die Reform der Gesellschaft versteht", sondern die "Gesetze der Gesellschaft den Gesetzen der Natur unmittelbar gleichsetzt".[408] Nach Spinoza kommt die positive Gesetzgebung nicht gegen das ursprüngliche menschliche Selbsterhaltungsstreben zustande. Verfassungen sind verfehlt, die sich gegen die Natur und das individuelle Sein richten.[409] Der "Stand der Gesellschaft", meint Hippias, vereinigt "eine Anzahl von Menschen zu ihrem gemeinschaftlichen Besten" (A 100), um sie zu erhalten. So lange sich der Mensch

> im Stande der Natur befindet, ist das Recht, das er an alles hat, was seine Begierden verlangen, oder was ihm gut ist, durch nichts anderes als das Maß seiner Stärke eingeschränkt; er darf alles, was er kann, und ist keinem andern nichts schuldig. (A 100)

Doch in diesem Zustand unterliegt selbst die singuläre "Stärke" dem Spiel der Mächte immer. Recht aber substituiert die Macht. Daher hat Kimmich recht: "Für Hippias ist die Lösung nicht die Übertragung auf einen Souverän wie bei Hobbes, sondern die unverletzbare Integrität und Freiheit des Anderen."[410] "Allein der Stand der Gesellschaft [...] setzt zu jenem einzigen Gesetz der Natur, suche dein eignes Bestes, die Einschränkung, ohne einem andern zu schaden." (A 100) Sofern ein Affekt nur durch einen stärkeren und ihm entgegengesetzten Affekt gehemmt werden kann, schränkt die Furcht vor Sanktionen ("Todesstrafe") und die Freude auf Belohnung und Anerkennung ("Lorbeerkränze und Statuen" (A 100)) das Naturrecht ein.

---

[408] Horst Thomé: Roman und Naturwissenschaft, S. 155.

[409] Vgl. Wolfgang Bartuschat: Spinozas Theorie des Menschen, S. 224 ff.

[410] Dorothee Kimmich: Epikureische Aufklärungen, S. 189.

Und so ist denn seine Rede insgesamt eine Replik auf jenes System, das der Freiheit und Verantwortung nicht den geringsten Spielraum einräumt, weil die Naturkräfte letzter Grund menschlichen Geistes sind.
Aber hat Agathon eine bessere Überzeugung?

### Agathons philosophische Meinung

In den philosophischen Ansichten Agathons, der sich für einen im "tierischen Leib" eingekerkerten "Geist" hält und es für möglich hält, daß "Tiere und Pflanzen" auch "Geister" (A 59) seien, erkennt die Forschung platonisch-leibnizsche Elemente[411] oder erklärt sie als "Amalgam aus Leibnizscher Metaphysik, protestantischer Religion und empiristischer Theorie".[412] Nach Leibniz können Monaden, "les veritables Atomes de la Nature" nur durch Schöpfung entstehen.[413] Agathon meint, "diese kleinen Atome des ganzen Weltalls" (A 61) müsse der "Oberste Geist" (A 60) hervorgebracht haben. Als eine komprimierte Fassung der Ansichten Leibniz` nehmen sich Agathons Ausführungen aus, wenn er Danae von seiner "Philosophie" (A 207) erzählt. Sie verbannt "alles Unempfindliche und Tote aus der Natur" (A 207) gleich der Leibnizschen Philosophie, denn "il n`y a rien d`inculte, de sterile, de mort dans l`univers, point de Chaos, point de confusions qu`en apparence".[414] So denkt Agathon, daß sie "jeden Punkt der Zeit mit verborgnen Begebenheiten [...] befruchtet, welche für künftige Ewigkeiten heranreifen" (A 207), denn jede geschaffene Substanz, "exprime quoyque confusement tout ce qui arrive dans l`univers, passé, present ou avenir".[415] Die "verborgnen Begebenheiten" erklärt Leibniz insofern, als " une Ame ne peut lire en elle même que ce qui y est representé distinctement, elle ne sauroit developper tout d`un coup ses replis, car ils vont à l`infini."[416] Die von Agathon bezeichnete "majestätische

---

411 Vgl. Horst Thomé: Menschliche Natur und Allegorie sozialer Verhältnisse, S. 211 ff., ders.: Roman und Naturwissenschaft, S. 158 f.; Erich Groß: C. M. Wielands "Geschichte des Agathon", S. 106 f.

412 Walter Erhart: Entzweiung und Selbstaufklärung, S. 106.

413 Monadologie § 3 und § 6, GP VI, 607.

414 Ebd. § 69, GP VI, 618 f.

415 Discours de metaphysique § 9, GP IV, 434.

416 Monadologie § 61, GP VI, 617.

Symmetrie" in "der Natur" (A 207) nennt Leibniz "Harmonie parfaite".[417] Auch Agathons Meinung vom "einzigen Staat" der "Wesen" und der zukünftigen "Wonne" (A 208) findet sich bei Leibniz, denn "l`assemblage de tous les Esprits doit composer la Cité de Dieu, c`est à dire le plus parfait état qui soit possible sous le plus parfait des Monarques."[418]
Doch Agathons "Orphische Philosophie" (A 206 f.) unterscheidet sich durch einen markanten Punkt. Leibniz läßt Gott nicht ohne Grund handeln. Agathon verzichtet auf das Prinzip des zureichenden Grundes und schafft der Freiheit Platz. Für ihn ist die Welt "das Werk eines verständigen und freien Entschlusses" (A 62) und Freiheit der Inbegriff des Unbedingten wie in Jacobis "Unphilosophie" und der "Lebensphilosophie" des Archytas. Wenn Hippias verlangt, Agathon möge die Möglichkeiten einer Weltentstehung durch "die ungefähre Bewegung der Elemente" oder "nach den Gesetzen einer unveränderlichen Notwendigkeit", wie sie Spinoza lehrte, "vernichten" (A 63 f.), weicht er auf Evidenzen aus: "Ich brauche zu meiner eignen Beruhigung keinen so weitläufigen Weg. Ich sehe die Sonne, sie ist also; ich empfinde mich selbst, ich bin also; ich empfinde, ich sehe diesen obersten Geist, er ist also." (A 62)
Der "Geist", für den sich Agathon hält, ist das aller Theorie vorhergehende wahre Sein, das zu fühlen ist. Zwar spricht Agathon hier von einem Empfinden des eigenen Selbst und des "obersten Geistes", aber erstens wird auf Agathons Überfahrt nach Sizilien mit Bezug auf diese Stelle der Ausdruck 'Empfinden' durch 'Gefühl' ersetzt: (ein "Gefühl, durch dessen Zeugnis er die Schlüsse des Sophisten zu entkräften vermeint hatte" (A 344)). Zweitens verändert Wieland Agathons Antwort in der zweiten Romanfassung[419] zu: "ich fühle, daß ich selbst bin" (B I, 126).
Diese präreflexive Gewißheit vom Selbstsein bezeugt das "Dasein" eines frei, grund- und bedingungslos handelnden "obersten Geistes". Das Selbstgefühl entkräftet Hippias` Theorie der Weltentstehung, doch noch ist Agathon kein Wissender, der diesen Sachverhalt explizieren kann. Die Forschung hält

---

[417] Ebd. § 87, GP VI, 622.

[418] Ebd. § 85, GP VI, 621.

[419] Zitate aus Christoph Martin Wieland: Agathon, 4 Theile, Leipzig: Weidmanns Erben und Reich 1773, erscheinen unter dem Sigle 'B' mit nachstehender Angabe der Teile und der Seitenzahl im fortlaufenden Text.

Agathons Antwort für "wenig überzeugend",[420] weil ihr Agathons Antwort vom Sensualismus geborgt scheint.[421] Indessen sind Fühlen und Empfinden einander entgegengesetzt, deren Materien – das wahre Sein und das "tierische" Seiende - ontologisch differieren.
Auf die Frage: "Was für ein untrügliches Kennzeichen hast du, das Wahre von dem was nur scheint [...] zu unterscheiden?", kann Agathon nur antworten: "Darum bekümmere ich mich wenig." (A 62) Die präreflexive Gewißheit ist das "untrügliche Kennzeichen" für das "Wahre"; aber Agathon weiß es nicht und deshalb ist er unfähig, "das was du richtig empfindest, von dem was eine verstimmte Nerve dich empfinden macht, zu unterscheiden" (A 62). Auch verkennt er die "Würkung [...] des alles beseelenden Geistes" (A 63). Sie ist bei jedem Fehltritt als Gewissen zu spüren, aber Agathon glaubt, "sie erheitert, sie beruhiget, sie ermuntert mich; sie zerstreut meinen Unmut, sie belebt meine Hoffnung, sie macht, daß ich in einem Zustande nicht unglücklich bin" (A 63). Solche Affekte rühren aber von einer beschaulichen Umgebung. Ein Sonnenuntergang ließ Agathon alle "widrigen Umstände" und den ganzen "Kummer" (A 22) vergessen, daß er "seines Vermögens, seiner Freunde, seines Vaterlands beraubt, allen Zufällen des widrigen Glücks und selbst der Ungewißheit ausgesetzt [...] war" (A 21). Ebensowenig kann er selbst seine "Beschauungen" (A 58) einer "bessern Zukunft" als "nächtliche Spiele der Phantasie" (A 57) und Auswüchse seiner Einbildungskraft erkennen. Vielmehr hält er diese Schwärmerei für "Blicke, welche der Geist in der Stille und Freiheit" (A 57) tut. Auf diese Weise mißbraucht er seinen "Geist" (Vernunft$_2$) als Vorstellungsvermögen des Übersinnlichen und verwandelt den "natürlichen Gebrauch in den unnatürlichen" (WG 24, 44).

Weder Agathon noch Hippias können Ideen richtig gebrauchen, Hippias

---

[420] Werner Frick: Providenz und Kontingenz, S. 397; Gerd Hemmerich: Werkinterpretation, S. 48 f.

[421] Sybille Gössl: Materialismus und Nihilismus, S.51: "Descartes` 'cogito ergo sum' wird umgewandelt in ein 'ich empfinde, also bin ich'. Damit ist Agathon aber keineswegs in die Falle des Sensualismus geraten, sondern er nimmt die Schärfe des sensualistischen Arguments für seine Position in Anspruch, die nun ebenso wie die des Hippias unwiderlegbar wird." Vgl. Gerd Hemmerich: Werkinterpretation, S. 48; Walter Erhart: Entzweiung und Selbstaufklärung, S. 106.

> will [...] nicht leugnen, daß es Götter, Geister oder vollkommnere Wesen als wir sind, haben könne oder würklich habe. Alles was meine Schlüsse zu beweisen scheinen, ist dieses, daß wir unfähig sind, uns eine richtige Idee von ihnen zu machen, oder kurz, daß wir nichts von ihnen wissen. Wissen wir aber nichts, weder von ihrem Zustande noch von ihrer Natur, so ist es für uns eben so viel, als ob sie gar nicht wären. (A 88)

Er ist "unfähig", sich "eine richtige Idee von ihnen zu machen," weil er die "Geister" als selbständige Gegenstände einer zweiten anderen Welt auffaßt, die der empirischen Erkenntnis unzugänglich ist. Agathon jedoch unterstellt in seiner Schwärmerei einen Übergang zwischen zwei Welten. Er malt sich den "Zustand der Geister" aus, "die im Anschauen des wesentlichen Schönen, des Unvergänglichen, Ewigen und Göttlichen, Jahrtausende durchleben" (A 58 f.). Und Hippias hat ganz recht, daß diese Idee vom Göttlichen "aus den sinnlichen Wollüsten, oder den feinern und geistigern Freuden" (A 88) zusammengewürfelt ist. Da aber Agathon mit seiner Verdinglichung der Ideen den gleichen Fehler macht wie Hippias, kann er nicht wie Archytas den "Hippiassen" vorhalten, ihre Maxime, "*was über uns sei, gehe uns nichts an*, [sei] der rasche Schluß einer zum Dienst der Sinnlichkeit erniedrigten Vernunft, die sich selbst ihre verlorne Würde zu verbergen sucht, und auf ihr edelstes Vorrecht Verzicht tut." (A 750 f.)

Agathon glaubt, über "Tugend und Religion" Bescheid zu wissen. Aber nicht "den unauslöschlichen Zügen, womit ihr Bild in unsre Seelen eingegraben ist, [...] ist es zuzuschreiben, [...] daß unter diesen Menschen noch ein Schatten von Sittlichkeit und Güte zu finden ist" (A 110), wie Agathon Hippias "ganz glühend" zu belehren versucht, sondern dem wahren Seinsgefühl. Das Gefühl ist "unauslöschlich", nicht jedoch die "Züge" eines Tugend- und Religionbildes, das sich die "Seele" macht. Es "zieht uns zu Wahrheit, Ordnung und Güte", nicht etwa der "geheime und wunderbare Reiz" eines Tugendbildes (A 110). Durch ein "Bild" werden "Tugend und Religion" zu Zielpunkten eines thematischen, gegenständlichen Wissens. Wer sich eine Sache oder ein Ding bildlich vorstellen kann, ist deswegen allein noch nicht fähig, mit dem Ding sachgerecht umzugehen. Um eine Sache zu gebrauchen, muß man auf den Zweck sehen. Eine zum "Bild" verdinglichte Idee ist gleichsam nicht zu gebrauchen, sie ist um ihre handlungsbestimmende Funktion gebracht und wird unausweichlich zu einem Phantasiegebilde.

## Zusammenfassung

Als Vorlage für die Auseinandersetzung zwischen Agathon und Hippias scheint Wieland Platons Gigantomachieabschnitt im *Sophistes*[422] gewählt zu haben. Wie die Materialisten und die Ideenfreunde im *Sophistes* können Hippias und Agathon mit den Ideen nicht richtig umgehen und ihren Streit nicht ohne Hilfe entscheiden.[423] Gleich ihnen bringen sich beide um das aller Theorie vorhergehende Sein, indem Agathon in seiner Schwärmerei seinen "Geist" (Vernunft$_2$) zum Vorstellungsvermögen des Übersinnlichen macht und Hippias die "Stimme der Natur" mit der "Stimme der Gottheit" identifiziert. Beide können die Irrtümer und Inkonsistenzen des Partners nicht aufdecken. Die Intention des Hippias, Agathons Selbstverständnis zu brechen, schlägt auf ihn selbst zurück. Unbeabsichtigt erschüttert Agathon mit seinem Eigendünkel dessen Selbstverständnis: "Agathon, wenn er das würklich wäre, was er zu sein schien, wäre (dachte der weise Mann nicht ohne Grund) eine lebendige Widerlegung seines Systems." (A 113) Freilich gesteht er Agathon seine Unwissenheit nicht ein, aber er zeigt sie, indem er im Komplott mit Danae gegen Agathon einen "Anschlag" (A 114) verübt. Er will um jeden Preis seine Meinung bestätigt sehen, weil er über kein täuschungsfreies Wissen verfügt.

Wieland hat also in das Gespräch zwischen Hippias und Agathon nicht nur "zwei Konzeptionen von 'Aufklärung'"[424] eingekleidet, vielmehr dient ihm das Gespräch als Methode zu einer Wahrheit, die Thesis nicht werden kann. Er erzählt die Aporie, die durch Vergegenständlichung von Ungegenständlichem entsteht und hofft, man werde den Ausweg im Unthematischen finden. Doch die ältere Forschung bemängelt die "epische Integration"[425] des Diskurses und die neuere nimmt die "blockartige, quasimonologische Exposition" als "das erzählstrukturelle Indiz ihrer Folgerichtigkeit und inneren Stringenz"[426] und

[422] Sophistes 245a - 250a.

[423] Vgl. dazu Wolfgang Wieland: Platon, S. 106 ff.

[424] Walter Erhart: Entzweiung und Selbstaufklärung, S. 105.

[425] Hermann Meyer: Zum Problem der epischen Integration, S. 303, vgl. Heinrich Vormweg: Die Romane Chr. M. Wielands, S. 333 f.

[426] Werner Frick: Providenz und Kontingenz, S. 426.

behauptet, Hippias sei "im Recht"[427] oder seine "richtige Theorie" führe "zur falschen Praxis".[428]

## Agathons Scheinwissen in der Praxis

Hippias, der bisher keinem einzigen begegnet war, "der [s]eine Begriffe von der menschlichen Natur nicht bestätiget hätte" (A 113), konnte Agathon nicht überzeugen und wird durch seinen Mißerfolg verunsichert. Weil Agathon anders als Hippias keine Gesprächsabsicht verfolgte, konnte sein Dünkel durch die Aporie nicht erschüttert werden. Er muß Selbstzweifel erst noch durch seine Mißerfolge auf privater und öffentlicher Ebene kennenlernen. Da er endlich unsicher wird, gerät er in eine ausweglose Lage: Er weiß nicht mehr, was er glauben soll. Sein Zweifel hat seinen Grund darin, daß sein Wissen und Meinen bivalent und objektivierbar sind. Das aller Theorie vorhergehende Sein Agathons soll zuerst nachgewiesen werden, um zu zeigen, daß er es in der Liebe zu Danae, bei der Fürstenerziehung und beim Grübeln über sein Scheitern verfehlt, daß all sein Handeln und Denken als Verirrung zu lesen ist.

### Zeichen des wahren Seins

Das wahre Sein Agathons macht Wieland unter verschiedenen Namen kenntlich:

- "richterliche Vernunft" (A 189)
- "ein geheimes Gefühl seiner Erniedrigung" (A 190)
- "unparteiische Vernunft" (A 325)
- "ein gewisses innerliches Gefühl, welches ihr [der Eigenliebe] widersprach, und welches vielleicht das gewisseste Merkmal der Freiheit unsers Willens ist" (A 326)
- "dieses innerliche Gefühl, durch dessen Zeugnis er die Schlüsse des Sophisten zu entkräften vermeint hatte" (A 344)

---

427 Hans-Jürgen Schings: Melancholie und Aufklärung: Melancholiker und ihre Kritiker in Erfahrungsseelenkunde und Literatur des 18. Jahrhunderts, Stuttgart 1977, S. 199.

428 Horst Thomé: Menschliche Natur und Allegorie sozialer Verhältnisse, S. 214; vgl. Walter Erhart: Entzweiung und Selbstaufklärung, S. 108.

- "Stimme seines Herzens" (A 497)

All diese Bezeichnungen verweisen auf das, was den Menschen zum Menschen macht: das wahre Sein, das wesensmäßig "Geist" oder Vernunft$_2$ ist und sich in einem "Gefühl" äußert. Man erkennt es erstens daran, daß die "richterliche Vernunft", das "innerliche Gefühl" oder die "Stimme seines Herzens" den Scheinwahrheiten der bedingten "tierischen Natur" widersprechen. Die "richterliche Vernunft" will nicht gelten lassen, was Agathon aus "Amor" und "Eigenliebe" glaubt: daß sich der "Unterschied zwischen ihm und Hippias" kein bißchen verringert habe (A 189). Ein "gewisses innerliches Gefühl" widerspricht, als die "Eigenliebe" Agathon einredet, sich von Danae zu lösen, sei "unmöglich" gewesen (A 326). Die "Stimme seines Herzens" mißbilligt, daß er Platons Rede von der "Würde dieser menschlichen Natur" für ein "Märchen aus einer andern Welt" hält (A 497). Also hat Agathon wie Archytas einen "Angeber in [s]einem Busen, dessen Wachsamkeit nicht der kleinste Fehltritt" entgeht (A 753). Gleiches hat Wieland in der *Unterredung mit dem Pfarrer von **** versichert:

> Hingegen dürfen wir uns darauf verlassen, daß der *Deus in nobis*, - dieser unbestechliche Richter in unserm Busen, der uns, je nachdem wirs verdienen, billigt oder tadelt, entschuldigt oder verdammt, - auch die verzärtelste Eigenliebe nöthigen werde, ihre Gestalt, wie häßlich sie seyn mag, in *einem wahren Bilde* zu erkennen. (WG 30, 517)

Das wahre "geistige" Sein erlaubt keine Unwahrheiten und rügt Verfehlungen. Als er sich Hippias überlegen wähnt, spürt Agathon "ein geheimes Gefühl seiner Erniedrigung". Als ihn seine Eigenliebe nach dem Traum von Psyche mit dem Status quo aussöhnt, verhindert die Selbsttäuschung nicht, "daß, diesen ganzen Tag über, ein Eindruck von Schwermut und Traurigkeit in seinem Gemüte zurückblieb" (A 197). Doch Agathon bemerkt nicht, "daß eben dieses ein vollständiger Beweis sei, daß es nicht so richtig mit ihm stehe, als er sich selbst zu überreden suchte" (ebd.). Die Bedeutung solcher Niedergeschlagenheit spricht Archytas aus:

> Aber selbst in diesem schmählichen Zustande dringt sich ihm ein g e h e i m e s G e f ü h l seiner höhern Natur wider Willen auf; er ist weit entfernt sich in seiner E r n i e d r i g u n g wohl zu befinden; er macht sich selbst Vorwürfe über jede seiner unwürdige Gefälligkeit gegen die Tyrannen, deren Ketten er sich zu tragen schämt; und die ewige Unruhe in seinem Innern, das s t e t e B e s t r e b e n s e i n e i g e n e s B e w u ß t s e i n z u ü b e r t ä u b e n, das häufige Wechseln der Gegenstände seiner Begierden und Leidenschaften, das ewige Sehnen nach einem unbekannten Gute, dessen er bei jeder Veränderung vergebens habhaft zu werden hofft, - b e w e i s e t überflüssig, wie wenig Befriedigung er in jenen Genüssen findet, und daß keine Glückseligkeit für ihn

> ist, so lang` ihm ihre r e i n s t e Q u e l l e i m G r u n d e s e i n e s e i g e n e n W e s e n s v e r b o r g e n u n d v e r s c h l o s s e n i s t . (A 761) (Hervorhebungen von C. H.)

Zweitens, das "gewisse innerliche Gefühl, welches [der Eigenliebe] widersprach", ist das "gewisseste Merkmal der Freiheit unsers Willens". Sowohl sich den Täuschungen der empirischen Natur zu widersetzen als auch sich frei zu fühlen, setzt das wahre Sein voraus, das der Naturkausalität vorhergeht.
Drittens, das "gewisse innerliche Gefühl" ist nie an Vorstellungen, Erinnerungen oder Phantasien gebunden, wie es die Empfindungen und Gefühle der organisierten, empirischen Natur Agathons sind. Die "unbeschreibliche Empfindung (wie er dasjenige nannte was ihm die schöne Danae eingeflößt hatte) dieses ich weiß nicht was", steigerte sich "im Lauf von wenigen Tagen" (A 147) und vergeht schließlich; insofern liegt die Kontingenz des Emotionalen offen. Jedoch zeichnet sich das "innerliche Gefühl" durch Konstanz aus, welche die Substantialität des wahren Seins indiziert. Ob das wahre Sein ein Fehlverhalten unparteiisch tadelt oder ob das empirische Ich aus verletzter Eitelkeit zu Selbstvorwürfen ausholt, ist also unterscheidbar. Nachdem Agathon erfahren hatte, daß schon Hippias und Hyacinth mit Danae schliefen, klagt er sich selbst an: "eine so lange Zeit ohne irgend eine lobenswürdige Tat, verloren für seinen Geist, verloren für die Tugend, verloren für sein eigenes und das allgemeine Beste" etc. (A 324). Nicht das "wahre", sondern das empirische Ich, genauer, "der Affekt einer allzufeurigen, aber mit angeborner Liebe zur Tugend durchdrungenen Seele" (A 324) treibt ihn zu solchen selbstzermürbenden Vorstellungen. Ihre Wurzel ist verletzter Hochmut. Die "unparteiische Vernunft" evoziert keine "gelbsüchtigen Vorstellungen" (ebd.), seine "allezeit zu warme Einbildungs-Kraft" malt "seine Vergehungen und den Gegenstand derselbigen würklich in einem weit häßlichern Lichte [...], als die gelassene und unparteiische Vernunft getan haben würde" (A 325).

Wie Sokrates, der seine jeweiligen Partner zwingt, sich als die zu zeigen, die sie eigentlich sind, bringt Wieland das vermeintliche Selbstverständnis Agathons ans Licht. Er zeigt, daß Agathon sein wahres Selbst und mithin das Wahre und Gute wieder und wieder verfehlt. Auf seinem Bildungsgang von Smyrna nach Syrakus wird nicht eine falsche Meinung geläutert, sondert eine an sich wahre Meinung von der Existenz eines "obersten Geistes" in eine falsche pervertiert.

### Verfehlen des wahren Seins in der Liebe

Wieland war laut seiner Schrift *Über den freyen Gebrauch der Vernunft in Glaubenssachen* überzeugt, "daß (nach dem klaren Ausspruch *Christi* und seines *Lieblingsjüngers*) reine und thätige *Liebe* der *Menschen*, die wir *sehen*, das untrüglichste Kennzeichen unserer Liebe zu *Gott*, den wir *nicht sehen*, ist" (WG 29,123). In *Briefe an einen Freund über eine Anekdote aus J.J. Rousseaus geheimer Geschichte seines Lebens* heißt es: "*eigentliche Liebe*, Liebe in der einzigen Bedeutung, welcher dieses schöne Wort geheiligt seyn sollte", ist "*tugendhafte Liebe*", die "lieber jede Todesart" erleidet, als den Geliebten zu verraten (vgl. WG 15, 214 f.).[429] Wahre Liebe ist beständig, uneigennützig, begierde- und leidenschaftslos. Sie geht aus dem "wahren Ich" hervor und setzt "höchste Weisheit" voraus.
Von Agathons und Danaes Beziehung erzählt Wieland, um "die schädlichen Folgen der Liebe, in so ferne sie eine heftige Leidenschaft für irgend einen einzelnen Gegenstand ist; (denn von dieser Art von Liebe ist hier allein die Rede)" (A 331), zu illustrieren. Also soll die "intellektualische Liebe" (A 151) Agathons und Danaes als falsch und unecht durchschaut werden, ohne daß Wieland ein Beispiel wahrer Liebe vorführt.

Schon die physische Basis kennzeichnet Agathons Liebe als unbeständig. Wen oder was Agathon liebt, entscheidet die Stärke der Affektionen. Psyche hat er

[429] "Wenn es also *Liebe* heißen soll, was der junge Rousseau (man vergesse nicht daß er ein Knabe von funfzehn oder sechzehn Jahren war) für das Dienstmädchen Mariane fühlte, so war es wenigstens (wie Herr B. sehr wohl anmerkt) keine *tugendhafte Liebe*, wiewohl ich darum nicht gleich so weit gehen möchte zu vermuthen, daß Rousseau das goldgestickte Band dem Mädchen Anfangs zugedacht habe, '*vermuthlich um sie dadurch zu unedeln Gunstbezeigungen geneigt zu machen.*' - So arg wars doch wohl *vermuthlich* nicht! Denn eine Liebe, die nicht rein und edel genug ist, um den Nahmen einer *tugendhaften* zu verdienen, ist darum noch nicht *lasterhaft*. Kurz, diese Liebe war die Liebe eines jungen Menschen zu einem – Dienstmädchen im Hause; dieß ist alles was sich davon sagen läßt, und ein Wörtchen mehr würde zu viel seyn. Es läßt sich also von diesem Umstande keine Folgerung, um Rousseaus Verbrechen schwärzer zu machen, ableiten. Daß das Mädchen '*vielleicht die edelsten Empfindungen für ihn gefühlt,*' wird ohne allen Grund vorgegeben, und was *Er* für das Mädchen fühlte, war doch wohl nur Liebe in dem Sinne, wie dieß Wort im sechs und zwanzigsten Buche der Deutschen Übersetzung von *Hallers Fysiologie* gebraucht wird. Wäre es *eigentliche Liebe*, Liebe in der einzigen Bedeutung, welcher dieses schöne Wort geheiligt seyn sollte, gewesen: so hätte ihm auch nur der bloße Gedanke sie anzuklagen nie zu Sinne kommen können; er würde, sogar wenn sie wirklich schuldig gewesen wäre, lieber jede Todesart erlitten, eher sich selbst des Diebstahls angeklagt, *als sie verrathen haben.*" (WG 15, 214 f.)

nur geliebt, "weil ihm die Erinnerungen, die er von ihr hatte, angenehmer waren, als die Empfindungen, die ihm irgend eine andre Schöne einzuflößen vermocht, oder weil er bisher keine andre gesehen hatte, die so sehr nach seinem Herzen gewesen wäre." (A 134) Daher widerstand Agathon den Verführungen Cyanes und erlag den Reizen Danaes auf ganz mechanische Weise.

> Und wie hätte ihn auch das Bild seiner abwesenden Geliebten noch länger beschäftigen können, da alle Anschauungskräfte seiner Seele, auf diesen einzigen bezaubernden Gegenstand geheftet, ihm kaum zureichend schienen, dessen ganze Vollkommenheit zu empfinden; da er diese sittliche Venus mit allen ihren geistigen Grazien würklich vor sich sah, zu deren bloßen Schattenbild ihn Psyche zu erheben vermocht hatte? (A 136)

Aufgrund seiner Schwärmerei und Idealisierung ist sich Agathon des mechanischen Charakters seiner Liebe zu Psyche und Danae nicht bewußt. Ja er weiß noch nicht einmal, daß er Danae begehrt, denn es "ist gewiß, daß er weit davon entfernt war nur zu argwohnen [...], eine Nebenbuhlerin in seinem Herzen zu finden, welches er von Psyche allein ausgefüllt zu sehen gewohnt war" (A 135). Auch wenn die "Leidenschaft" und das "Verlangen" auftritt, Danae wiederzusehen, setzt er nicht das "geringste Mißtrauen in die Unschuld seiner Gesinnungen" (A 141). In Danae, der Hetäre und Gesinnungsgefährtin des Hippias, glaubt Agathon eine "sittliche Venus", eine "Göttin" (A 146) und "ideale Vollkommenheit" (A 138) zu finden. Doch eine solche Danae existiert ausschließlich in seiner Einbildung. Sobald Hippias Agathons Phantasiebild zerstört, indem er von seinem Liebesverhältnis mit Danae erzählt, verwandelt sich Agathons "Hochachtung" (A 326) für Danae in "Verachtung" (A 327). Seine Enttäuschung und die angenehme Vorstellung, Platon in Syrakus bei der "Verwandlung eines zügellosen Tyrannen in einen guten Fürsten" (A 337) zu unterstützen, reichen aus, um Danae zu verlassen.

Um die schädlichen Folgen der geistigen Liebe zu verdeutlichen, zitiert der Erzähler die Rede des Sokrates an den "jungen Xenophon, welcher nicht begreifen konnte, daß es eine so gefährliche Sache sei, einen schönen Knaben, oder nach unsern Sitten zu sprechen, ein schönes Mädchen zu küssen".

> 'Glaubst du, du würdest deine Freiheit behalten, oder nicht vielmehr ein Sklave dessen werden, was du liebest? wirst du nicht vielen Aufwand auf schädliche Wollüste machen? Meinst du, es werde dir viel Muße übrig bleiben, dich um irgend etwas großes und Nützliches zu bekümmern, oder du werdest nicht vielmehr gezwungen sein, deine Zeit auf Beschäftigungen zu wenden, deren sich so gar ein Unsinniger schämen würde?' (A 332)

"Intellektualisch" zu lieben versklavt nicht minder, weil die Idealisierung und Schwärmerei das Gute in einer anderen Person objektiviert.

> Selbst die unschuldigste Liebe, selbst diejenige, welche in jungen enthusiastischen Seelen so schön mit der Tugend zusammen zustimmen scheint, führt ein schleichendes Gift bei sich, dessen Würkungen nur desto gefährlicher sind, weil es langsam und durch unmerkliche Grade würkt - (A 332).

Nur wer die Ursache seines eigenen wahren Seins achtet, kann den anderen wahrhaft lieben und seine "Freiheit behalten". Unfreiheit ist der Modus der idealen Liebe und Kennzeichen fehlender Moralität. Auch mit den vielen Zufällen im Romangeschehen - Rettung Agathons aus den Fängen rasender Mänaden, Wiederfinden und Trennung von Psyche, Wiederfinden seines Vaters, Einladung nach Syrakus etc.- signalisiert Wieland, daß Agathon der Naturnotwendigkeit gehorcht und nichts aus freiem Willen tut. Wieland hat nicht die Kontingenz "teleologisch integriert" und die dargestellte Welt "von Leibniz her konzipiert", wie Oettinger meint.[430] Vielmehr griff er auf Platons Freiwilligkeitsbegriff zurück und legte der *Geschichte des Agathon* eine "universale Teleologie" zugrunde.[431] Nach dieser platonischen Auffassung ist dem Menschen ein letztes Ziel vorgegeben, "über dessen Charakter [er] sich irren mag, das zu erreichen er vielleicht sogar unfähig ist, dem er aber trotzdem nicht wissentlich und willentlich entgegenhandeln kann."[432]

Mit der Diskrepanz zwischen Rede und Tat verweist Wieland auf Agathons Unkenntnis von seinem "wahren Ich" und dem vorgegebenen letzten Ziel. Die Beschuldigung des Hippias, die Reize Cyanes haben "die Begierde in dir erregt, ihrer zu genießen" (A 107), bestreitet Agathon. Doch was er Hippias versichert: "Ich mache [...] einen Unterschied zwischen einem mechanischen Instinkt, der nicht gänzlich von mir abhängt, und dem Willen meiner Seele" (A 107), stimmt mit seinem Tun nicht überein. Nicht aus freiem "Willen", sondern auf ganz "mechanische" Weise widerstand er Cyane, indem das "Schlüpfrige, das ihm an ihrer ganzen Person anstößig war, [...] das Reizende" auslöschte (A 71). Wenn er willentlich handeln würde, wie er behauptet, dann würde er Danae nicht begehren und seine "Freiheit behalten".

Seine Forderung an die Liebe weicht von seiner Praxis ab. Die Tänzerin Psyche, die die Geschichte des Apollo und der Daphne" (A 129) pantomimisch aufführt und sich im Fliehen nach dem schönen Apollo umsieht (A

---

430 Klaus Oettinger: Phantasie und Erfahrung, S. 99 f.; vgl. auch Werner Frick: Providenz und Kontingenz, S. 446 ff.

431 Vgl. oben S. 86.

432 Wolfgang Wieland: Platon, S. 268.

129), kritisiert er, weil "sie vielleicht aus allzugroßer Begierde zu gefallen, den Charakter verläßt, den sie vorstellen soll" (A 129). Der "Charakter, den Daphne nach meiner Idee haben soll, ist Gleichgültigkeit und Unschuld" (A 130). Gleichgültige Liebe heißt für Agathon Begierdelosigkeit, sinnenfreies Interesse oder interesseloses Wohlgefallen, wie er meint, Psyche zu lieben, nämlich "so rein, so tugendhaft [...], wie sich im hohen Olymp die Unverkörperten lieben" (A 195). Da er sie aber tatsächlich sinnlich liebt, besteht eine Inkonsistenz zwischen Meinung und Tat, die sich auf seine Urteilsfindung auswirkt. Sein moralisches Urteil über die Tänzerin entsteht durch Vergleich "beider Psychen [...] mit einem Vorurteile, welches der Abwesenden so günstig war, daß die Gegenwärtige ihr nur zum Schatten dienen mußte" (A 135). Zwar hat er recht, daß die Tänzerin keine sittliche Liebe vorführt, aber seine Liebe zu Psyche kann er nicht gerecht beurteilen. Und diese Unfähigkeit – ein Zeichen des fehlenden unthematischen Wissens seiner selbst und wahrer Liebe – zeigt sich auch darin, daß er seine Meinung von einer gleichgültigen Liebe, die von den Anwesenden belächelt wird, nicht verteidigen, explizieren und verständlich machen kann: "Ich ergebe mich [...], die Tänzerin hat alles getan, was man von ihr fodern konnte, und ich war lächerlich zu erwarten, daß sie die Idee ausführen sollte, die ich von einer Daphne in meiner Phantasie habe." (A 131) Lächerlich ist vielmehr, daß er sich in der Tanzdarbietung nicht wiedererkennt. Denn was er an der Tänzerin auszusetzen hat, praktiziert er selbst fast im gleichen Moment, indem er mit seinen "Augen die schöne Danae zu verschlingen" (A 128) scheint.

Agathons Idee der "Unschuld", die Danae so nachahmen kann, "daß ein jeder andrer als Agathon dabei in Gefahr gewesen wäre, die seinige zu verlieren" (A 136), ist Ausdruck seiner Ahnungslosigkeit vom Mechanismus seiner "tierischen Natur". "Kaum scheint er zu wissen, daß er einen Leib hat", und tut "alles auf eine geistige Art [...], was wir andere körperlich tun" (A 118).

Ferner ist Agathon inkonsistent, da seine gegen Hippias vertretene Meinung, "die Ideen von Tugend und sittlicher Vollkommenheit" seien keine "Phantasien" (A 110), seinem Tun entgegengesetzt ist. Er macht sie zu Phantasiebildern, indem er diese "Ideen" bald in Danae bald in Psyche verdinglicht sieht. Sein Fehler ist es, "die Bilder der Psyche und der Tugend [...] zu vermengen" (A 197). Es ist nicht so, wie Kurt Wölfel glaubt, daß Danae "die '*ideale Voll-*

*kommenheit*, die Agathon in ihr erblickt, als Möglichkeit in sich birgt".[433] Noch "löst" der Erzähler "das Problem" im Kapitel *Pantomimen* "poetisch", Agathon aus "seinem *'Platonismus'* herauszuführen, ohne ihn in das entgegengesetzte Extrem eines Hippiaschen *'Materialismus'* geraten zu lassen".[434] Denn der Erzähler hält die "ideale" für eine "schimärische Vollkommenheit, welche man nachzuahmen eben so wenig wahren Vorsatz als Vermögen hat" (A 160). Und die "romanhaften Helden", die in Ritterbüchern vollkommen sind, seien "moralische Grotesken [...], welche eine müßige Einbildungskraft ausbrütet" (A 163). Die "Redlichkeit gegen mich selbst", klärt Archytas Agathon auf, "ist das, was deine Liebe zu mir nur sehr uneigentlich *Vollkommenheit* nennt – denn dieses ist ein Ziel, das wir nie ergreifen werden" (A 751).
Weil er die " Ideen von Tugend und sittlicher Vollkommenheit" verdinglicht, stimmt seine Rede über Moral nicht mit seinem Tun überein. Er verurteilte die "Grundsätze" des Hippias:

> Wenn alles an sich selbst recht ist, was meine Begierden wollen; wenn die ausschweifenden Forderungen der Leidenschaft unter dem Namen des Nützlichen, den sie nicht verdienen, die einzige Richtschnur unsrer Handlungen sind; wenn die Gesetze nur mit einer guten Art ausgewichen werden müssen, und im Dunkeln alles erlaubt ist; wenn die Tugend, und die Hoffnungen der Tugend nur Schimären sind; was hindert die Kinder, sich wider ihre Eltern zu verschwören? (A 109)

Aber er tat, was "er ehmals mißbilliget hatte [...]; seine Sittenlehre wurde unvermerkt freier und gefälliger" (A 150). "Vor Begierde der Beherrscherin seines Herzens zu gefallen" (A 150), erfand er immer neue "Feste und Lustbarkeiten" (A 153). So wurde aus "einem spekulativen Platoniker ein praktischer Aristipp" (A 174), der es fertig brachte, "(wir schämen uns es zu sagen) ganze Stunden, ganze Tage in zärtlicher Trunkenheit wegzutändeln" (A 175). Erstaunt stellt Hippias fest,

> daß er wie ein Liebling der Venus herausgeputzt ist, daß er mit einer Sybaritischen Zunge von der Niedlichkeit der Speisen und dem Geschmack der Weine urteilt; daß er die wollüstigsten Läufe eines in Liebe schmelzenden Liedes mit entzücktem Händeklatschen wiederholen heißt, und sich die Trinkschale von einer jungen Circasserin mit unverhülltem Busen eben so gleichgültig reichen läßt, als er sich in die weichen Polster eines Persischen Ruhebettes hineinsenkt [...]. (A 179 f.)

---

433 Kurt Wölfel: Daphnes Verwandlungen. Zu einem Kapitel in Wielands "Agathon", in: Jahrbuch der Deutschen Schillergesellschaft 8 (1964), S. 41-56, S. 55.
434 Ebd. S. 53 f.

Doch Agathon will diesen ethischen Selbstverlust nicht wahrhaben. Nachsinnend über die Worte des Hippias: "' Ich bin erfreut, Callias, [...] daß du, wie ich sehe, einer von den Unsrigen worden bist. [...]'" (A 187), streitet er jegliche Ähnlichkeit ab (A 289). Auch sein Aufschrei beruht auf einem Irrtum: "Gütige Götter! Wo ist euer Agathon? – Ach! Es ist mehr als zu gewiß, daß ich nicht mehr ich selbst bin!" (A 188) Aber "ich selbst" war er nie gewesen. Er kann also keine "Identitätskrise"[435] erleiden, so daß zuträfe: "Selbsterkenntnis beginnt demnach mit einer Ich-Spaltung, in der sich die zuvor ungeteilte Existenz zunächst sogar aufzulösen droht."[436] Agathons "ehmalige Glückseligkeit" und Harmonie, "jene selige Stille des Herzens [...], jene immer lächelnde Heiterkeit der Seele, [...] jene sanften und unschuldsvollen Freuden, zu welchen, seiner Einbildung nach, unsterbliche Zuschauer ihren Beifall gegeben hatten" (A 195), beruhten auf seiner Einbildungskraft. Nur weil jene Ausgeglichenheit nicht real war, konnte er sie überhaupt verlieren. "Und indem er [...] sich dem schleichenden Lauf seiner erregten Einbildungskraft überließ; deuchte ihn nicht anders, als ob seine Seele nach jener elysischen Ruhe, wie nach ihrem angebornen Elemente, sich zurücksehne." (A 195) "Leser", die "vielleicht aus demjenigen, was damals in dem Gemüte unsers Helden vorging, sich viel Gutes für seine Wiederkehr zur Tugend weissagen" (A 195), bedauert der Erzähler.

Agathon verkennt "die Warnungen und Fingerzeige der Träume" (A 192). Wenn Psyche, vor ihm fliehend, einer "Bildsäule der Tugend" zueilt, während er beim verzweifelnden Nacheilen "sich plötzlich in einem tiefen Schlamme versenket sah" (A 194), kann er es wachend nicht deuten. Der Fremde in Platons *Politikos* sagt es: "jeder von uns mag erst wie im Traume alles wissen und dann wieder gleichsam wachend alles nicht wissen".[437] Entsprechend weiß Agathon im Traum, daß er nicht weiß, wie er zu Tugend gelangen soll, und im Wachen weiß er nicht mehr, daß er nicht wußte. Dennoch ist die im Traumgesicht erfahrene Wahrheit nicht völlig wirkungslos. "Ein Strom von Tränen [...] war die erste Würkung des tiefen Eindruckes, den dieser sonderbare Traum in seiner [...] Seele zurückließ." (A 194) Die bleibende Wirkung,

---

[435] Norbert Ratz: Identitätsroman, S. 40 f.; vgl. Birgit Nübel: Autobiographische Kommunikationsmedien um 1800, S. 146; Dorothee Kimmich: Christoph Martin Wielands Epikureismus, S. 51; Werner Frick: Providenz und Kontingenz, S. 399 Anmerkungsziffer 36.

[436] Erhart: Entzweiung und Selbstaufklärung, S. 124.

[437] Politikos 277d.

"Betrübnis", "Schwermut und Traurigkeit" (A 197), bringt all sein Nachdenken und Grübeln nicht weg; kein Selbstgespräch bringt ihn zur Einsicht seines Nichtwissens.[438]
Im Garten - wo läßt es sich besser schwärmen? – sinnt er über die Traumbilder in ihrer Gegenständlichkeit nach. Da er die Tugend sowohl in Psyche als auch in Danae verdinglicht hat, indem die Leidenschaft die Ideale in die Objekte der Lust projiziert, muß Agathon "bei näherer Vergleichung" finden, "daß seine Leidenschaft für Danae durch die Vollkommenheit des Gegenstands gänzlich gerechtfertiget würde" (A 196). So täuscht er sich stets darüber hinweg, daß "die Forderungen der Leidenschaften [...] die einzige Richtschnur [seiner] Handlungen sind" (A 109).

Das Wissen und Meinen Agathons ist kein praktisches Wissen, denn das, was Agathon weiß, kann er nicht umsetzen. Beim Gesang Danaes, der "alle Grade der Entzückungen auszudrücken schien, deren die sinnliche Liebe fähig ist", denkt Agathon: "Wenn die Sirenen, bei denen der kluge Ulysses vorbeifahren mußte, so gesungen haben, [...] so hatte er wohl Ursache, sich an Händen und Füßen an den Mastbaum binden zu lassen." (A 157) Bei diesem Gedanken hätte er sich entsprechend verhalten müssen, um nicht selbst "der Sklave einer andern Circe" (A 327) zu werden. "Socrates" hätte zur "Flucht" geraten (A 326). Mit der Unfähigkeit, von mythologischer Kenntnis Gebrauch zu machen und auf seine Situation anzuwenden, zeigt Wieland, daß Agathon das oberste praktische Wissen fehlt. Gleiches bezweckt er mit Agathons Lebensschilderung. In einer über acht Kapitel sich hinstreckenden Rede langweilt Agathon Danae, der "eine Art von Mittelding zwischen Gähnen und Seufzen" entfährt, so daß sich Agathon vornimmt,

> seine Beschreibungen so sehr abzukürzen, als es nur immer möglich sein würde; ein Vorsatz bei welchem unsre Leser sich wenigstens eben so wohl befinden werden, als die schöne Danae, wenn er anders fähig sein wird, sich selbst Wort zu halten. (A 229)

Gerade weil der Erzähler auf diese einschläfernde Wirkung des Erzählens reflektiert und sich ironisch aus der Verantwortung stiehlt, er könne nicht für

---

[438] Sicherlich ist es "bezeichnend, daß der Erzähler die spiritualistische Deutung dieses Traums seiner Figur überläßt", aber nicht, wie Hermann Müller-Solger (Der Dichtertraum, S. 92) meint, weil "eine solche nicht in das aufklärerische Weltbild [paßt], das den Roman im ganzen trägt", sondern weil man daran erkennt, daß Agathon die Wahrheit verfehlt.

Agathons Redefähigkeit einstehen, kann die Funktion der Erzählung nicht darin liegen, die Lücken der Biographie zu schließen. Die lange Rede ist auch nicht nötig, damit Agathons "Handeln zusammenhängend und notwendig erscheint".[439] Hingegen ist ihr zu entnehmen, daß Agathon sich selbst nicht kennt und nicht wahrhaftig liebt.[440]
Ein "stiller Kummer", "Schwermut und Traurigkeit" (A 197) veranlassen das Gespräch; Danae will deren "Ursache" (A 201) wissen: "'Wie, wenn seine Liebe zu erkalten anfinge'?" (A 198) Agathon erzählt, um Danae "begreiflich" zu machen,

> warum es, nachdem er schon so oft bald von den Menschen, bald vom Glücke, bald von seinen eigenen Einbildungen betrogen worden, entsetzlich für ihn sein würde, wenn er jemals sich in der Hoffnung betrogen fände, so vollkommen und beständig von ihr geliebt zu werden, als es zu seiner Glückseligkeit nötig sei. (A 290)

Aber er verfehlt seinen Zweck. Ihm selbst unbemerkt offenbart er, daß er Danae nicht wirklich liebt. Danae muß "einsehen, daß sie vielleicht mehr Ursache habe, über die Beständigkeit seiner Liebe beunruhigt zu sein, als er über die Dauer der ihrigen" (A 292). Zitternd erkennt sie die Wahrheit: "Und da nicht sie selbst, sondern diese idealische Vollkommenheit der eigentliche Gegenstand seiner Liebe war, auf was für einen unsichern Grund beruhete also eine Hoffnung, welche voraussetzte, daß die Bezauberung immer dauern werde?" (A 293)

> Aber [...] eben darum, weil der Verlust ihres Liebhabers sie elend gemacht haben würde, hatten alle Vorstellungen, welche ihr mit seinem beständigen Besitz schmeichelten, doppelte Kraft ein Herz zu überreden, welches nichts anders suchte, als getäuscht zu sein. (A 293)

Also fehlt auch ihr das unthematische Wissen vom Sein und ihrer Liebe ein Seinsgrund.

Was Danae der Lebensgeschichte entnimmt, bleibt dem Redner selbst verschlossen, obwohl er schier endlos nur über sich selbst redet. Anders als im Gespräch mit Hippias meint er nun:

---

[439] Friedrich Sengle: Wieland, S. 197 f.

[440] Der Hinweis auf Agathons fehlende sokratische Weisheit wird übersehen, wenn man sich beispielsweise wie Wolfram Buddecke "auf die ausgesagten Fakten beschränk[t]" (C. M. Wielands Entwicklungsbegriff, S. 191).

> Dieses idealische Modell formiert sich (wie mich itzo wenigstens deucht, nachdem neue Erfahrungen mich auf neue oder erweiterte Betrachtungen geleitet haben) aus der Beschaffenheit und dem Zusammenhang der Gegenstände, worin wir zu leben anfangen. (A 206)

Umgeben "von Bildern der verschiednen Gottheiten" zu Delphi sei bei ihm dieses "phantastische Modell" in einem "ungewöhnlichen Grade abgezogen und überirdisch" (A 206) geworden. Er erkennt, daß das "idealische Modell" ein Phantasieprodukt bar jeglicher Wirklichkeit ist. Über die von Theogiton inszenierte Erscheinung des Gottes Apollo urteilt er: "Meine Einbildung tat das übrige hinzu, was zu Vollendung einer idealischen Schönheit nötig war." (A 213) Als er Psyche sah, war es nicht anders:

> So (dachte ich) müßte die Unschuld aussehen, wenn sie, um sichtbar zu werden, die Gestalt einer Grazie entlehnte; so rührend würden ihre Gesichts-Züge sein; so still-heiter würden ihre Augen; so holdselig ihre Wangen lächeln; so würden ihre Blicke, so ihr Gang, so jede ihrer Bewegungen sein. (A 220 f.)

Doch daß seine Liebe zu Danae aus gleicher Quelle fließt, entgeht ihm. Von der Kenntnis des Sachverhaltes: "Es ist in der Natur der Liebe (so zärtlich und unkörperlich sie immer sein mag) so lange zuzunehmen, bis sie das Ziel erreicht hat, wo die Natur sie zu erwarten scheint" (A 235), kann er jetzt keinen Gebrauch machen. Er ist unfähig, einen Bezug zu seiner Liebe zu Danae herzustellen, wenn er von seiner Liebe zu Psyche sagt:

> Und dennoch ist nichts gewissers, als daß sich diese allzugeistige Empfindungen endlich verzehrt, und die Natur, welche ihre Rechte nie verliert, uns zuletzt unvermerkt auf eine gewöhnlichere Art zu lieben geführt haben würde; wenn uns nur die schöne Pythia so viel Zeit, als dazu erfordert wurde, gelassen hätte. (A 236)

Er redet von der Unbeständigkeit der geistigen Liebe, ohne seine Kenntnis auf die jetzige Situation anzuwenden. Glaubt er doch tatsächlich am Ende seiner Erzählung, daß Danae

> dazu gemacht gewesen sei, seine Begriffe von idealischen Vollkommenheiten und einem überirdischen Grade von Glückseligkeit zu realisieren; daß er, seit dem er sie liebe, und von ihr geliebet sei, ohne seiner ehemaligen Denkungs-Art ungetreu zu werden, von dem, was darin übertrieben und schimärisch gewesen, bloß dadurch zurückgekommen sei, weil er bei ihr alles dasjenige gefunden, wovon er sich vorher, nur in der höchsten Begeisterung einer Einbildungs-Kraft einige unvollkommene Schatten-Begriffe habe machen können; und weil es natürlich sei, daß die Einbildungs-Kraft, als der Sitz der Schwärmerei, zu würken aufhöre, so bald der Seele nichts zu tun übrig, als anzuschauen und zu genießen. (A 290)

Seine Kenntnisse, Erklärungen und Deutungen fruchten nicht, weil er sie nutzt, um sich und andere zu überreden, seine Liebe sei keine Illusion. Deshalb muß er sich einreden, seine Schwärmerei sei überwunden: "vor dem Gedanken, deine Liebe jemals verlieren zu können", fürchtet er sich, "wie vor der Vernichtung meines ganzen Wesens" (A 291). Am wenigsten liegt ihm daran, die wirkliche "Ursache" seiner Niedergeschlagenheit zu entdecken. Danae könnte ihm darüber die Augen öffnen, daß er "nicht sie selbst" liebt, wenn sie bereit wäre, ihn zu verlieren. Anstatt die Wahrheit aufzudecken, sinnt sie auf Mittel, seine Einbildungskraft derart zu unterhalten, daß seiner "Phantasie nichts zu denken übrig bleibe" (A 295). Da auf diesem Weg aus einer idealen keine reale, aus einer unbeständigen keine beständige Liebe wird, muß Danae ihren "Zweck fast notwendig verfehlen" (A 295). Gleichwohl macht sie dieser Mißerfolg um eine Erfahrung reicher. Beim glücklichen Wiedersehen in Tarent können "die zärtlichen Verführungen der Liebe nichts über sie" erhalten: "In diesem Stück wollte sie nicht mehr Danae für ihn sein. 'Das ist unwahrscheinlich', werden die Kenner sagen; 'unwahrscheinlich' antworte ich, 'aber möglich'." (A 553) Möglich ist es, weil sie einsehen mußte, daß der Schwärmer sie nicht liebt und daß mit allen Mitteln der ihr zur Verfügung stehenden Kunst eine ideale Liebe nicht zu realisieren ist.

### Verfehlen des wahren Seins bei der Fürstenerziehung

In der Syrakus-Episode geht es um die Lehrbarkeit der Tugend, eine Frage, die in Platons Dialogen häufig erörtert wird.[441] Die Hypothese, wenn sie ein Wissen ist, dann ist sie lehrbar,[442] bricht im *Menon* zusammen, denn es gibt keine Lehrer der Tugend,[443] also ist sie kein propositionales Wissen. Auch im *Protagoras* vertritt Sokrates den Standpunkt, Tugend sowie politische Kunst seien nicht lehrbar,[444] aber er hält beides am Schluß des Dialogs für ein Wissen.[445]

Wieland läßt drei Personen, Dion, Platon und Agathon, an der Erziehung des Tyrannen Dionysius scheitern. Der vierte, Aristipp, versucht es erst gar nicht.

---

[441] Siehe zu den folgenden Ausführungen Wolfgang Wieland: Platon, S. 257 ff.

[442] Menon, 86d ff.

[443] Ebd. 95a ff.

[444] Protagoras, 319a ff.

[445] Ebd. 360e ff.

Daraus folgt nicht, "daß die effektive Fürstenerziehung prinzipiell unmöglich ist, da der Hof den Herrscher unweigerlich korrumpiert, eine Erziehung des Fürsten außerhalb des Hofes aber nicht denkbar ist."[446] Immerhin hat Danae den Fürsten Cyrus vorangebracht.[447] Zwar ist die Tugend nicht lehrbar, aber das Versagen liegt auch an Dion, Platon und Agathon.
Dion ist zur "moralischen Disziplinierung" (A 370) seines Schwagers unfähig, weil seine Tugend, eine "schöne Schimäre" (A 366), sich aus seinem natürlichen "Temperament" und seiner "Anlage" ergibt:

> Aber ihm, oder irgend einem andern ein Verdienst daraus machen, wäre eben so viel, als einem Athleten die Elastizität seiner Sehnen, oder einem gesunden blühenden Mädchen ihre gute Farbe und die Wölbung ihres Busens als Verdienste anrechnen, welche ihnen ein Recht an die allgemeine Hochachtung geben sollten. Ja, wenn Dion sich durch diejenige Tugenden vorzüglich unterschieden hätte, zu denen er von Natur nicht aufgelegt war; und wenn er es so weit gebracht hätte, sie mit eben der Leichtigkeit und Grazie auszuüben, als ob sie ihm angeboren wären - ,

dann wäre es gerechtfertigt, ihn wie Archytas einen tugendhaften und weisen Mann zu nennen, -

> aber wie viel daran fehlte, daß er der Philosophie seines Lehrers und Freundes Platon soviel Ehre gemacht hätte, davon finden wir in den eigenen Briefen dieses Weisen, und in dem Betragen Dions in den wichtigsten Auftritten seines Lebens die zuverlässigsten Beweise. (A 366)

Was Dion motiviert, "seinen Verwandten auf einen bessern Weg zu bringen" (A 373), sind eigennützige Machtinteressen und die Furcht, Pfründe zu verlieren (A 372).
Doch Wieland attestiert auch der Romanfigur Platon nicht das spezifische Wissen vom Sein. Vorgestellt wird er als ein Mathematiker, der aus "Dreiecken, Vierecken, Pyramiden, Achtecken und Zwanzigecken [...] seinen Gott diese schöne runde Welt zusammenleimen läßt" (A 379). Über das Intelligible, über "sittliche und intellektualische Schönheit" (A 381) kann er mitreißend sprechen. "Alles, was der Weise sagte, war so schön, so erhaben, so wunderbar! – erhob den Geist so weit über sich selbst – warf Strahlen von so göttli-

---

[446] Horst Thomé: Menschliche Natur, S. 225.

[447] "Es gelang also Danaen endlich, den halb erstickten Keim von zärtlicher Empfindung, den die Natur in seine Seele gelegt hatte, wieder aufleben zu machen. Cyrus, der das bloße Spiel der Sinne so lange für Liebe gehalten hatte, lernte lieben und wurde selbst liebenswürdig" (A 724); "aber, was das wichtigste war, er fühlte daß er *besser* durch sie wurde." (A 725)

chem Licht in das Dunkel der Seele!" (A 378) Doch Platons Versuch, durch eine "Beredsamkeit zu humanisieren" (A 380), die das Sittliche "auf eine so reizende Art für die Einbildungs-Kraft zu verkörpern" weiß, flößt dem Tyrannen nur kurzfristig "die Liebe der Tugend ein" (A 381). Phantasie läßt sich ablenken. Dafür sorgen Philistus und Timocrates, indem sie mit ihrer Redekunst dem Tyrannen ein Komplott vor Augen stellen.
An dem mathematischen Wissen von den "*überhimmlischen Räumen*" (A 379) – also einer Zwei-Reiche-Lehre – der historische Platon dachte anders – scheitert die Erziehung. Im Roman tritt Platon als Platoniker auf, das heißt als ein Mathematiker, der vom Sein träumt und es im Wachen nicht sehen kann.[448] Dieses Argument des Sokrates legt Wieland dem Dionysius in den Mund, der von Platon sagt:

> er hat sich seltsame Dinge in den Kopf gesetzt, man könnte sichs nicht schnakischer träumen lassen, aber eben das belustiget mich; und bei alle dem muß man ihm den Vorzug lassen, daß er gut spricht; es hört sich ihm recht angenehm zu, wenn er euch von der Insel Atlantis, und von den Sachen in der andern Welt eben so umständlich und zuversichtlich spricht, als ob er mit dem nächsten Marktschiffe aus dem Mond angekommen wäre [...]. (A 389 f.)

Ironie ist, daß Dionysius, die Traummetapher verwendend, dem Sokrates nachplappert, ohne zu verstehen, was er da sagt. Sokrates verwendet die Traummetapher, um die "strukturelle Selbsttäuschung", die der "Wissensstufe des Mathematikers" zugrundeliegt, zu "symbolisieren".

> Der Träumende [...] spricht seinen Traumbildern einen Realitätsstatus zu, der ihnen in Wahrheit gar nicht zukommt. Solange sich in entsprechender Weise der Mathematiker keine Rechenschaft vom Status seiner Hypothesen gibt, wird er ihrem funktionellen Charakter nicht gerecht. Dann hält er sie für etwas anderes, als sie wirklich sind. [449]

Dionysius aber ist unfähig, Platon zu prüfen, ob er von seinen Hypothesen Rechenschaft geben kann; er amüsiert sich und fällt selbst sogar hinter die Wissensstufe des Platonikers zurück.

Agathons Motivation zur Fürstenerziehung ist nicht rein sittlich. Er verfolgt einen eigennützigen Zweck. Der Gedanke, "ein so glorreiches Werk vollenden zu helfen" (A 337), entzückt ihn. "Seine immer verschönernde Phantasie malte

---

[448] Politeia 533c.

[449] Wolfgang Wieland: Platon, S. 215.

ihm die Folgen seiner Bemühungen in tausend reizende Bilder von öffentlicher Glückseligkeit aus" (A 347). Ironisch kommentiert der Erzähler:

> er fühlte wieder, daß er Agathon war – fühlte diese moralische Lebens-Kraft wieder, die uns Mut und Begierden gibt, uns zu einer edeln Bestimmung geboren zu glauben; und diese Achtung für sich selbst, welche eine von den stärksten Schwingfedern der Tugend ist. Nun brauchte es keinen Kampf, keine Bestrebung mehr, sich von Danae loszureißen, um mit dem Feuer eines Liebhabers, [...] sich wieder in die Arme der Tugend zu werfen. (A 337 f.)

Wieland erreicht mit solchen ironischen Kommentaren die "Irritation des 'verständigen' Lesers, dem in der befremdlichen Sphäre der Zweideutigkeiten die sicheren Maßstäbe des Urteils abhanden zu kommen drohen."[450] Die Verunsicherung ist beabsichtigt, um damit eine Basis für die Suche nach einem täuschungsfreien Wissen zu schaffen. Er will die Leser in einen Zustand des Fragens und Infragestellens versetzen, denn die Verwunderung oder das Staunen (το ϑαυμαζειν) ist der Anfang des philosophischen Denkens.[451]
Auch Agathons widersprüchliche Behauptungen bekunden sein scheinbares Wissen. Auf der Überfahrt nach Syrakus redet er sich ein: "Vormals war er nur zufälliger Weise, und gegen seine Neigung in das aktive Leben verflochten worden: itzo war es eine Folge seiner nunmehrigen, und wie er glaubte geläuterten Denkungs-Art, daß er sich dazu entschloß." (A 347) Danae hat er das Gegenteil erzählt:

> Alles, was er [Agathons Vater] mir von den Schwierigkeiten ihrer Ausführung, die er mit einer Quadratur des Zirkels in eine Klasse setzte, sagen konnte, überzeugte mich so wenig, als einen Verliebten die Einwendungen eines Freundes, der bei kaltem Blut ist, überzeugen werden. Ich hatte eine Antwort für alle; und dieser neue Schwung, den mein Enthusiasmus bekommen hatte, wurde bald so stark, daß ich es kaum erwarten konnte, mich in Athen, und in Umstände zu sehen, wo ich die erste Hand an dieses große Werk, wozu ich gewidmet zu sein glaubte, legen könnte. (A 255)

Ferner erkennt Agathon nicht die Widersprüchlichkeit der Annahmen Aristipps. Wer so unsicher seiner selbst ist wie Agathon, kann Aristipp so wenig der Unkenntnis seiner selbst überführen, wie es ihm bei Hippias und Danae gelang. Damit das Scheitern Dions und Platons Agathon nicht von

---

[450] Walter Erhart: Entzweiung und Selbstaufklärung, S. 145.

[451] Theaitetos 155d.

vornherein resignieren läßt,[452] schildert Aristipp "den Tyrannen von seiner besten Seite" (A 411 f.), meint, die Fehler Platons eruiert zu haben (A 412), und fügt hinzu:

> Diese [...] Ursachen [...] bewiesen aber auch (setzte Aristipp mit einer anscheinenden Gleichgültigkeit hinzu) daß ein Anderer, der sich die Fehler dieser Vorgänger zu Nutzen zu machen wißte, wenig Mühe haben würde, die unwürdigen Leute zu verdrängen, welche sich wieder in den Besitz des Zutrauens und der Autorität des Tyrannen geschwungen hätten. (A 413)

Seine Rede hat Erfolg:

> Agathon fand diese Gedanken seines neuen Freundes so wahrscheinlich, daß er sich überreden ließ, sie für wahr anzunehmen. Und hier spielt ihm die Eigenliebe einen kleinen Streich [...]. Sie flüsterte ihm so leise, daß er ihren Einhauch vielleicht für die Stimme seines Genius, oder der Tugend selbsten hielt, den Gedanken zu - wie schön es wäre, wenn Agathon dasjenige zu Stande bringen könnte, was Plato vergebens unternommen hatte. (A 413)

Agathon prüft nicht, ob die Angaben überhaupt "wahr" sein können, da Aristipp Wasser auf seine Mühlen gießt. Ihm entgeht die Unstimmigkeit der Erklärungen Aristipps. Einerseits soll Dionysius "leutselig, edel, freigebig und dabei so bildsam und leicht zu regieren" sein, "daß alles bloß darauf ankomme, in was für Händen er sich befinde" (A 412). Andererseits soll er dazu verdammt sein, "allezeit ein sehr schlimmer Bürger" (A 413) zu sein. Auch um Aristipps Tugend ist es also schlecht bestellt.

> Er liebte das Vergnügen, weil er das Schöne liebte; und aus eben diesem Grunde liebte er auch die Tugend: Aber er mußte das Vergnügen in seinem Wege finden, und die Tugend mußte ihm keine allzubeschwerliche Pflichten auflegen; dem einen oder der andern seine Gemächlichkeit aufzuopfern, so weit ging seine Liebe nicht. (A 419)

Tugend ist seiner empirischen Befindlichkeit eben so nachgesondert wie der Karriere. Wenn Aristipp über die "höchste Weisheit" verfügte, würde er niemals raten: "Mein lieber Agathon, ein rechtschaffener Mann muß, so bald er an einem Hofe leben will, sich eines guten Teils von seiner Rechtschaffenheit

---

[452] "Sein erster Gedanke, sobald er gehört hatte, daß Plato entfernt, und Dionys wieder in der Gewalt seiner ehemaligen Günstlinge und einer neuangekommenen Tänzerin sei, war gewesen, sich nur wenige Tage bei seinem Freunde verborgen zu halten, und sodann nach Italien überzufahren [...]. Allein die Unterredung mit dem Aristippus hatte ihn auf andre Gedanken gebracht." (A 414)

abtun, um ihn seiner Klugheit zu zulegen." (A 477) Wer seine "Rechtschaffenheit abtun" kann, hat sie nie wirklich besessen. Der Gerechte legt nicht den Umständen halber seine Gerechtigkeit ab. Tugend und Politik erscheinen Aristipp unverträglich, weil ihm das oberste Gebrauchswissen fehlt. [453] Und deshalb kann er auch nicht das Scheitern Platons auf dessen Hypostasierung der Ideen zurückführen und Agathon vor der Wiederholung der "Fehler dieser Vorgänger" warnen.[454]
Obwohl Dionysius angeblich ohnehin "allezeit [...] sehr schlimm" bleibt, versucht Aristipp, Agathon als Erzieher zu gewinnen, da er "begierig war zu sehen, was aus einer solchen Verbindung werden, und wie Agathon sich in einer so schlüpfrigen Stellung verhalten würde." (A 420) Nicht um sich am Mißerfolg zu weiden, redet er ihm zu. So arg ist es nicht. Im Gegenteil, er will das Beste für Agathon. Kurz bevor die Katastrophe über Agathon hereinbricht, entschuldigt sich Aristipp gewissermaßen: "Das alles hätte ich dir ungefähr vorher sagen können, als ich dich überreden half, dich mit Dionysen einzulassen; aber es war besser durch deine eigne Erfahrung davon überzeugt zu werden." (A 478) Da Agathon nicht besser gerüstet war, behält Aristipp recht (A 481). Aber daraus folgt nicht, daß Dionysius nicht zum Guten hätte gelangen können.

Agathon denkt zweckrational. Er will es besser machen als Platon und meint, "Klugheit mit der Rechtschaffenheit" verbinden zu können (A 415). So muß er Redlichkeit und Rechtschaffenheit verfehlen. Platon habe es nicht verstanden, die "Schwachheiten" des Tyrannen "auf eine feine Art zu seinen Absichten" zu nutzen, denn "das hätte eine Geschmeidigkeit, eine kluge Mischung von Nachgiebigkeit und Zurückhaltung erfordert, wozu der Verfasser des 'Cratylus' und 'Timäus' niemals fähig sein werde" (A 412). Diese "Kunst" der Sophisten praktiziert Agathon, dem die sophistischen Machenschaften des Hippias so verhaßt sind. "Er hatte die Klugheit, anfänglich seine gründlichere

---

453 Ob Wieland ihm sokratische Weisheit in seinem Alterswerk *Aristipp und einige seiner Zeitgenossen* attestiert, wäre zu untersuchen.

454 Aus genannten Gründen kann weder der Ansicht Dorothee Kimmichs, Aristipp erweise sich "als ein weitblickender, uneigennütziger Lehrer und Freund in der Tradition sokratischer Maieutik und Pädagogik" (Christoph Martin Wielands Epikureismus, S. 59), noch der Meinung Werner Fricks, Aristipp komme ein "zentraler Rang für Thematik und argumentative Dichte des Romans" zu (Providenz und Kontingenz, S. 410), zugestimmt werden.

Eigenschaften zu verbergen, und sich bloß von derjenigen Seite zu zeigen, wodurch sich die Hochachtung der Weltleute am sichersten überraschen läßt." (A 422) Aristipp und Hippias raten, die wahren Absichten zu verbergen (vgl. A 412; A 103). Während Hippias immerhin weiß, daß ein Handeln nach dieser Klugheitsregel eigennützigen Zwecken dient, bildet Agathon sich ein, uneigennützig das allgemeine Beste zu erzielen.
Wie geschickt Agathon geworden ist, bezeugt seine Antrittsrede. Gegen Antistenes und Protagoras, die für eine republikanische Regierungsform eintreten, wirbt er so geschickt und beredt für "die Monarchie" (A 426), daß er "das Herz des Tyrannen in seinen Händen" (A 435) hält und "die Seelen der Zuhörer blendet" (A 426);

> seine Gründe [waren] jeder für sich selbst so schimmernd, und liehen einander durch ihre Zusammenordnung so viel Licht; [...] daß selbst diejenigen, bei denen es zum voraus beschlossen war, daß er Unrecht haben sollte, sich wie durch eine magische Gewalt genötiget sahen, ihm innerlich Beifall zu geben. (A 427)

Zwar vermeidet Agathon "die Kunstgriffe [...], wodurch die Sophisten gewohnt waren, einer schlimmen Sache die Gestalt einer guten zu geben" (A 427), gleichwohl schimmert in Wort und Tat eine "gekünstelte Klugheit" (A 433) hervor. Der Erzähler räumt ein, "daß eine Art von Zurückhaltung und Feinheit daraus hervorblickt, welche nicht ganz in seinem vorigen Charakter zu sein scheint. Aber das verdient an sich selbst keinen Tadel." (A 435) Im Gegenteil, die Veränderung tat not. Der vormalige "spekulative Enthusiast" und "andächtige Schwärmer" (A 436) mauserte sich zum zweckrationalen Akteur, der "in der neuen und schlüpfrigen Situation" (A 435) ganz "gut zu handeln" (A 436) versteht. Aber er darf nicht erwarten, mit der Zweckrationalität seine "Absichten", die "edel und tugendhaft" (A 435) sind, zu verwirklichen. Wenn er "gelernt [hatte], wie wenig man von andern erwarten kann; [...] und (was das wichtigste für ihn war) wie wenig man sich auf sich selbst verlassen darf" (A 442), so hat er das Wichtigste noch nicht gelernt. Daher irrt er, wenn er glaubt,

> daß sich in der moralischen Welt, wie in der materialischen, nichts in gerader Linie fortbewegt, und daß man selten anders als durch viele Krümmen und Wendungen zu einem guten Zweck gelangen kann - Kurz, daß das Leben, zumal eines echten Staats-Mannes, einer Schiffahrt gleicht, wo der Pilot sich gefallen lassen muß, seinen Lauf nach Wind und Wetter einzurichten [...]. (A 442)

Das grund- und bedingungslose Gute, das nur um seiner selbst willen gebilligt wird, erreicht er nicht durch "viele Krümmen und Wendungen". Er hat es schon aus den Augen verloren, indem er jeweils "den Grad des Guten" (A 442) bestimmt. Ein Handeln nach diesen "allgemeinen Grundsätzen" (A 442) beruht auf einem technischen Wissen, das sich durch die Beherrschung von Optionen auszeichnet. Ein erfahrener "Pilot" kann sein Schiff nebst Besatzung heil durch "Wind und Wetter" bringen; er kann jedoch aufgrund seiner Erfahrung auch das Gegenteil erfolgreich realisieren. Doch er weiß nicht, erläutert Platon im *Gorgias*, ob er seinen Passagieren wirklich nutze, indem er sie nicht ertrinken ließ; welchen Reisenden er dadurch schadete, kann er nicht entscheiden.[455] Ebensowenig kann Agathon darüber befinden, ob es gut ist, die Vergnügungen des Prinzen nachsichtig zu behandeln, oder ob er dem Prinzen durch seine Nachsichtigkeit schadet. Anders als das technische Wissen ist das Tugendwissen nicht ambivalent und motiviert unmittelbar zur Tat. Agathon, der sich aus Eigennutz (A 482) und eines vermeintlichen Vorteils wegen dem Verschwörer Dion anschließt, fehlt es.

### Verfehlen des wahren Seins beim Grübeln über das Scheitern

Smyrna und Syrakus sind "Stationen einer Erprobung, die stets mit einer Desillusionierung enden."[456] Die fortschreitende Desillusion läßt drei Grade erkennen. Beim Erzählen seiner Lebensgeschichte wird der erste Grad erreicht, der zweite im Selbstgespräch während der Überfahrt nach Syrakus, bis im Selbstgespräch nach dem Gefängnisaufenthalt die völlige Ernüchterung eintritt. Immer resultiert die Desillusion aus einer Retrospektion und manifestiert sich in einem Meinungswandel. Seine Meinung ist flüchtig, sie ist nichts Sicheres und Bleibendes, sondern geht, wie Sokrates sagt, "aus der Seele des Menschen".[457] Wandelbar sind Meinungen aufgrund ihrer Bivalenz. Beständig ist ein wahrheitsindifferentes Wissen. So ist der Meinungswandel ein hinreichendes Zeichen für Agathons Nichtwissen, das sich durch Trugschlüsse entdeckt.

Im Gespräch mit Hippias glaubte Agathon noch an die "Orphische Philosophie". Danae erzählt er, diese Lehre habe er im jugendlichen "Alter, wo alles Große und Rührende so viel Macht über uns hat" (A 208), für wahr gehalten: "Vermutungen und Wünsche werden hier zu desto stärkern Beweisen" (A

---

[455] Vgl. Gorgias 511e f., siehe auch Laches 195c f.; Charmides 164a ff.

[456] Reinhard Döhl: Nachwort zur *Geschichte des Agathon* in der Reclam-Ausgabe 1979, S. 657.

[457] Menon 97e.

208). Nun ist er etwas skeptischer geworden, "da mich glückliche Erfahrungen das Schwärmende und Unzuverlässige dieser Art von Philosophie gelehrt haben" (A 208). Doch später, in der Unterredung mit Archytas durchschaut er diesen Irrtum:

> Nur zu gewiß [...] befand ich mich damals unter einem gefährlichen Zauber, da ich meine Erfahrungen mit den Schlüssen, die ich daraus zog, verwechselte, ohne gewahr zu werden, wie viel Anteil die Verführung meiner Sinne an diesen Trugschlüssen hatte. Daß die Orphischen Geheimlehren so viel von der vollen Stärke ihrer vormaligen Wirkung auf mein Gemüt verloren hatten, bewies im Grunde nichts gegen ihre *Zuverlässigkeit*: es war die natürliche Folge unmerklich entgegen wirkender Einflüsse [...]. (A 744)

Also "Trugschlüsse" initiieren den desillusionierenden Meinungswandel. Agathon paßt seine Überzeugungen den Empfindungen und Leidenschaften für Danae an, die er sonst nicht billigen könnte. Seine frühere Meinung von Tugend und Religion wird ihm bedenklich, ohne sich völlig von ihr abzuheben.

> Selbst itzt [...] fühle ich mit einer innerlichen Gewalt, die sich gegen jeden Zweifel empört, daß diese Übereinstimmung mit unsern edelsten Neigungen, welche ihr das Wort redet, der rechte Stempel der Wahrheit ist, und daß selbst in diesen Träumen, welche dem materialischen Menschen so ausschweifend scheinen, für unsern Geist mehr Würklichkeit, mehr Unterhaltung und Aufmunterung, eine reichere Quelle von ruhiger Freude und ein festerer Grund der Selbstzufriedenheit liegt, als in allem was die Sinne uns angenehmes und Gutes anzubieten haben. (A 208)

Nicht "diese Übereinstimmung", sondern das Seinsgefühl ist der "rechte Stempel der Wahrheit". Rückblickend hält Archytas Agathon vor,

> wie hättest du *nicht* fühlen sollen was die gewisseste aller Wahrheiten ist? – du fühltest es selbst im Angesicht der reizenden und mit Schwärmerei geliebten Danae, und unterlagst dennoch der Versuchung, dieses so mächtige, so wohltätige, so heilige Gefühl unbenutzt wieder erkalten zu lassen? Oder ließest du dich wohl gar durch die Sophistereien einer von Leidenschaft und Sinnlichkeit bestochenen Vernunft bereden, es für schwärmerisch und unzuverlässig zu halten? (A 745)

Sobald sich sein Bild von Danae und seine Gefühle für sie ändern, wird ihm auch das wahre Seinsgefühl zweifelhaft. Auf der Reise nach Syrakus hat er Gelegenheit, "über die Ursachen seines Falles schärfer nachzudenken" (A 341) und einen zweiten Trugschluß zu begehen: "Er glaubte durch die Erfahrung überwiesen zu sein, daß dieses innerliche Gefühl, durch dessen Zeugnis er die Schlüsse des Sophisten zu entkräften vermeint hatte, nur ein sehr zweideutiges

Kennzeichen der Wahrheit sei" (A 344). Er kann "dieses innerliche Gefühl" nicht von den "süßen Empfindungen" und den "phantasierten Entzückungen" (A 343) seiner empirischen Natur unterscheiden. Und so verwechselt er die Zeichen des Wahren und Falschen. Seine Folgerung ist unzulässig. Die "Erfahrung" zu Smyrna kann nur lehren, daß die wechselhaften Empfindungen der empirischen Natur "ein sehr zweideutiges Kennzeichen der Wahrheit" sind.

Agathon glaubt, "die Notwendigkeit eines behutsamen Mißtrauens in die Stärke guter Grundsätze" (A 342) sei angebracht. Eine solche "Notwendigkeit" besteht jedoch nicht, denn Agathon selbst wird geprüft, und nicht die altruistischen "Grundsätze".

Wenn er zu dem "Schluß" kommt, daß

> die erhabnen Lehrsätze der Zoroastrischen und Orphischen Theosophie, wahrscheinlicher Weise [...] nicht viel mehr Realität haben könnten, als die lachenden Bilder, unter welchen die Maler und Dichter die Wollüste der Sinnen vergöttert hatten; daß die ersten zwar die Tugend günstiger [....], in der Tat aber der wahren Bestimmung des Menschen wohl eben so nachteilig sein durften, als die letztern (A 345),

deutet der Erzähler das Verfehlen der Wahrheit an.

> In wie fern diese Sätze richtig seien, oder in besondern Fällen einige Ausnahmen zulassen, zu untersuchen, würde zu weit von unserm Vorhaben abführen, genug für uns, daß sie dem Agathon begründet genug schienen, um sich selbst desto leichter zu vergeben [...]. (A 345 f.)

Agathon will "die Erinnerung einer begangenen Torheit von sich" abschütteln und einen "Fehler [...], der dem schönen Ganzen die Ehre der Vollkommenheit raubt" (A 341), vergessen. Da er sich seiner Intention nicht bewußt ist, führen seine Selbstgespräche nicht zur Einsicht seines Nichtwissens.

Nach seinem politischen Scheitern und dem Gefängnisaufenthalt

> sank seine Meinung von der angebornen Schönheit und Würde dieser menschlichen Natur, von Grade zu Grade so tief, daß er zuweilen in Versuchung geriet, gegen die Stimme seines Herzens (welche eben so wohl, dachte er, die Stimme der Eigenliebe oder des Vorurteils sein könnte,) alles was der göttliche Plato erhabenes und herrliches davon gesagt und geschrieben hatte, für Märchen aus einer andern Welt zu halten. (A 497)

Zweierlei Stimmen reden, aber Agathon fragt nicht, welcher zu trauen sei, sondern erkennt nach Bedarf seiner gegenwärtigen Zwecke eine als Autorität an. So setzt er sein wahres Seinsgefühl der Kontingenz aus. Der umgekehrte

Fall war im Gespräch mit Aristipp zu beobachten. Dort sprach die Stimme der "Eigenliebe [...] so leise, daß er ihren Einhauch vielleicht für die Stimme seines Genius, oder der Tugend selbsten hielt" (A 413). Da er politisch handeln will, muß er sich ausreden, daß "Eigenliebe" ihn motiviert und leiht ihr den Schein der Tugend, sonst könnte er das ganze Unternehmen nicht vor sich selbst gut heißen. Jetzt, wo es darum geht, sein Scheitern und den Mißerfolg vor sich selbst zu rechtfertigen, denunziert er "die Stimme seines Herzens", also seines Gewissens (Vernunft$_2$), als "Eigenliebe".
Richtig, an ihm "war der Fehler", aber nicht weil er "einen Mercur aus einem knottichten Feigenstock schnitzeln wollte" (A 498), sondern weil er wie ein ungehobelter "Feigenstock" an die Arbeit ging. Seine Annahme, die Lehre des Hippias habe sich als richtig erwiesen, ist ein Trugschluß, da er von falschen Voraussetzungen ausgeht.

> Sagte er mir nicht vorher, daß ich nichts anders zu gewarten hätte, wenn ich den Plan meines Lebens nach meinen Ideen einrichten würde. Seine Vorhersagung hätte nicht richtiger eintreffen können. Hätte ich seinen Grundsätzen gefolgt, hätte ich mich ehmals zu Athen, oder hier zu Syracus so betragen, wie Hippias an meinem Platze getan haben würde - so würde ich meine Absichten ausgeführt haben; so würde ich glücklich gewesen sein - und der Himmel weiß, ob es den Sicilianern desto schlimmer ergangen wäre. (A 498)

Er weiß nicht, daß er immer den "Grundsätzen" des Hippias folgte. Weil ihm seine eigene Inkonsistenz zwischen Wort und Tat nicht bewußt ist, urteilt er aus Enttäuschung: "gewiß Hippias, deine Begriffe und Maximen, deine Moral, deine Staatskunst, gründen sich auf die Erfahrung aller Zeiten" (A 499).[458]

---

[458] Doch Werner Frick (Providenz und Kontingenz, S. 438f) meint: "Agathon muß sich einbekennen, daß eben jene Ideale ('die Begriffe des wesentlichen Unterschieds zwischen Recht und Unrecht'; 'die Ideen des sittlichen Schönen'), die ihm die 'Stimme seines Herzens' offenbart, auf deren Achtung sich sein Selbstwertgefühl, ja seine Identität gründet und deren Realisierung er betrieben hatte, ihn in der sozialen Wirklichkeit isolierten und zum Unglück prädestinieren mußten. [...] Dagegen hat sich der verachtete materialistische Reduktionismus des Gegners vor der Realität spektakulär, als Summe der 'Erfahrungen aller Zeiten' bewährt." Und Horst Thomé (Menschliche Natur, S. 228) glaubt: "Der zur Vernunft Berufene ist 'in der wirklichen Welt' der Einsame ohne Handlungsspielraum. Die Konsequenz ist die Verzweiflung an der menschlichen Natur.[...] Die Überprüfung schichtspezifischer Ideologien am einzig akzeptablen Wahrheitskriterium, den Ergebnissen einer ahistorischen Anthropologie, kann letztlich nur die realiter gegebenen Deformationen des Menschen seiner Natur zurechnen. Der Roman zeigt, daß Hippias eine zutreffende Beschreibung unveränderlichen menschlichen Verhaltens gibt." Vgl. auch Gerd Hemmerich: Werkinterpretation, S. 80 f.; Sybille Gössl: Materialismus und Nihilismus, S. 63.

Wenn Agathon in den "tiefen Abgrund" blickt, "der zwischen dem System der Tugend, und dem System des Hippias liegt" (A 499), tritt die Bivalenz seiner Meinung zutage. Entsetzt schreckte er zurück und "fühlte [...] mit der vollkommensten Gewißheit, daß er [...] weder Hippias noch Philistus sein wollte" (A 499).

> Die Begriffe des wesentlichen Unterschieds zwischen Recht und Unrecht, und die Ideen des sittlichen Schönen, hatten zu tiefe Wurzeln in seiner Seele gefaßt [...], als daß es möglich gewesen wäre, daß irgend eine zufällige Ursache, so stark sie immer auf seine Einbildung und auf seine Leidenschaften würken mochte, sie hätte ausreuten können. Die Tugend hatte bei ihm keinen anderen Sachwalter nötig als sein eignes Herz. (A 499)

Die "Ideen des sittlich Schönen" und der Gerechtigkeit lassen sich durch keine "zufällige Ursache ausreuten", weil niemandem sein Selbst zur Disposition steht. Aber das reicht nicht aus, um wegen Agathon "außer Sorge" (A 509) zu sein, denn das Seinsgefühl verhindert keinen erneuten Meinungswechsel. Er kann stets das für richtig halten, was er zuvor für falsch erklärt hat und umgekehrt. "Es ist eine so unbeständige Sache um die Begriffe, Meinungen und Urteile eines Menschen", versichert der Erzähler im Wissen um die Bivalenz von Meinungen und will "nicht Bürge dafür sein [...], was aus unserm Helden hätte werden können, wofern er mit solchen Dispositionen in eine Gesellschaft von Hippiassen und Alcibiaden, oder zurück in die schöne Welt zu Smyrna versetzt worden wäre." (A 509) Da er als Meinender selbst nicht entscheiden kann, ob das, was er jeweils für wahr hält, wirklich wahr ist, bleibt er im Kraftfeld fremder Meinungen und ahnt nicht, daß er angestoßen ist, ein täuschungsfreies Wissen zu suchen. Und niemand in seiner Welt ist da, der seiner selbst sicher wäre und durch das Beispiel der Einheit von Sein und Tun Agathon aus der Entfremdung heraushelfen könnte.

## Widerlegung des Hippias

Daß "das ganze Werk (wie einem jeden in die Augen fallen wird, sobald man das Ganze wird übersehen können) als eine Widerlegung desselben [Hippias] anzusehen" (A 16) sei, ist deshalb schwer einzusehen, weil Wieland keine logischen Argumente gegen dessen System vorbringt. Das grund- und bedingungslose Sein ist nicht theoretisch zu bestimmen und so kann auch nichts durch den Verweis darauf bewiesen werden. Da aber das System des Hippias praktisch ausgerichtet ist und er zu wissen beansprucht, wie man handeln soll, ist zu erwarten, daß sein Tun dem Denken entspricht. Doch er handelt nicht

gemäß seiner Lehre.[459] Diese Diskrepanz erschüttert seine Glaubwürdigkeit, kennzeichnet seinen Wissensanspruch als Schein und indiziert, daß sein System als Anthropologie das wahre Wesen des Menschen verfehlt.
So viel auch Hippias über die bedingte, empirische Natur Zutreffendes sagen mag, so ist er doch über den letzten Ermöglichungsgrund der Tugend ignorant. Ja er bestreitet das wahre Sein, die menschliche Würde und die Freiheit des Willens mit seinem Begriff von der menschlichen Natur. Agathons Niedergeschlagenheit ist eine unmittelbare Wirkung des wahren Seins, die die Theorie des Hippias widerlegt. Auch Hippias, der sich bequem im Nihilismus eingerichtet hat und weiter fortgeschritten ist als Agathon, sein "wahres Ich" zu unterdrücken, wird in der dritten Fassung die innere Stimme hören und im Elysium seine Theorie nicht rechtfertigen können.

Um Hippias und die "strengen Anti-Platonisten, denen alles Schimäre heißt, was sich nicht geometrisch beweisen läßt" (A 508), zu widerlegen, wählt Wieland eine literarische Form. Sie ist einer theoretischen Abhandlung überlegen: die von Wieland im Gespräch dargestellten Personen können sich selbst rechtfertigen, ihre Aussagen erläutern und verteidigen, was keine Lehrschrift vermag.[460] Man muß schauen, ob sie mit sich eins sind oder nicht.[461] Auch wenn sich das wahre Sein und das Wissen davon nicht direkt darstellen lassen, so folgt daraus nicht, daß "die Fiktion" keine "bessere Lösungsmöglichkeit als die Theorie" hat.[462] Erhart, der so urteilt, rechnet doch noch immer damit, daß ein Fazit ausgesprochen werden müßte und ist enttäuscht. Es werde "dem Leser nicht die Entdeckung einer letztlich verbindlichen Sinnebene in Aussicht gestellt"[463] und ein "Prozeß der Selbstaufhebung des Textes"[464] vorgeführt. Er

---

[459] Siehe oben S. 195 ff.

[460] Siehe dazu Wolfgang Wieland: Platon, S. 54.

[461] Werner Frick glaubt, Wieland verwende einen "deiktisch-demonstrativen Wahrheitsbegriff exemplarischer Evidenz", um durch die "Vita Agathons" die "Position" des Hippias zu entkräften, zu dessen Zweck Wieland ein "idealistisches Biographiemodell" erstellt habe, das "als anschauliches Korrektiv eines moralfeindlichen philosophischen Materialismus fungieren" solle (Providenz und Kontingenz, S. 399 f.). Aber die "Vita Agatons" kann die "Position" des Hippias nicht "entkräften", weil sein Leben nicht sittlich ist, da er faktisch den Maximen des Hippias folgt.

[462] Walter Erhart: Entzweiung und Selbstaufklärung, S. 105, Anmerkungsziffer 2.

[463] Ebd. S. 126.

[464] Ebd. S. 139.

hat insofern recht, als "moralische Urteile" nicht "durch den Rekurs auf anthropologische Qualitäten" begründet[465] und die "konventionellen Begründungshierarchien außer Kraft" gesetzt werden.[466] Aber Wieland setzt etwas "Neues an deren Stelle"[467]: die an der sokratischen, nicht objektivierbaren Weisheit orientierte Indifferenz von Ethik und Ontologie. So geht er weit über den "großen Haufen der Moralisten" (A 329) hinaus und es gelingt ihm "hie und da in dieser Geschichte" den "Weg zur Entdeckung dieser moralischen Terra incognita" (A 329) anzudeuten. Wo dieser Weg anlangt, reicht keine Theorie hin; so ist es dem Leser überlassen, sein eigenes unerforschliches Sein zu finden und die erlangte "höchste Weisheit" indirekt durch eine seinsgemäße Praxis und deren widerspruchsfreie Rechtfertigung zu zeigen.
Die "Widerlegung" des Hippias verliert man aus den Augen, wenn die *Geschichte des Agathon* unter der Voraussetzung einer polaren Ich-Konstitution oder einer 'Dialektik der Aufklärung' gelesen wird. Man bleibt an der Oberfläche, wenn die anthropologische, psychologische und naturwissenschaftliche Seite des Erzählens als Zielpunkte des Werkes betrachtet werden. Schon früh feierte man Wieland als Psychologen auf Kosten des Philosophen.

## Der aporetische Schluß der ersten Romanfassung

"Unsere Absichten sind bereits erreicht" (A 512), verkündet der Erzähler nach der Syrakus-Episode: Agathons "allzuidealische Denk-Art" (A 514) wurde herabgestimmt. So verlor er den "tugendhaften Schwulst, welchen die Einfalt übereilterweise für die Tugend selbst hält" (A 504), und gleichzeitig die "Begierde [...], große Taten zu tun, allem Unrecht in der Welt zu steuern" (A 514). Sein Idealismus brachte ihn nicht zu sich selbst, sondern "machte ihn, welches für seine Tugend das Schlimmste war, unvermerkt vergessen, daß er im Grunde doch immer weder mehr noch weniger sei, als ein Mensch" (A 514).
Im Kapitel *Apologie des griechischen Autors* geht es darum, wie es diesem gelingt, aus Agathon "einen tugendhaften Weisen" (A 515) zu machen. Und wie stellt er es an,

[465] Ebd. S. 138.
[466] Ebd. S. 139.
[467] Ebd. S. 139, vgl. Birgit Nübel: Autobiographische Kommunikationsmedien um 1800, S. 146.

> daß man ganz deutlich möchte begreifen können, wie ein solcher Mann – so geboren – so erzogen - [...] - ein so weiser und tugendhafter Mann habe sein können, und (diejenigen, welche nicht gewohnt sind zu denken, mögen es nun glauben oder nicht,) unter den nämlichen, oder doch sehr ähnlichen Umständen, es auch noch heutzutage werden könnte (A 516)?

Möglichkeiten werden erwogen, das Problem zu lösen. Aber von allen dreien, die Wieland einem griechischen Autor in den Mund legt, distanziert sich der Erzähler. Der Leser soll die eigentliche Lösung finden.
Erste Möglichkeit: Der griechische Autor macht aus Agathon einen "misanthropischen Einsiedler". Doch daran hindern ihn - von seiner Heiterkeit und Güte abgesehen - seine Zweifel an der "Vortrefflichkeit einer einsiedlerischen Tugend" (A 515). Denn Arete und Misanthropie schließen sich gegenseitig aus und Soliloquien tendieren zu Selbsttäuschungen, sofern die Gesprächsintention unbewußt bleibt.
Zweite Möglichkeit: Er führt Agathon "wieder in die weite Welt zurück" (A 515). Dadurch würde Agathon sehr wahrscheinlich "in seiner antiplatonischen Denk-Art durch immer neue Erfahrungen bestärkt, und [...] um diesen kostbaren Überrest seiner ehemaligen Tugend gebracht" (ebd.) werden. Bestenfalls würde er

> eine Art von Mittel zwischen Weisheit und Torheit [..] von wahren und willkürlichen Begriffen, von Aberglauben und Unglauben [...]; kurz, eine so vortreffliche Art von Geschöpfen werden [...] wie ungefähr die meisten von uns andern sind, wir mögen es nun einsehen - und wenn wir`s einsehen, eingestehen - oder nicht. (A 515)

Doch den "meisten" Menschen fehlt sittliche Einsicht, um Agathon "zu jenem *Kenne dich selbst* behülflich" sein zu können (A 767).
Dritte Möglichkeit: Er versetzt Agathon in "glückliche Umstände" (A 516). Dazu habe sich der griechische Autor entschlossen und sich dabei "ein wenig in das Land der Ideen, der Wunder [...], der schönen Seelen und der utopischen Republiken" verirrt (A 512). Aber Wieland hat sich nicht verrannt. Die Leser mögen dem griechischen Autor "soviel Glauben" schenken, "als sie gerne wollen; wir an unserm Teil nehmen uns der Sache weiter nichts an; unsere Absichten sind bereits erreicht, und die glücklichen oder unglücklichen Umstände, welche dem Agathon noch bevorstehen mögen, haben nichts damit zu tun" (A 512), Agathon "weise und tugendhaft" (A 513) zu machen. Die Aussage des Erzählers ist wörtlich zu nehmen. Indem Wieland eine Lösung anbieten und sie sofort bestreiten läßt, enthebt er sich des Urteils, wie Tugend

und Weisheit zu erlangen sind. Die Urteilsenthaltung ist eine besondere Spielart der Ironie. Platon benutzte sie.

> Wer sich eines Urteils enthält, kann damit auch auf Formen des Wissens und der Einsicht aufmerksam machen, die nicht zum propositionalen Formkreis gehören. In solchen Fällen gibt das Ironiesignal zu verstehen, daß das eigentlich Intendierte durch sprachliche Formulierungen gar nicht mitgeteilt werden kann.[468]

Wieland übernahm diese Ironie; in der *Unterredung mit dem Pfarrer von **** gesteht er:

> Wenn ich in vielen meiner Schriften mich der *Ironie* öfter bedient habe, als es vielleicht der jetzigen Stimmung des Deutschen Nazionalgeistes (wofern wir anders einen haben sollten) angemessen ist; so geschah es gewiß in keiner schlimmern Absicht, als in welcher Sokrates ehemahls unter den Athenern (die ihn größten Theils nicht besser verstanden als mich die Deutschen) das nehmliche that. (WG 30, 465)

Da das Eigentliche nie direkt zu vermitteln ist, fragt sich Wieland:

> Aber wie soll sich ein armer Autor helfen, der (alles wohl überlegt), nur ein einziges Mittel vor sich sieht, aus der Sache zu kommen, und dieses ein gewagtes? Man hilft sich wie man kann, und wenn es auch durch einen Sprung aus dem Fenster sein sollte. (A 516)

Auch Agathon wird springen müssen. Er kam aus dem Meinen noch nicht heraus; durch sein Nachdenken änderte er nur seine Meinungen. Um ein nichtpropositionales, nicht objektivierbares Wissen zu erlangen, bedarf es des Sprunges. "Von der Meinung führt kein unmittelbarer Weg zum Wissen."[469] Dieser Sprung ist alles andere als "unbrauchbar"[470] oder "durch nichts begründet."[471] Er befreit von der Systemphilosophie wie Jacobis "Salto mortale" in die "Unphilosophie". Springen sollen aber auch die "Leser und Leserinnen"; sie sollten nicht bloß "Geschmack an dieser Geschichte" gefunden haben, "noch angenehmer" ist es dem Erzähler, "wenn sie weiser oder besser dadurch geworden sein sollten. Indessen ist das ihre Sache." (A 554)
Einen "Sprung" in das "Land der Wunder" offeriert er "den gutherzigen Leuten", die es "gerne haben, wenn sich am Ende alles zu allerseitigem Vergnügen, mit Entdeckungen, Erkennungen, glücklichem Wiederfinden der verlor-

---

[468] Wolfgang Wieland: Platon, S. 62.
[469] Ebd. S. 289.
[470] Walter Erhart: Entzweiung und Selbstaufklärung, S. 177.
[471] Hans-Jürgen Schings: Der anthropologische Roman, S. 255.

nen Freunde, und etlichen Hochzeiten endet" (A 512). Doch mit dergleichen Äußerlichkeiten des Lebens wird freilich das gesetzte Ziel nicht erreicht.
Wielands Distanz zum glücklichen Ende seiner Geschichte ist angewandte Schriftkritik[472] Platons. Im *Siebten Brief*[473] (die Echtheitsfrage des Briefes muß hier nicht diskutiert werden) spottet der Verfasser über alle, die Ergebnisse philosophischer Unterweisung aufschreiben.[474]

> Kritisiert wird nicht die Schrift als solche. Kritisiert wird, wer mit ihr auf unangemessene Wiese umgeht und wer ihr Leistungen abverlangt, die sie nun einmal nicht erbringen kann. Wer Aufgeschriebenes besitzt oder kennt, unterliegt leicht dem Irrglauben, damit auch bereits das zu wissen und zu verstehen, wovon es handelt. [475]

Auch sonst ist bekanntlich Platon gegen Dichtung skeptisch. In der *Apologie* spricht er den Dichtern eigentliches Wissen ab[476] und im X. Buch der *Politeia* rechtfertigt er die Vertreibung der darstellenden Dichtung aus dem Staat.[477] Er begründet es damit, daß man im Nachahmen, im Mimen sich selbst vergißt.

> Auch wer, ohne selbst nachzuahmen, solcher Nachahmung nur zuschaut, gibt sich doch hinein in das Nachgeahmte, in der Weise der Sympathie, und d.h. er vergißt sich selbst im

---

[472] Phaidros 274b - 278b; 7. Brief 340b ff.; siehe dazu Wolfgang Wieland: Platon, 13 ff.

[473] Daß Wieland den 7. Brief kannte, belegt Wielands 6. Anmerkung im Kapitel *Über das Historische im Agathon*: "*Epist. 7. Tom III. opp. p. 323. ed. Steph.*" (A 576)

[474] 7. Brief 341 b ff.: "Das zumindest kann ich wahrlich über alle verkünden, die darüber schon geschrieben haben und noch schreiben werden und die zu kennen behaupten, worum ich mir Mühe mache, ob sie es nun von mir gehört oder von anderen oder selbst herausgefunden haben wollen: Die können nach meiner Auffassung von der Sache nichts verstehen. Es gibt ja auch von mir darüber keine Schrift und kann auch niemals eine geben; denn es läßt sich keineswegs in Worte fassen wie andere Lerngegenstände, sondern aus häufiger gemeinsamer Bemühung um die Sache selbst und aus dem gemeinsamen Leben entsteht es plötzlich - wie ein Feuer, das von einem übergesprungenen Funken entfacht wurde - in der Seele und nährt sich dann schon aus sich heraus weiter. [...] Wenn ich jedoch die Ansicht gehabt hätte, es könne für weite Kreise hinreichend geschrieben und gesagt werden, was hätte ich dann Herrlicheres tun können in meinem Leben, als dies niederzuschreiben zum großen Nutzen für die Menschen und allen die wahre Natur ans Licht zu ziehen? Doch ich meine, daß für die Menschen ein Versuch damit in der beschriebenen Art nicht gut wäre, außer für einige wenige, die es jedoch auch selbst nach wenigen Hinweisen herausfinden können. Alle übrigen würden sich entweder mit unaufrichtiger Geringschätzung aufblasen und damit der Sache nicht gerecht werden oder mit der hohen, eitlen Hoffnung, sie hätten irgend etwas Erhabenes gelernt."

[475] Wolfgang Wieland: Platon, S. 17.

[476] Aplogie 22b f.

[477] Politeia 595a ff.

> Mitleben mit dem Anderen, dem er zusieht. [...] So trifft diese Kritik der mimetischen Dichtung [...] nicht bloß die falschen und gefährlichen Inhalte der mimetischen Kunst oder die Wahl einer unstatthaften Darstellungsweise. Sie ist zugleich eine *Kritik des 'ästhetischen Bewußtseins' in seiner moralischen Problematik.*[478]

Einer solchen Dichterkritik, die die "ästhetische Selbstvergessenheit"[479] tadelt, schließt sich Wieland an, damit der Roman nicht bloß als Roman gelesen und das darin Gesagte als eigentliche Auskunft hingenommen werde. Er, der Autor, habe

> niemalen daran gedacht [...], einen Roman zu schreiben, wie sich vielleicht manche, ungeachtet des Titels und der Vorrede, zu glauben in den Kopf gesetzt haben mögen - und da dieses Buch, in so fern der Herausgeber Teil daran hat, kein Roman ist, noch einer sein soll; so hat er sich auch um die so genannte Schürzung des Knotens, und ob der Verfasser der Urkunde seinen Knoten geschickt oder ungeschickt entwickelt oder zerschnitten hat, wenig zu bekümmern." (A 517)

Die *Geschichte des Agathon* ist kein "Roman", der irgendeine Wirklichkeit oder Wahrheit reflektiert, sondern eine Geschichte von Irrtümern und letztlich einer philosophischen Ideologie, die als solche durchschaut werden soll. Wer dem Thetischen mißtraut, hat eine Chance, das eigentlich Intendierte abzusehen. Platons Dialoge und so auch Wielands *Agathon* können "nur dem etwas sagen, der mehr als das Wörtliche aus ihnen empfängt und in sich wirksam werden läßt."[480] Wie sich "die platonische Dialogdichtung einer ästhetischen Auffassung [...] widersetzen" muß,[481] so läßt die *Geschichte des Agathon* keine Einstimmung ins dargestellte Geschehen zu.

Die Wieland-Forschung glaubt größtenteils, das glückliche Finale sei "zur Einlösung des normativen Romanprogramms gleichwohl notwendig".[482] Da-

---

[478] Hans-Georg Gadamer: Platos dialektische Ethik, S. 199.

[479] Ebd. S. 199.

[480] Ebd. S. 203.

[481] Ebd. S. 201.

[482] Walter Erhart: Entzweiung und Selbstaufklärung, S. 163. Ebenso glaubt Werner Frick (Providenz und Kontingenz, S. 489), die "Tarent-Episode soll die Erfüllung des moralteleologischen Plans bringen", und auch Horst Thomé (Roman und Naturwissenschaft, S. 234) vertritt die Ansicht, der Erzähler "transzendiert den Roman in die Utopie, um das Versprechen des Vorberichts einhalten zu können". Auch Reinhard Döhl sagt im Nachwort zur *Geschichte des Agathon* der Reclam-Ausgabe, S. 667: "Wieland wählte diese Ausflucht in die Staats- und

durch hat sie den Text um seine eigentliche Pointe gebracht. Erhart spricht dem Finale Funktionen ab,[483] die Wieland dem glücklichen Ende gar nicht aufträgt. Denn es ist an all die Leser adressiert, die mit der "Geschichte" ohnehin unangemessen umgehen, indem sie sich nun einmal "in den Kopf gesetzt haben", sie läsen einen "Roman" der Aufklärung. Unter der Voraussetzung, eine Lösung der Aporie sei direkt mitteilbar, Wieland hätte sie also aufgeschrieben, wenn er sie gewußt hätte, hat man behauptet, "Lösungen" seien "nicht in Sicht",[484] Wieland fliehe "in die "Utopie",[485] der Roman sei mißlungen,[486] die "Einheitskonzeption" gescheitert.[487] Das Finale enthülle das "Vakuum zwischen Barock und Klassik"[488]; der Schluß sei "eine autonome Leistung des poetischen Bewußtseins"[489] oder die Gestaltung einer "'bestmöglichen Welt'" durch eine "poetische Vernunft".[490] Damit aber bleibt die Forschung auf dem Niveau der Protagonisten oder der Erzählung. So hält man die erste Fassung des *Agathon* für ein Fragment,[491] weil man die Auflösung eines Problems erwartet. Doch sie ist sowenig fragmentarisch wie Platons aporetische Dialoge. Wieland bezeichnet sie als "unvollendet" (A 589), weil es offen bleibt, ob Agathon das Ziel erreicht. Unvollendet ist sie nicht deshalb, weil sich das Ziel nicht direkt mitteilen läßt. Indirekt ist das Erreichen der

---

Bürgeridylle von Tarent, in der alle mit Maß und Vernunft in sozialem Frieden leben, weil sein Entwurf humaner Entwicklung sie sozio-psychologisch voraussetzte: als den Ausgleich zwischen Herz und Kopf, zwischen Tugend und ästhetischem Weltsinn, zwischen Gefühl und Wirklichkeit, zwischen dem Einzelnen und dem Ganzen." Vgl. Hans-Jürgen Schings: Melancholie und Aufklärung, S. 202 f.

483 Walter Erhart: Entzweiung und Selbstaufklärung, S. 163 ff.

484 Werner Frick: Providenz und Kontingenz, S. 495.

485 Wolfgang Paulsen: Wieland, S. 171; Peter J. Brenner: Die Krise der Selbstbehauptung, S. 130.

486 Gerd Hemmerich: Werkinterpretation, S. 95.

487 Sybille Gössl: Materialismus und Nihilismus, S. 63.

488 Friedrich Sengle: Wieland, S. 196.

489 Horst Thomé: Roman und Naturwissenschaft, S. 236.

490 Klaus Oettinger: Phantasie und Erfahrung, S. 97.

491 Walter Erhart: Entzweiung und Selbstaufklärung, S. 20; Klaus Manger: Kommentar, in : Christoph Martin Wieland, Geschichte des Agathon, Frankfurt 1986, S. 797-1114, S. 858; Horst Thomé: Roman und Naturwissenschaft, S. 243; Reinhard Döhl: Nachwort zur Reclam-Ausgabe der *Geschichte des Agathon*, S. 667; Friedrich Sengle: Wieland, S. 196.

Weisheit mitteilbar, wie sich in der zweiten und dritten Fassung zeigt, die belegen, daß ein aporetischer Schluß nicht notwendig ist.

### Das Spiel mit der Lesererwartung

Wieland weiß, daß schwerlich alle Leser den Anspruch des Werkes verstehen werden. Damit ihnen der *Agathon* nicht mehr schadet als nutzt, erfindet er einen glücklichen Ausgang. Lieber läßt er den "unschuldigen Leser[n]" die Hoffnung, Agathon werde durch glückliche Umstände "weise und tugendhaft", als ihnen durch "einen so jämmerlichen Ausgang, als eine schwermütige, menschenfeindliche Imagination nur immer erdenken kann" (A 513), ihren Glauben an Tugend und Religion zu rauben. Er würde gegen seine eigene Überzeugung verstoßen, denn

> der Filosof ist kaum dieses Nahmens werth, der nicht bedenkt, daß gegen *Einen* Menschen, der der *Religion* ohne Nachtheil seiner Moralität und Gemüthsruhe entbehren kann, *zehn tausend* sind, die, wofern sie auch ihren *edelsten Zweck* an ihnen verfehlte, doch ohne den *Zaum*, den sie ihnen anlegt, *schlimmer*, oder ohne die *Hoffnung*, die sie ihnen giebt, *unglücklicher* seyn würden, als sie sind. (WG 29, 132)

Auch den Glauben an die Vorsehung läßt er ihnen, um den Schaden gering zu halten. Mit freundlicher Ironie werden die glücklichen Fügungen den "Unsterblichen" zugute gehalten, "die das Gewebe der menschlichen Zufälle leiten", Agathon ein Rettungsmittel senden (A 26) und immer bereit sind, "der sinkenden Tugend die Hand zu reichen" (A 336). [492]
Entsprechend verwendet Wieland nicht die geringste Mühe darauf, den märchenhaften Charakter zu verschleiern. Agathon findet seine" für tot" (A 529) gehaltene Psyche als "Gemahlin des Cirtolaus" (A 528) wieder. Sie entpuppt sich als seine Schwester und er kann von Glück sagen, sie nur "platonisch" (A 529) geliebt zu haben. Er bereut, Danae verlassen zu haben, wünscht sie zurück und Wieland schafft sie herbei, um mit den "scharfsinnigen Lesern" zu spielen.

> 'Wohin uns diese Vorbereitung wohl führen soll?' - werden vielleicht einige von unsern scharfsinnigen Lesern denken - 'ohne Zweifel wird man uns nun auch die Dame Danae

---

[492] Werner Frick (Providenz und Kontingenz, S. 466) ließ sich durch die Providenzmetaphern zu der Behauptung verleiten: "Wenn subjektive Moralität Aussicht auf objektives Glück haben soll, muß eine Überinstanz des Geschehens angenommen werden dürfen, die zwischen Subjekt und Welt vermittelt und beider Synthese garantiert."

> von irgend einem dienstwilligen Sturmwind herbeiführen lassen, nachdem uns, ohne zu wissen, wie? das gute Mädchen Psyche, durch einen wahren Schlag mit der Zauberrute, aus dem Gynäceo des alten Archytas entgegengesprungen ist -' 'Und warum nicht? – nachdem wir nun einmal wissen, wie glücklich wir unsern Freund Agathon dadurch machen könnten' 'aber wo bleibt alsdann das Vergnügen der Überraschung, welches andre Autoren ihren Lesern mit so vieler Mühe und Kunst zu zuwenden pflegen.' 'Es bleibt aus, meine Herren; und Diderot kann Ihnen, wenn Sie wollen, sagen, warum Sie wenig oder nichts dabei verlieren werden. (A 532)

Die Scharfsinnigen, die das fehlende Überraschungsmoment einklagen, täuschen sich in der Annahme, Agathon werde durch die Herbeizauberung Danaes "glücklich". Doch "nachdem wir nun einmal wissen, wie glücklich wir unsern Freund Agathon dadurch machen könnten", erschüttert Wieland das Zutrauen; Agathon wird durch die Anwesenheit Danaes unglücklich. Die "Vorrechte eines Bruders bei ihr" genügen ihm nicht, doch Danae widersteht seinen "zärtlichen Verführungen", so daß "Psyche endlich selbst Mitleiden mit ihm zu haben anfing" (A 553). "Es wäre uns leicht", spöttelt der Erzähler, "unsern Lesern hierüber aus dem Wunder zu helfen; aber wir überlassen es ihnen zu erraten, was er tat - oder auszumachen, was er hätte tun sollen." (A 553)

Auch im "Land der Ideen" und "Wunder" kann Agathon nur durch die "höchste Weisheit" glücklich werden. Sie fällt ihm durch den glücklichen Umstand, Hausgenosse des weisen Archytas zu sein, sowenig in den Schoß, wie in Platons *Symposion* die Weisheit des Sokrates auf den Tischnachbarn Agathon überfließt.[493]

Also darf Agathon nicht hoffen, "von Danae nach angemessener Frist wieder in alle vorigen Rechte eingesetzt zu werden - der spielerisch offene Schluß", glaubt Werner Frick, ließe "kaum eine andere Lesart zu –".[494] Indessen hat Danae die Unbeständigkeit und Unwirklichkeit der idealischen Liebe durch-

493 Symposion 175cff: "Agathon also, der zuunterst allein gelegen, habe gesagt: Hierher, Sokrates, lege dich zu mir, damit ich durch deine Nähe auch mein Teil bekomme von der Weisheit, die sich dir dort gestellt hat im Vorhofe. Denn offenbar hast du es gefunden und hast es nun, du hättest ja sonst nicht abgelassen. - Da habe sich Sokrates gesetzt und gesagt: Das wäre vortrefflich, Agathon, wenn es mit der Weisheit so wäre: daß sie, wenn wir einander nahten, aus dem Volleren in den Leereren überflösse, wie das Wasser in den Bechern durch einen Wollfaden aus dem vollen in den leeren fließt. "

494 Werner Frick: Providenz und Kontingenz, S. 487.

schaut und gelangte zu einer "neuen Denkungs-Art" (A 553), die sie im Erzählen ihrer "geheimen Geschichte" in der zweiten Romanfassung bekundet.

### Das Unverständnis der zeitgenössischen Leser

Die Mißverständnisse über Wielands Roman haben Tradition. Schon 1763 teilte Wieland Geßner mit: "Daß ich in wenigen Jahren eine Apologie für mich und meine Schriften werde nöthig haben, sahe ich schon lange voraus; Agathon, der in allen Betrachtungen *ärgerlicher* ist als Silvio, wird Murrens und Schreiens genug erwecken."[495] Gemurrt wurde vor allen Dingen über die Moralität des Romans. Auch die hellsten Köpfe seiner Zeit haben Wielands Absicht nicht begriffen.
Mendelssohn sagte:

> Den Agathon habe ich mit ungemeinem Vergnügen gelesen. Herr W. zeigt sich in demselben als ein großer Schriftsteller. Was in demselben meiner Neigung zwider war, ist der Anstrich von bitterer Laune, mit welcher Herr W. nunmehr die menschlichen Dinge zu betrachten anfängt. Es scheint ihn noch sehr zu kränken, daß es in der Welt nicht so gehet, wie er sichs in seiner jugendlichen Schwärmerey vorgestellt, und er aus Menschenliebe fast zum Mysantropen (sic) zu werden. Zehn Jahre längere Erfahrung werden ihn wahrscheinlicherweise in die gleichmüthige Gemüthsverfassung setzen die über Bewunderung und Unwillen gleich weit hinweg ist, und die er bey seinem Archytas so meisterhaft beschreibt. - Im Uebrigen zeigt er in diesem Werke meines Erachtens wahre Weisheit und Kenntnis des Herzens in vollem Maaße.[496]

Mendelssohn, der Autor des *Phädon oder über die Unsterblichkeit der Seele* von 1767, verkannte Wielands antitheoretische Ethik. Wie sollte er auch, da er im *Phädon* die Figur Sokrates nahezu "zum Leibnitzianer"[497] macht und ihn "wie einen Weltweisen aus dem achtzehnten Jahrhunderte"[498] die Unsterblichkeit

---

[495] WBr. 3, 207.

[496] Zitiert nach Jacob Keller: Zur Geschichte von Mendelssohns Phädon, in Euphorion 5 (1898), S. 685-694, S. 693.

[497] Moses Mendelssohn schrieb am 22. 7. 1766 an Thomas Abbt: "Meine Gründe lege ich dem Sokrates in den Mund. Ich laufe Gefahr, meinen Sokrates vielleicht zum Leibnitzianer zu machen. Allein das thut nichts. Ich muss einen Heyden haben, um mich auf die Offenbarung nicht einlassen zu dürfen." Zitiert bei Dominique Bourel: Nachwort zur Entstehung des "Phädon", in: Moses Mendelssohn: Phädon oder über die Unsterblichkeit der Seele. Mit einem Nachwort hrsg. von Dominique Bourel und einer Einleitung von Nathan Rothenstreich, Hamburg 1979, S. 161-173, S. 169.

[498] Moses Mendelssohn: Phädon oder über die Unsterblichkeit der Seele, Vorrede, S. 9.

der Seele auf der Grundlage der Theorie der Stetigkeit beweisen läßt. Die Plausibilität des "Sprungs" aus dem Meinen blieb ihm wie Lessing und Herder verborgen. Noch zwanzig Jahre später war Lessing unfähig, Jacobis Sprung aus dem Spinozismus zu vollziehen;[499] so hat er denn, wie Jacobi am 27. 10. 1772 Wieland berichtete, "gegen die Moralität desselben sehr heftig declamirt". Lessing soll gesagt haben:

> 'Als ein Werk der Kunst betrachtet [...] ist die Geschichte des Agathon vortrefflich, aber ein sittlich gutes Buch ist sie nicht. Wieland hat das Resultat davon in einen einzigen Vers gebracht. Die Tugend ist, wenn wir die Weisen fragen, *ich weiß nicht, was.* Warum will er dem Menschen die Meinung in den Kopf und in das Herz schmeicheln, die Begriffe von Tugend und Schönheit haben nichts Wesentliches in sich, es sey beinahe damit eine bloße affaire de caprice.'[500]

Das Mißverständnis ist eklatant. Daran ändert auch sein in der *Hamburgischen Dramaturgie* ausgesprochenes Lob nichts: die *Geschichte des Agathon* sei "der erste und einzige Roman für den denkenden Kopf, von klassischem Geschmacke."[501] Lessing lobte die poetologische Originalität der naturgetreuen Menschendarstellung. Da sie von der älteren Literatur außerordentlich absticht, gehöre das Werk "unstreitig unter die vortrefflichsten unsers Jahrhunderts".[502] Lessing zweifelt, ob der *Agathon* überhaupt die damals abschätzige Gattungsbezeichnung 'Roman' verdiene.[503] Als philosophisches Werk, in welchem es dem Autor gar nicht um die Nachahmung der Natur geht, sondern um Wissen, hat Lessing die *Geschichte des Agathon* dennoch nicht begriffen.

---

499 Spin 44: "Lessing: Gut, sehr gut! Ich kann das alles auch gebrauchen; aber ich kann nicht dasselbe damit machen. Ueberhaupt gefällt ihr Salto mortale mir nicht übel; und ich begreife, wie ein Mann von Kopf auf diese Art Kopf-unten machen kann, um von der Stelle zu kommen. Nehmen Sie mich mit, wenn es angeht. Ich: Wenn Sie nur auf die elastische Stelle treten wollen, die mich fortschwingt, so geht es von selbst. Lessing: Auch dazu gehörte schon ein Sprung, den ich meinen alten Beinen und meinem schweren Kopfe nicht mehr zumuthen darf."

500 WBr. 5, 15.

501 Hamburgische Dramaturgie, 69. Stück, 20. Dezember 1767, LW IV, 555.

502 Ebd. LW IV, 554.

503 Ebd. LW IV, 555: "Roman? Wir wollen ihm diesen Titel nur geben, vielleicht, daß es einige Leser mehr dadurch bekömmt. Die wenigen, die es darüber verlieren möchte, an denen ist ohnedem nichts gelegen."

Auch Herder gewann aus Wielands *Agathon* keine sokratische Weisheit, da er die Geschichte als Vorbild einer "Universalgeschichte der Bildung der Welt"[504] meinte gebrauchen zu können. Diese soll "aus dem lebendigen Vorstellen der Bilder aller Zeiten und Sitten und Völker" gesammelt sein, und so hätte er "gleichsam daraus die Geschichte eines Agathon jeder Nation gedichtet".[505] Er plante einen "Cathechismus der Menschheit",[506] ein "*Buch zur Menschlichen und Christlichen Bildung*", das "lehren und bilden", die "Grundsätze der Psychologie [...] der Ontologie, der Kosmologie, der Theologie, der Physik enthalten" und "eine lebendige Logik, Ästhetik, historische Wissenschaft und Kunstlehre werden sollte".[507] Da Herder anders als Wieland Tugend und Sittlichkeit für lehrbar hielt, unterscheiden sich ihr Wissensbegriff und Humanitätsideal.[508] Während Herder glaubt, der "Catechismus Luthers muß recht innig auswendig gelernt werden und ewig bleiben",[509] ist nach Wieland das "auswendig" Gelernte gerade dazu prädestiniert, nicht "ewig" zu bleiben, weil es aufgrund der Objektivierbarkeit nicht fest mit dem "wahren Ich" verbunden ist.
Auch der junge Goethe hielt sich ans Äußerliche, wenn er bei seiner Rezension von Johann Georg Sulzers *Allgemeiner Theorie der schönen Künste* bemerkte:

> Über die Moralität seiner Schriften ist der Verfasser des *Agathon* und der *Musarion* bei allen gesunden Köpfen längst gerechtfertigt, und Kenner des menschlichen Herzens mögen entscheiden, ob eine Leitung und Verfeinerung des Gefühls durch Blumenpfade einer lachenden Landschaft nicht geschwinder zum Ziel führe, als die kürzeste mathematische Linie des moralischen Raisonnements.[510]

Goethe übersah den Weg zum Selbst. So rief er auch in seiner Logenrede Wieland eine "sittliche Sinnlichkeit, die gemäßigte, geistreiche Lebens-

---

[504] Journal meiner Reise im Jahre 1769, in: Johann Gottfried Herder, Werke, 2 Bde., hrsg. von Wolfgang Pross, München, Wien 1984-87; Lizenzausgabe für die Wissenschaftliche Buchgesellschaft Darmstadt, Bd. 1, S. 365.

[505] Ebd. S. 375.

[506] Ebd. S. 385.

[507] Ebd. S. 379.

[508] Daß Wieland ein ähnliches Humanitätsideal wie Herder vertreten habe, glauben u.a. Susanne Wipperfürth (Wielands geschichtsphilosophische Reflexionen, S. 212) und Herbert Dinkel (Herder und Wieland, München 1959, S. 21 ff., S. 132).

[509] Journal meiner Reise, S. 384.

[510] Goethes Werke, hrsg. im Auftrage der Großherzogin Sophie von Sachsen, 143 Bde., Weimar 1887-1919, Abt. I, Bd. 37, S. 197.

freude"[511] nach, eine Fehleinschätzung, welche die Wieland-Forschung tradierte. Ebenso führte Goethes Urteil in die Irre, an Shaftesbury "fand unser Wieland [...] einen wahrhaften älteren Zwillingsbruder im Geiste, dem er vollkommen glich, ohne nach ihm gebildet zu sein; wie man denn von Menächmen nicht sagen könnte, welcher das Original, und welcher die Copie sei."[512]

An Zimmermann schrieb Wieland: "Urtheilen Sie, da einer von meinen guten Freunden, und was noch lustiger ist, ein Kunstrichter, mich im Vertrauen ersuchte, ich möchte ihm doch sub rosà sagen, was eigentl: meine wahre Absicht unter diesem Buche sey".[513] Während das moralphilosophische Werk Johann Georg Meusel einen "wahrhaftig erbaulichen Zeitvertreib", aber auch "Kopfschütteln" und Gähnen" verschaffte, denn das Erzählen sei allzu "weitläufig und umständlich",[514] bereitete es Riedel "patriotische Freude".[515] Er lobte die "glänzendsten Ausflüsse einer reichen Einbildungskraft", die "Beredsamkeit" und die "Mischung von attischer und brittischer Laune",[516] so daß Wieland Riedel riet, er möge "den Agathon nach wiederholtem Lesen, mit kaltem Blut, und in der Absicht: de saisir l`esprit de l`ouvrage [...] kritisiren; denn diesen haben, wie mich däucht, alle bisherigen Recensenten übersehen."[517] Für Haller, der den Autor mit Marivaux und Crébillon vergleicht, ist Wieland "philosophischer als die beiden Franzosen", ohne freilich Wielands eigene Philosophie auszumachen.[518] Und nach Heinrich Wilhelm von Gerstenberg wage sich Wieland "durch ein Original" hervor, "das dem geistreichsten Britten Ehre machen würde", aber er sei "in einzelnen Stücken [...]

[511] Zu brüderlichem Andenken Wielands 1813, in: Goethes Werke, Abt. 1, Bd. 36, S. 314: "Nur wenig Monate sind es, als die verbundenen Brüder ihre geheimnisvolle Sphinx für ihn mit Rosen bekränzten, um auszudrücken, daß wenn Anakreon, der Greis, seine erhöhte Sinnlichkeit mit leichten Rosenzweigen zu schmücken unternahm, daß die sittliche Sinnlichkeit, die gemäßigte, geistreiche Lebensfreude unsers Edlen einen reichen, gedrängt gewundenen Kranz verdiene."

[512] Ebd. S. 323.

[513] WBr. 3, 542 f.

[514] Zitiert nach Lieselotte E. Kurth-Voigt: Wielands "Geschichte des Agathon": Zur Journalistischen Rezeption des Romans, in: Wieland-Studien I (1991), S. 9-42, S. 14.

[515] Ebd. zitiert S. 18.

[516] Ebd. zitiert S. 18.

[517] WBr. 3, 520.

[518] Zitiert nach Lieselotte E. Kurth-Voigt: Wielands "Geschichte des Agathon", S. 11.

zu sehr Nachahmer bald von Fielding, bald von Rousseau, bald von Cervantes". Wieland sei

> bewunderungswürdig in den phantasiereichsten Zügen des Platonismus, und in den nur allzuglänzenden Gemählden beydes der geistigen und körperlichen Wollust, noch bewunderungswürdiger in der überschwenglichen Fülle seiner philosophischen Bemerkungen, seiner Weltkenntnis, und seiner fast attischen Beredsamkeit,

jedoch die "in ein System gebrachte epicurische Philosophie, der ziemlich herrschende Skepticismus und die schwelgerische Schlüpfrigkeit einiger der reizendsten Gemälde [...]: alles das ist wirklich anstößig."[519] Auch Isaak Iselin kritisierte in der *Allgemeinen deutschen Bibliothek* die "Schlüpfrigkeit der Ausdrücke", die "nicht anständigen Scherze" und die "undeutschen und fremden Worte".[520] Was Iselin "aber am anstößigsten vorgekommen ist, sind eine Menge unbestimmter Stellen, welche den Leser in einer großen Ungewißheit lassen, ob der Verf. an die Tugend glaubt oder nicht."[521] Wieland rede "zu unbestimmt", aber Iselin war zuversichtlich, der Autor werde "in einigen Jahren viele seiner Begriffe genauer bestimmen und viele seiner Urtheile verbessern".[522]

Während vorwiegend Männer den *Agathon* als unmoralisch und sittengefährdend rügten, trugen viele Damen keine moralischen Bedenken, sondern nahmen ihn begeistert auf.[523] Beispielsweise umschrieb Caroline Flachsland, die spätere Gattin Herders, ihre Empfindungen mit Textstellen aus dem Agathon.[524] Durch die empfindsame Aufnahme blieb Wielands Wunsch, die Leser sollten "weiser oder besser dadurch geworden sein" (A 554), unerfüllt. Und wenn sie, wie Kurth-Voigt feststellt, als "schöpferische Leser [...] das Dargestellte nicht passiv aufnahmen, sondern bereit waren, es phantasievoll zu erweitern", dann rezipierten sie gerade nicht so, "wie Wieland es hoffte".[525]

---

519 H. W. v. Gerstenbergs Rezensionen in der Hamburgischen Neuen Zeitung 1767-1771, hrsg. von O. Fischer, Berlin 1904 (Deutsche Literaturdenkmale des 18. und 19. Jahrhunderts, Nr. 128, 3. Folge, Nr. 8), 62. Stück, S. 46-49.

520 Allgemeine deutsche Bibliothek, 6. Bd. (1768) 1. Stück, S. 190-211, S. 201 f.

521 Ebd. S. 202.

522 Ebd. S. 204.

523 Siehe zu diesem Phänomen Thomas C. Starnes: Wieland und die Frauenfrage, S. 221 ff.

524 Vgl. Lieselotte E. Kurth-Voigt: Wielands Leser: Persönliche Perspektiven der Rezeption. Aus Herders Korrespondenz, in: Modern Language Notes 99 (1984), S. 554-570, S. 559 ff.

525 Ebd. S. 569.

Im Brief an Geßner machte Wieland seinem Mißbehagen Luft:

> Insonderheit wird der arme Agathon so abscheulich gelobt, und so dumm getadelt, daß man nicht weiß, ob man lachen, weinen oder nach dem spanischen Rohre greifen soll. Die Wirkung, die alles das auf mich gethan hat, ist, mich zu dem seltsamen Entschluß zu bringen, sobald ich Zeit habe, in der Klotzischen Bibliothek persönlich aufzutreten, und den einfältigen Schelmen von Bewunderern und Tadlern selbst zu sagen, was ich von ihnen und meinem Buch halte. Das Lustigste ist, daß keiner, auch nicht ein einziger, die Absicht und den Zusammenhang des Ganzen ausfindig gemacht hat.[526]

Es ist Wielands Platonverständnis, das den Zeitgenossen fehlt, um Sinn und "Absicht" auszumachen. Die moralfeindliche Aufnahme des Werkes signalisiert die Kluft zwischen Wielands Orientierung am Wissen vom Guten und dem Platonbild der Zeitgenossen, die Platon zum Schwärmer (Gerstenberg) stilisierten und Sokrates ein mathematisches Wissen (Mendelssohn) unterstellten.[527]

Wielands Kritiker tun so, wie Sokrates im *Phaidros* sagt:

> Wer also eine Kunst in Schriften hinterläßt und auch wer sie aufnimmt, in der Meinung, daß etwas Deutliches und Sicheres durch die Buchstaben kommen könne, der ist einfältig genug und weiß in Wahrheit nichts von der Weissagung des Ammon, wenn er glaubt, geschriebene Reden wären noch sonst etwas als nur demjenigen zur Erinnerung, der schon das weiß, worüber sie geschrieben sind.[528]

Friedrich Heinrich Jacobi macht eine große Ausnahme, seine Vorschläge zur zweiten *Agathon*-Ausgabe zeigen es.

---

[526] WBr. 3, 512.

[527] Siehe zur Platonrezeption Bernd Auerochs: Platon um 1800, Benno Böhm: Sokrates im 18. Jahrhundert.

[528] Phaidros 275d.

## V. Zweite Romanfassung

In der *Abdankung* der ersten Fassung verspricht der Herausgeber, "das System des weisen Archytas" und "die Geschichte der schönen Danae" (A 554 f.) demnächst zu liefern. Man mußte sich noch sechs Jahre gedulden. Erst 1773 erschien die zweite Fassung in zwölf Büchern und vier Teilen unter dem Titel *Agathon* bei Weidmanns Erben und Reich in Leipzig. Wieland entschuldigte sich, die Gespräche zwischen Archytas und Agathon aus unvorhersehbaren "Ursachen" nicht "zu Stande gebracht" (A 587) zu haben und versicherte, *Agathon* verliere dadurch "nichts an seiner Vollständigkeit" (A 588). Erweitert wurde der Roman durch die *Geheime Geschichte der Dana*e und *Über das Historische im Agathon.* Außerdem modifizierte Wieland das Streitgespräch zwischen Hippias und Agathon auf Anraten Friedrich Heinrich Jacobis.

## Wielands und Jacobis Bemühungen um den *Agathon*

Wieland wollte die Rechte an der *Geschichte des Agathon* zurück haben, um sie dem Verleger Reich zu überlassen. Bei den Verhandlungen unterstützte ihn Jacobi. Auch sonst verwendete sich Jacobi für Wieland. Für die zweite Fassung dachte Wieland "an eine Ausgabe auf Subskription".[529] Dazu wurde eine "europäische Werbekampagne"[530] auf die Beine gestellt. Friedrich Heinrich Jacobi nahm sich der Sache der Pränumeration an und warb im Februar und August 1772 dafür in der Öffentlichkeit. Er glaubte, "ich habe nichts in der Welt zu verlieren, das besser wäre, als der Muth, den ich in mir fühle, mich in allen Fällen zu dem, was ich für wahr, gut und schön halte, zu bekennen".[531] Er muß Wahres und Gutes im Agathon entdeckt haben, sonst hätte er für Wieland und den Roman keinen Finger gerührt, hätte wie Iselin, den Wieland im Mai 1772 bat[532], für den *Agathon* in der Schweiz zu werben, abgelehnt.[533]

---

[529] WBr. 4, 431.

[530] Klaus Manger: Kommentar, S. 880.

[531] WBr. 5, 15.

[532] Vgl. WBr. 4, 499 f.

[533] WBr. 4, 507 f.: "Ich kann mich nicht entschließen an der Ausbreitung und an der Beförderung von Schriften Theil zu nehmen deren Geist und deren Thon bey den meisten Lesern eine nach meinen einfältigen Begriffen sehr schädliche Gleichgiltigkeit für die Grundsätze veranlassen müßten die für die wahre Glückseeligkeit des Menschen von der größten Wichtigkeit

Wieland war von Jacobis Einsicht und Zustimmung angetan. Über Jacobis Lob der *Grazien* bedankte sich Wieland:

> Ich kann Ihnen nicht genug sagen, liebster Jacobi, wie angenehm es mir ist, von Ihnen mit so vieler Beurtheilung, mit so feiner Empfindung gelobt zu werden. Ich bin des gewöhnlichen, ungefühlten, mechanischen Lobes der gelehrten Handwerksmänner, des Lobes, das nur ein Wiederhall von Andern ist, des Lobes, das man lässig und unwillig nur darum ertheilt, weil man es nicht ändern kann - so herzlich satt! Aber so gelobt zu werden, wie *Sie* loben, würde sich Horaz gewünscht haben; das ist das Lob, welches Socrates die *süßeste Musik* nennt.[534]

Er schätzte Jacobis "Freimüthigkeit", ihm "bittere oder doch bittersüße Wahrheiten" zum *Agathon* zu sagen; das "macht Sie mir eben so verehrungswürdig, als Ihr Eifer für die Sache der Tugend".[535]

Als Jacobi das "Manuscript des Agathon" erhielt, versicherte er: "An das Werk selbst, liebster Bruder, unterstehe ich mich nicht, die Hand zu legen, sondern ich werde mich begnügen, Ihnen selbst anzudeuten, wo, nach meinem Bedünken, etwa noch eine Verbesserung Statt finden möchte",[536] beispielsweise jene Stellen, die als "propositio male sonans"[537] aufgefaßt werden könnten. Unter anderem kritisierte er den digressiven Erzählstil, der den Leser verwirre, "der nicht geschwinde genug den Gesichtspunkt wechseln kann, oder dem es gar unmöglich ist, gewisse Uebergänge zu machen".[538] Diese Eigenart charakterisiert nicht nur die *Geschichte des Agathon*. Sie fiel Jacobi auch am Autor bei der ersten persönlichen Begegnung auf. "Wieland geht schnell von einem Vorwurfe zum andern über, weil er in einem *Nu* eine Reihe von Gedancken, oder

---

sind. Ich bewundere den Agathon und alle Ihre neueren Schriften. [...] Allein mein Vergnügen wird dabey immer durch den Gedanken verbittert, daß eben diese Zauberischen Reize die mich entzücken für andre und für viele andre der Zunder verderblicher Gesinnungen und allzuheftiger Leidenschaften werden könne."

534 WBr. 4, 225.

535 WBr. 5, 21.

536 WBr. 4, 607 f.

537 WBr. 5, 16.

538 WBr. 5, 15.

eine Situation durchgeschaut und durchempfunden hat: Bey ihm würde es Zeit Verderbniß seyn, wenn er länger dabey verweilte."[539]

Dreh- und Angelpunkt der Kritik Jacobis ist der Diskurs zwischen Hippias und Agathon. Den Hippias, - so Jacobi am 27. 10. 1772 -

> versteht jedermann [...]; sein Discurs enthält so viel in der That Wahres, Schönes und Gutes, daß man seine darunter gewebten Irrthümer leicht mit in den Kauf nimmt; sein System ist das allgemeine System unserer Zeiten, und mußte, bei unsern Sitten, wenn wir nicht ganz die Vernunft verläugnen wollten, das allgemeine System werden.[540]

Doch Agathons Antworten seien zu schwach, um die Irrtümer herauszustellen.

> Sie behaupten, mein liebster Freund, die Räsonnements des Agathon zum Vortheile der Tugend enthielten, ohngeachtet ihres Mangels an Präcision, das Beste, was Confucius und Socrates selbst zu ihren Gunsten hatten vorbringen können; und hierin stimme ich Ihnen willig bei. Ein Anderer würde vielleicht die Frage an Sie thun, ob unter tausend Lesern des Agathon funfzig seyn werden, welche sie herauszuwickeln im Stande seyen. 'Wie viele Kenntnisse, würde er sagen, wie viel Nachdenken, welch eine wenig gemeine Anlage der Seele gehört nicht dazu, um den Confucius, den Socrates, und noch mehr den Agathon so zu verstehen, wie Sie ihn verstehen.[541]

Über das Beste an Agathons Antwort sind sich Jacobi und Wieland einig. Es geht nur darum, wie es der unwissenden Majorität begreiflich zu machen sei. Jacobi meint, Agathon könne trotz "seiner Schwärmerei [...] ein paar Einwürfe des Hippias bündiger beantworten".[542] Am 20. 8. 1772 schlug er vor, zuerst müsse Agathon "die Unmöglichkeit der Schöpfung aus einer unendlichen Anzahl von ungefähren Würfen darthun".[543] Dann ließe sich Agathons letzte Antwort: "Ich sehe die Sonne, sie ist also; ich empfinde mich selbst, ich bin also; ich empfinde diesen obersten Geist, er ist also," zu einem "Beweis des Daseyns Gottes" entwickeln, "ohne in das cartesische Hocuspocus zu ge-

---

[539] Friedrich Heinrich Jacobi, Briefwechsel. 1. Bd: Briefwechsel 1762-1775, hrsg. von Michael Brüggen und Siegfried Sudhof in Zusammenarbeit mit Peter Bachmaier, Reinhard Lauth und Peter-Paul Schneider, Stuttgart 1981, S. 111.

[540] WBr. 5, 14.

[541] WBr. 5, 14.

[542] WBr. 4, 608.

[543] WBr. 4, 608.

rathen, welcher wenigstens den Einwürfen des Sophisten die Wage gehalten hätte."[544]

Das Gefühl vom Sein ist beiden ein Zeugnis für das Dasein Gottes. Jacobis Ausführungen weisen schon auf seine spätere "Unphilosophie" hin. Wieland mitteilend, "Ich muß zuletzt etwas Stetiges annehmen; vor der ersten Bewegung eine Ursache der Bewegung, die etwas anderes als Bewegung ist",[545] indiziert er bereits, daß der organisierten, mechanisch-dynamisch wirkenden, bedingten Natur eine unbedingte Natur vorhergeht. Daß "etwas Stetiges" angenommen werden muß, erklärte er in den Spinoza-Briefen: Der "Mechanismus ist an sich nur etwas zufälliges, und es muß eine *reine Selbstthätigkeit* ihm nothwendig überall zum Grunde liegen" (Spin XXXV f., vgl. Spin 429 f.). Das "Stetige" ist das "Unbedingte" als Wirkung der "ersten Ursache". Er schreibt Wieland,

> ich *weiß* gar nichts von der Natur dieses Wesens; ich *verstehe* nicht, wie ein allgenugsames Wesen den Willen haben kann, etwas hervorzubringen; aber sein Daseyn muß ich annehmen, oder alle Erkenntnisgründe der Wahrheit, alle Gesetze des Denkens aufgeben.[546]

Damit gibt er einen frühen Hinweis für seine "*Philosophie in Platons Sinne*" (JW II, 58), die das "das *Wahre selbst*" (JW III, 17) der Wissenschaft vorausgehen läßt. Muß man ohne das stetige, unbedingte, unerklärliche Sein, "alle Erkenntnisgründe der Wahrheit, alle Gesetze des Denkens aufgeben", dann unterscheidet Jacobi hier schon wie im Brief an Fichte zwischen "*Wissen*" und "*Nicht-Wissen*" (JW III, 9), zwischen "Wahrheit und dem *Wahren*" (JW III, 17).

Jacobi lag eine Präzision der Antwort Agathons am Herzen. In diesem Punkt waren sich Autor und Kritiker uneins. Jacobi ging von rezeptionellen Überlegungen aus. Wieland wurde beschuldigt, mit den Ansichten des Sophisten übereinzustimmen. So drängte er zu einer bündigen Entkräftung der "Einwürfe des Hippias", da ihm abwertende "Urtheile, welche Mendelssohn, Lessing und verschiedene andere, in Ansehen stehende Gelehrte [...] über die Moralität des Agathon gefällt haben, bekannt sind".[547] "Ich weiß zuverlässig,

---

544 WBr. 4, 608.

545 WBr. 4, 608.

546 WBr. 4, 609.

547 WBr. 5, 15.

daß unter andern auch Lessing es Ihnen sehr übel genommen hat, daß Sie hier den Hippias so gut wegkommen lassen."[548]
Wieland widersprach am 2. November 1772 aus einem werkimmanenten Gesichtspunkt. Er las Agathons "Antwort [...] nochmals wohlbedächtlich" durch und fand,

> daß sie nicht nur die einzige Antwort ist, welche Agathon nach seiner damaligen Denkart dem Sophisten geben mußte, sondern auch die beste, allgemein überzeugendste, die irgend ein Mensch demjenigen geben kann, der die Tugend für ein Hirngespinnst hält; daß also diese Stelle des Agathon wohl nicht das seyn kann, was Hrn. Lessing bewegen konnte, zu sagen, das Resultat dieses Buches sey, daß die Tugend sey *ich weiß nicht was*.[549]

Ob er Lessing zu hoch einschätzte, steht dahin. Auch die zeitgenössischen Rezensenten und die spätere Forschung teilten nicht Wielands Ansicht, Agathons Antwort sei die "allgemein überzeugendste". Auf jeden Fall hat Wieland recht, daß Agathon aufgrund seines Wissensstandes unmöglich eine Rechtfertigung seines Gefühls geben kann. Agathon fühlt, daß ein "oberster Geist" existiert. Das ist alles. Könnte er wie Archytas das wahre Seinsgefühl insinuieren, würde es ihm später nicht zweifelhaft werden, gäbe es keinen Meinungswechsel und keine Aporie. Um "allen Mißdeutungen, allen schädlichen Eindrücken, welche das System des Hippias verursachen kann, abzuhelfen", weiß Wieland "keinen andern Rath, als den ganzen Discurs des Sophisten zu vernichten."[550] Auf Jacobis Warnungen vor Mißverständnissen antwortet Wieland,

> entweder ist nichts daran gelegen, daß manche Leute mich aus Schwachheit oder Flüchtigkeit nicht recht verstehen; oder wenn man auf solche Leser Rücksicht nehmen soll, so muß man keinen Agathon schreiben. Verbieten Sie dem Verfasser die *feinen* Züge, welche in einem schiefen Kopfe zu s*chiefen* Zügen werden, was wird übrig bleiben?[551]

Am 30. 10. 1772, noch vor Wielands Antwortschreiben, nahm Jacobi seinen ersten Vorschlag zurück, Agathons Antwort zu konkretisieren. Der Zweifel, "ob nicht der Vortheil, den Hippias dem Agathon abgewinnt, ein Sieg über die Tugend selbst sei", werde wahrscheinlich "nicht besser, als durch eine Note unter dem Text" ausgeräumt; "denn der Charakter des Agathon muß durchaus

---

548 WBr. 4, 609.
549 WBr. 5, 21.
550 WBr. 5, 21.
551 WBr. 5, 21.

nicht verfälscht, und die Situation, welche der Dichter schildert, nicht unterbrochen werden."[552] Er erkennt und schätzt die aporetische Didaxe Wielands, sieht aber gleichzeitig die eingeschränkte Erfolgsaussicht.

> Ich habe es immer als ein Meisterstück Ihrer Kunst angesehen, daß Sie Ihre Leser in alle Irrthümer Ihres Helden mit zu verführen wissen. Man fällt in eine Schlinge, man glaubt sich herausgewickelt zu haben, und schon liegt man wieder in einer neuen. Vielleicht ist diese Methode die einzige, durch Erdichtungen zu bessern [...].[553]

Damit reüssiert die Methode nur bei denen, die die "Irrthümer" Agathons als solche erkennen und abtun. Für die " Leute von robuster Gesundheit, welche lang anhaltende Anstrengungen oder Anstrengungen von einer gewissen Art nicht aushalten können", schlägt er Fußnoten als "Karren" vor, "um sie darauf nachzuschleppen, oder wieder nach Hause zu schicken, wenn sie krank würden."[554]

> Wenn Ihr Agathon seine Leser klüger machen soll, so müssen diese mit ihm fallen und mit ihm aufstehen: zeigte man ihnen zum Voraus den Stein, worüber er stolpert, in der Größe eines Mühlsteines, so würden sie den guten Agathon nur auslachen. Denjenigen aber, die, nachdem sie gefallen sind, das Ding nicht finden können, was sie straucheln machte, muß man es unter die Nase reiben, damit sie es nicht etwa im Centrum der Erde oder in den Gestirnen suchen. Hiermit bis ganz am Ende zu warten, scheint mir aus verschiedenen Gründen bedenklich. Ich würde an Ihrer Stelle das Mittel ergreifen, einige Noten einzustreuen.[555]

Doch was sollen Fußnoten bewirken, wenn man wirkliches Wissen nur selbst erwerben und nicht wie "Mühlsteine" transportieren kann?

Trotz guter Gegengründe berücksichtigt Wieland beide Vorschläge Jacobis in der zweiten Romanfassung. Er bringt eine Fußnote an und läßt Agathon die Möglichkeit einer mechanischen Weltentstehung entkräften. Hippias Aufforderung, "du hast viele mögliche Fälle zu vernichten, eh du nur das Dasein deines obersten Geistes außer Zweifel gesetzt hast", schlägt Agathon in der ersten Fassung aus: "Ich brauche zu meiner eignen Beruhigung keinen so weitläufigen Weg." (A 62) In der zweiten Fassung verdeutlicht er Hippias,

---

[552] WBr. 5, 17 f.

[553] WBr. 5, 18.

[554] WBr. 5, 18.

[555] WBr. 5, 18.

"daß alle die Fälle, von denen du sprichst, keine *möglichen Fälle* sind." (BI, 124)[556] Eine "ungefehre Bewegung" ist in sich widersprüchlich, da Subjekt und Attribut "einander vernichten". Eine Bewegung, die nicht den Bewegungsgesetzen unterliegt, ist auf dem Boden der Leibnizschen Newtonischen Physik so undenkbar wie ein quadratischer Kreis. Ein "untheilbares, ewiges, nothwendiges, durch sich selbst bestehendes Stäubchen" oder "eine durch sich selbst bestehende Welt" erinnert an Spinozas 'Deus sive natura' und kann nur im Kopf "durch willkührliche Abstractionen", aber nicht in der Zeit entstehen. Sie wäre nie entstanden, müßte aber, um Welt zu sein, entstanden sein. Schon die Tatsache, daß Homer die *Ilias* schuf, widerspricht einer mechanischen Weltentstehung. Es muß eine erste "verständige Ursache", einen obersten "Geist" geben, ohne den der Mensch keinen unbedingten "Geist" hätte und zu keiner zielgerichteten handwerklichen oder künstlerischen Tätigkeit fähig wäre. Zum Herstellen einer Sache bedarf es eines Orientierungspunktes, einer Idee, die das Herstellen reguliert. Diese hat man noch nicht erfaßt, wenn man die Bestandteile der Sache kennt (die "Buchstaben des Alphabets"). Das

---

[556] "Kein Mensch in der Welt ist jemals albern genug gewesen zu glauben, daß eine ungefehre Bewegung der Buchstaben des Alphabets nur eine *Iliade* hervorbingen könnte. Und was ist eine ungefehre Bewegung? Was ist ein untheilbares, ewiges, nothwendiges, durch sich selbst bestehendes Stäubchen? Oder eine durch sich selbst bestehende Welt? Oder eine Welt, welche viele Urheber hat? Entwickle die Begriffe, die du mit diesen Wörtern zu verbinden glaubest, und du wirst finden, daß sie einander vernichten, daß du würklich *nichts* dabey denkst noch denken kannst. Die Rede ist hier nicht davon, sich selbst muthwillig, durch willkührliche Abstractionen zu betrügen, sondern die Wahrheit zu suchen; und wenn es dein Ernst wäre, die Wahrheit zu suchen, wie wär` es möglich, sie zu verfehlen; sie, die sich dem allgemeinen Gefühl der Menschheit aufdringt? Was ist dieses große Ganze, welches wir die Welt nennen, anders als ein Inbegriff von *Würkungen*? Wo ist die *Ursache* davon? Oder kannst du Würkungen ohne *Ursache*, oder zusammenhängende, regelmäßige, sich auseinander entwickelnde, und in Einen Zweck zusammenstimmende Würkungen ohne eine *verständige Ursache* denken? O! Hippias, glaube mir, nicht dein Kopf (es müßte nur ein sehr zerrütteter Kopf seyn) dein Herz ist ein Gottesläugner. Deine Zweifel sind die unredlichen Ausflüchte eines Menschen, der nur darum der Wahrheit zu entwischen sucht, weil er sich fürchtet von ihr beleuchtet zu werden. Ein gerades Herz, eine unverfälschte Seele hat nicht vonnöthen die erste, die augenscheinlichste und die liebenswürdigste aller Wahrheiten durch alle diese Irrgänge metaphysischer Begriffe zu verfolgen. Ich brauche nur die Augen zu öffnen, nur mich selbst zu empfinden, um in der ganzen Natur, um in dem Innersten meines eigenen Wesens den Urheber derselben, diesen höchsten wohlthätigen Geist zu sehen. Ich erkenne sein Daseyn nicht blos durch Vernunftschlüsse; ich *fühle* es, wie ich fühle, daß eine Sonne ist, wie ich fühle, daß ich selbst bin." (B I, 124-126)

Herstellen eines Gegenstandes läßt sich nicht auf ein mechanisch-dynamisches Verhältnis reduzieren, es setzt ein Gebrauchswissen voraus, das sich niemals gänzlich objektivieren läßt.
Doch aus dem Mund eines Schwärmers solche Argumente für das Dasein eines "obersten Geistes" zu hören, ist unwahrscheinlich. Wieland will den Anschuldigungen entgegenwirken, Hippias komme zu gut weg, und Agathon redet, wie es ein Schwärmer nicht vermag. Ein Wissender könnte Hippias vorwerfen, "wenn es dein Ernst wäre, die Wahrheit zu suchen, wie wär` es möglich, sie zu verfehlen; sie, die sich dem allgemeinen Gefühl der Menschheit aufdringt?" Doch so spricht kein Meinender, der das Gefühl des Wahren mit den Empfindungen der empirischen Natur verwechselt. Daß das Seinsgefühl "allgemein" ist, kann Archytas aufgrund seines Wissens sagen, aber kein Schwärmer. Agathon hält es für ein subjektives Gefühl, das die "Natur" Hippias "versagt" habe (A 67). Die Antwort in der ersten Fassung ist daher dem Wissenstand Agathons angemessener.

Gemäß dem Vorschlag Jacobis fügt Wieland der Frage des Hippias: "Woher kennst du diesen obersten Geist", eine Fußnote bei, um die Position Agathons zu stärken:

> Der Verfasser wollte, zur Warnung derjenigen, welche über viele Gegenstände wie Hippias denken, ohne die Folgen seiner Grundsätze zu übersehen, zeigen, daß sie gerades Weges zum Atheismus führen. Hippias leugnet zwar das Daseyn eines höchsten Wesens nicht; aber er bezweifelt es; er behauptet, daß man es nicht beweisen könne, und daß der Begriff desselben kein Verhältnis gegen unsre übrige Begriffe habe, folglich gar nicht in die Reihe unsrer Begriffe gehöre. Diese Art von Scepticismus ist wahre Atheisterey, und raubt dem Menschen, wie Agathon ganz richtig bemerkt, das kräftigste Mittel, alle die Hindernisse, welche sich der Tugend entgegen setzen, zu überwinden. [...]. (B I, 120)

Das eingeführte "Theorem der antiken Atomistik" führe "keineswegs, wie die besagte Fußnote wahrhaben will, 'gerades Weges zum Atheismus'" und "Wieland [...] dürfte das gewußt haben", meint Hemmerich und erklärt den Sinn der Fußnote dahingehend: Die "Furcht vor der Strafe der Götter und die Hoffnung auf die Belohnung guter Taten" sei für Wieland das "'kräftigste Mittel, alle die Hindernisse, welche sich der Tugend entgegen setzen, zu überwinden'". Es entfalle, wenn man wie Hippias "die Dogmen von der Unsterblichkeit der Seele und einem besseren Leben im Jenseits attackiert." [557]

---

[557] Gerd Hemmerich: Werkinterpretation, S. 49 f.

Eine solche Tugend, zu der Strafe und Belohnung motivieren, ist eine Scheintugend, die Wieland nicht verteidigt. Der Atheismusvorwurf gleicht dem Fatalismusvorwurf, den Jacobi später Spinoza macht.[558] Hippias "raubt dem Menschen" mit der Spekulation einer mechanischen Weltentstehung ein inkommensurables, wahres Sein, die menschliche Würde und Freiheit. Er "leugnet zwar das Dasein eines höchsten Wesens nicht", aber er macht es zu einem Gegenstand einer zweiten Welt. "Diese Art von Scepticismus ist wahre Atheisterey": mit der Verdinglichung werden die Ideen von einem "höchsten Wesen" und der Unsterblichkeit der Seele um ihre handlungsbestimmende Funktion gebracht und der Mensch des Mittels beraubt, "alle Hindernisse, welche sich der Tugend entgegen setzen, zu überwinden."

Erich Groß meint, Wieland habe Jacobis Vorschläge übergangen, denn er wollte Agathon "nicht wie einen ergrauten, kampferprobten und rechtgläubigen Theologen antworten lassen".[559] Walter Erhart hält "die Veränderungen, die Wieland in der zweiten Fassung vornimmt", für "anders akzentuiert, als Jacobis Vorschläge programmatisch forderten."[560] Freilich liest Erhart Jacobi fälschlich als Gefühlsphilosophen:

> Jacobi nimmt hier seinen späteren Widerstand gegen Kant bereits vorweg: Die nur noch aus praktischer Vernunft notwendige Existenz Gottes befördere eine Skepsis, der Jacobi die Gewißheit einer auf Leibniz rekurrierenden religiösen Gefühlsphilosophie gegenüberstellt.[561]

Die Orientierung an ein aller Theorie vorhergehendes Sein zieht Erhart nicht in Betracht, vielmehr dränge Jacobi "auf eine theoretisch untermauerte Ausgangsposition, um dem Konfliktpotential einer nur mehr empiristisch fundierten Moral zu entgehen."[562]

---

[558] Siehe oben S. 63.63

[559] Erich Groß: C. M. Wielands "Geschichte des Agathon", S. 128.

[560] Walter Erhart: Entzweiung und Selbstaufklärung, S. 247.

[561] Ebd. S. 246.

[562] Ebd. S. 246.

## Zum Historischen im *Agathon*

Die Mißverständnisse der Zeitgenossen veranlaßten Wieland, der zweiten Fassung eine Vorrede *Über das Historische im Agathon* hinzuzufügen. Man hat damit

> den größern Teil der Leser, die vielleicht in dem alten Grächen niemals sehr bewandert waren, oder manches was sie davon wußten wieder vergessen haben, einen kleinen Dienst zu erweisen geglaubt, wenn man einige aus alten Schriftstellern gezogene Nachrichten voraus schickte, vermittelst welcher besagte Leser sich desto leichter in diese Geschichte hinein denken, und von der Übereinstimmung des erdichteten Teils mit dem historischen richtiger urteilen könnten. (A 574)

Was die Romanfiguren sagen und was der Erzähler über sie aussagt, ist historisch nicht verbürgt. Nicht das Was, sondern das Wie, also ihre Wissensform gewährleistet die "Übereinstimmung des erdichteten Teils mit dem historischen". Wenn Wieland Hippias, den man aus Schriften von "Plato, Cicero, Philostratus und andern alten Schriftstellern" (A 580) kennt, sokratische Weisheit und Archytas im Gegensatz zu den historischen Quellen eine Scheintugend attestiert hätte, dann würde er die Geschichte verfälschen und gegen seine eigene Maxime verstoßen: "so hat man sich gleichwohl zum Gesetz gemacht, die an diesem philosophischen Roman Anteil habenden historischen Personen weder besser noch schlimmer, als wir sie aus der Geschichte kennen, vorzustellen" (A 583). Durch reine Phantasiegestalten oder Kunstfiguren würde das wahre Sein auch als ein Kunstprodukt erscheinen, doch Wieland will "der Welt keine Hirngespenster für Wahrheit verkaufe[n]" (A 12). Deshalb wird schon im *Vorbericht* der ersten Fassung versichert, "daß Agathon und die meisten übrigen Personen, welche in seine Geschichte eingeflochten sind, wirkliche Personen sind, dergleichen es von je her viele gegeben hat, und in dieser Stunde noch gibt" (A 12).

Jedenfalls besteht Wieland nicht deshalb auf der Historizität der Figuren, weil er "den moralphilosophischen Legitimationsnöten zu begegnen" gezwungen ist.[563] Weder die Tugend des Archytas noch die Untugend des Hippias werden aus antiken Quellen legitimiert. Die Protagonisten offenbaren ihre Tugend und Untugend selbst durch ihr Reden und Tun.

Hemmerich glaubt, im Kapitel *Über das Historische im Agathon* kündige sich ein "unauflöslicher Widerspruch an. Agathon soll durch 'Erfahrung' nicht etwa 'klug' werden, wie es die Geschichtsschreibung will, sondern 'gut' und 'weise',

---

[563] Ebd. S. 273.

also vollkommen".[564] Der "Widerspruch" ergibt sich aus der Annahme Hemmerichs, die "pragmatische Geschichtsschreibung" konstituiere die Romanhandlung. Und zwar wolle der "Autor dem Geschichtsschreiber nacheifern, indem er in einer 'feigned history' durch historische Beispiele belehren möchte".[565] Doch Wieland eifert dem "Geschichtsschreiber" nicht nach, er überbietet ihn. Er versichert schon im *Vorbericht* der ersten Fassung,

> daß (die Neben-Umstände, die Folge und besondere Bestimmung der zufälligen Begebenheiten, und was sonsten nur zur Auszierung, welche willkürlich ist, gehört, ausgenommen) alles, was das Wesentliche dieser Geschichte ausmacht, eben so historisch, und vielleicht noch um manchen Grad gewisser sei, als irgend ein Stück der glaubwürdigsten politischen Geschichtschreiber, welche wir aufzuweisen haben. (A 12)

In einer "pragmatischen Geschichtsschreibung" ist nicht entschieden, ob ihre exempla Wissende oder Meinende sind. Wieland aber demonstriert diese Differenz mittels der Fähigkeit oder Unfähigkeit der Protagonisten, ihr Tun widerspruchsfrei zu rechtfertigen. Aus diesem Grund ist Wielands Geschichte "gewisser als irgend ein Stück der glaubwürdigsten politischen Geschichtschreiber".

## Danaes Lebensschilderung

Anders als das Vorwort *Über das Historische im Agathon* hat die Erweiterung des Werkes durch die *Geheime Geschichte der Danae* einen romanimmanenten Grund. In Smyrna setzte Danae alles daran, um ihren Geliebten nicht zu verlieren, aber in Tarent hält sie ihn auf Distanz. Um dieses ungewöhnliche Verhalten einer Hetäre als Folge "ihrer neuen Denkungs-Art" (A 553) verständlich zu machen, fügt Wieland ihre Geschichte hinzu. Er läßt Danae nur deshalb erzählen, damit sich "ihre neue Denkungs-Art" als sittliche Einsicht offenbart. Über diese Absicht spricht der Erzähler im Kapitel *Vorbereitung zur Geschichte der Danae*, nicht ohne zuvor dem Großteil seiner Leserschaft ein Armutszeugnis auszustellen.
Der Erzähler spielt mit der Erwartungshaltung, Danae werde Agathon heiraten. Da Agathon "die Liebe eine Art von Bedürfnis war: so werden wir sehr

[564] Gerd Hemmerich: Werkinterpretation, S. 33.
[565] Ebd. 32.

begreiflich finden, daß es nur von Danae abhing, alles aus ihm zu machen was sie wollte" (A 661 f.). Hernach spöttelt er über die Leser, die sich durch diese Bemerkung haben irreleiten lassen:

> Dies vorausgesetzt, werden vielleicht wenige sein, welche nicht erwarten sollten, daß sie ihre wieder erlangte Gewalt dazu angewendet haben werde, einen *Gemahl* aus ihm zu machen. Eine Vermutung, welche durch viele Umstände wahrscheinlich gemacht wird, und beinahe zur Gewißheit steigt, wenn wir den Umstand hinzu tun, daß sie fest entschlossen war, in einem gewissen Sinne nicht mehr Danae für ihren Freund zu sein. (A 662)

Mit der Unterstellung, es "werden vielleicht wenige sein", die keine Heirat "erwarten sollten", spricht Wieland den meisten ein Verständnis seines Werkes ab. Eine Ehe steht gerade nicht zu "erwarten", weil Danae erfahren mußte, daß Agathons ideale Liebe mit allen Mitteln der Kunst in keine beständige Liebe zu überführen ist. Wollte sie sich ihm verbinden, hätte sie nichts gelernt und wäre zu keiner "neuen Denkungs-Art" gekommen. Eben weil sie aus Agathon alles machen kann, was sie will, kann sie aufgrund ihrer "neuen Denkungs-Art" keinen "*Gemahl*" aus ihm machen, weil sie sonst genauso zweckrational denken und handeln würde wie in Smyrna. Anders gesagt, sie kann ihn nicht heiraten, weil Agathon noch nicht wahrhaft liebt.

Schließlich hebt der Erzähler die Lesererwartung auf: Danae hatte nicht die "Absicht", aus Agathon einen Ehemann zu machen, sondern war "allen Bemühungen ihres Liebhabers und allen Versuchungen ihres eigenen Herzens" zum Trotz "fest entschlossen [...] keinen Gebrauch von seiner Schwäche zu machen" (A 663). Nach dem "Grund einer so außerordentlichen Entschließung" (A 663) fragend, beleuchtet er die Schwierigkeit, die Leser von der Tugend Danaes zu überzeugen. Er versichert zwar, "*eigennützige* Neigung oder Leidenschaft" oder "bloßer Eigensinn" (A 663) seien nicht der Beweggrund gewesen. Aber was wiegt das Wort eines Erzählers gegen ein festsitzendes "Vorurteil, welches der schönen Danae entgegen steht" (A 664), eine Hetäre könne unmöglich tugendhaft sein? Er macht sich nichts vor. Seine Leser werden sich schwertun, Danaes Wandlung zu glauben:

> Aber welche neue Schwierigkeiten! - Die Tugend einer *Danae*! Wer kann nach den Proben, die wir mit der Tugend einer *Priesterin* und einer *Schülerin des Platon* gemacht haben, zu der Tugend einer *Danae* Vertrauen fassen? Können wir erwarten, daß diese Leidenschaft der Tugend, wovon wir die gelehrige Schülerin eines Hippias begeistert zu sein voraussetzen, für etwas besseres als für *eine Göttin aus einer Wolke von Leinewand* werde angesehen werden? (A 664)

Wie bringt man Leser zur Einsicht, "daß es eine höhere Art von Liebe, daß es die *Leidenschaft der Tugend* war, was sie fähig machte einen so heldenmütigen Widerstand zu tun" (A 664)? Und wie trotzt Wieland ihnen die Preisgabe eines "Vorurteils" ab, wenn alle seine Versicherungen bivalent bleiben und stets bezweifelt werden können? Er muß sie in den Stand eines Augenzeugen versetzen, damit das Sehen die Zweifel hinwegfegt. Danae muß über sich selbst reden, damit die Leser sehen können, daß Danae sich selbst und mithin das Wahre und Gute kennt. Kurz, sie muß sich rechtfertigen. Dazu treibt sie Agathon, der alles aufwandte, "um ihren Entschluß zu erschüttern" (A 663).

> Danae fand sich in der Notwendigkeit sie [ihre Geschichte] zu erzählen, weil ihr Agathon kein andres Mittel übrig ließ, ihre standhafte Weigerung gegen eine Verbindung, welcher nichts im Wege zu stehen schien, vor den Augen der Familie des Archytas und vor den seinigen zu rechtfertigen. (A 665 f.)

Der von Platon häufig verwendete Ausdruck λογον διδοναι[566] 'jemandem Rede stehen' oder 'Rechenschaft geben oder ablegen' oder auch 'Rechtfertigung'[567] ist in seiner ursprünglichen Bedeutung dem "forensischen Bereich zugeordnet". Wolfgang Wieland erläutert,

> daß man nicht nur irgendwelche Auskünfte erteilt, wenn man Rechenschaft gibt. Rechenschaft geben kann man strenggenommen nur über sich selbst, über sein Handeln und über alles das, mit dem man sich identifiziert hat. Gibt jemand Rechenschaft, so ist es höchstens vordergründig betrachtet ein Satz, der geprüft wird. In Wirklichkeit wird immer der geprüft, der diesen Satz ausspricht. [...] Man zeigt sich selbst als jemand, der über Wissen verfügt, wenn man Rechenschaft gibt. Daher geht Rechenschaftsgabe auch niemals in einem Transfer von propositionalen Gehalten auf.[568]

Wenn der Erzähler recht hat und Danae wirklich aus echter "Tugend" der Ehe widersteht, dann muß sie sich widerspruchsfrei rechtfertigen können. Das kann nur jemand, der sich selbst kennt. Da zum Rechenschaftgeben das Rechenschaftabnehmen gehört, ist Danaes Rechtfertigung das Mittel, um zu entscheiden, ob sie weise ist. Aber der Erzähler springt den Lesern nicht bei, sie sollen "selbst urteilen, so bald sie ihre Geschichte aus ihrem eignen Munde vernommen haben werden", ob eine "schöne Seele" (A 664) von "ihrem Irr-

---

566 Vgl. Politeia 510c; 531e; 533c; 533b; Politikos 285e f.; Laches 187d f.; Theaitetos 169a; Protagoras 336c; Gorgias 501a; Menon 81a f.

567 Vgl. Historisches Wörterbuch der Philosophie, Artikel: Rechenschaft, Autor: W. Mann.

568 Wolfgang Wieland: Platon, S. 248.

wege zurück kommen könne" (A 665). Mit ihrem Urteil zeigen sie, ob sie Rechenschaft abnehmen können.

### Die "schöne Seele"

Der Begriff "schöne Seele" ist nicht eindeutig. Buddecke hält diese Seele für "ein besonders gewichtiges Beispiel präformistischen Denkens", da Wieland die "substantielle Unveränderlichkeit mit Nachdruck betont" habe.[569] Nach seiner Meinung,

> dient dieser Begriff bei Wieland wie bei vielen Denkern und Dichtern des 18. Jahrhunderts der Bezeichnung eines bestimmten, in seiner Eigenart durch äußere Einflüsse grundsätzlich nicht veränderbaren Menschentypus, der mit allen, auch mit seinen höchsten willentlichen Funktionen nur seine Schöpfungsformel erfüllt und dem darum strenggenommen kein sittliches Verdienst zukommen kann.[570]

Es geht aber nicht darum, sich als "Menschentypus" zu erkennen, sondern darum, daß Danae "*sich selbst* kennen lernt" und augenblicklich "fühlt, daß Tugend kein leerer Name, kein Geschöpf der Einbildung, keine Erfindung des Betrugs", sondern "das höchste Gut eines denkenden Wesens ist" (A 665). Die "schöne Seele" ist nicht "präformistisch" im Sinne Leibniz gedacht, denn dessen individuelle Substanzen, die durch die reflexiven Akte zur Apperzeption fähig sind, gelangen nicht zur Wesenserkenntnis. Dazu müßten sie mit einem Schlage begreifen, was alles in ihnen angelegt ist. Zwar ist die "schöne Seele" substantiell, aber sie ist keine Leibnizsche Substanz, kein logisches Subjekt und Träger von wesentlichen Eigenschaften, noch ein Typus oder ein Besonderes. Sie ist vielmehr das wahre Sein, das aller Theorie vorhergeht. Sie ist schön, weil sie nur das Gute will. Platons *Philebos* mag Wieland zum Ausdruck "schöne Seele" inspiriert haben, insofern Sokrates von der Flucht des Guten in die Natur des Schönen spricht.[571] "Das Schöne [...] ist nicht ein anderes als das Gute, sondern es selbst, wie es sagbar und sichtbar ist."[572] Die Schönheit der Seele zeigt sich im situationsgerechten Verhalten, sie ist "nicht der zauber-

---

[569] Wolfram Buddecke: C. M. Wielands Entwicklungsbegriff, S. 40.

[570] Ebd. S. 215. Siehe zur Kritik an Buddecke auch Hermann Müller-Solger: Der Dichtertraum, S. 89. Doch dessen Meinung: "So ist Agathon und die schöne Seele eins" (ebd. S. 89), ist auch unhaltbar, da Agathon seine "schöne Seele" noch gar nicht erkannt hat.

[571] Philebos 65e.

[572] Hans-Georg Gadamer: Platos dialektische Ethik, S. 168 f.

hafte Einklang einer gegliederten Gestalt, sondern der ausdrückliche Hinblick der Gestaltung seiner selbst, sich in allem Verhalten sehen lassen zu können".[573] Ein solches schönes Verhalten ist keine Naturgabe, sondern setzt das "höchste" praktische Wissen voraus. Erst mit der Lösung des Delphischen Rätsels weiß Danae, wie sie hier und jetzt handeln muß, um sich als diejenige zu zeigen, die sie wirklich ist.
Auch die These Walter Hinderers ist zurückzuweisen: "Schiller [...] vermittelte zwischen der kritischen Philosophie Kants und der praktischen Lebensphilosophie Wielands", die Hinderer für eine "sensualistische Qualität der Lebenskunst"[574] hält. Schiller preist die 'schöne Seele' als das "Siegel der vollendeten Menschheit", als einen Idealzustand "wo Sinnlichkeit und Vernunft, Pflicht und Neigung harmonieren, und Grazie ist ihr Ausdruck in der Erscheinung."[575] Da Wielands "schöne Seele" die "Tugend" mit "angeborner Leichtigkeit" (A 664) ausübt, scheint sie zunächst auf Schillers Beschreibung zu passen:

> Mit einer Leichtigkeit, als wenn bloß der Instinkt aus ihr handelte, übt sie der Menschheit peinlichste Pflichten aus, und das heldenmütigste Opfer, das sie dem Naturtriebe abgewinnt, fällt wie eine freiwillige Wirkung eben dieses Triebes in die Augen.[576]

Schillers Gemälde einer 'schönen Seele' entspringt dem Suchen nach einem "übersinnlichen Einheitsgrund von Natur und Freiheit",[577] der den Zwang der reinen praktischen Vernunft überflüssig macht. Denn die Nötigung durch die praktische Vernunft ist ihm ein Dorn im ästhetischen Auge: "Offenbar hat die Gewalt, welche die praktische Vernunft bei moralischen Willensbestimmungen gegen unsere Triebe ausübt, etwas Beleidigendes, etwas Peinliches in der Erscheinung."[578] Schiller will " nun einmal nirgends Zwang sehen, auch nicht,

---

[573] Ebd. S. 169.

[574] Walter Hinderer: Beiträge Wielands zu Schillers ästhetischer Erziehung, in: Jahrbuch der Deutschen Schillergesellschaft 18 (1974), S. 348-387, S. 352.

[575] Anmut und Würde, in: Friedrich Schiller: Sämtliche Werke, 5 Bde., hrsg. von Gerhard Fricke und Herbert G. Göpfert, Lizenzausgabe 1989 für die Wissenschaftliche Buchgesellschaft Darmstadt, Bd. 5, S. 468 f. (weiterhin als SW mit nachfolgender Band- und Seitenzahl zitiert).

[576] Ebd. SW 5, 468.

[577] Manfred Frank: Einführung in die frühromantische Ästhetik. Vorlesungen, Frankfurt am Main 1989, S. 117.

[578] Kallias oder über die Schönheit, SW 5, 407.

wenn die Vernunft selbst ihn ausübt", und daher kann für ihn "eine moralische Handlung niemals schön sein, wenn wir der Operation zusehen, wodurch sie der Sinnlichkeit abgeängstigt wird."[579] Anders als Kant beabsichtigt er, "einen Begriff der Schönheit objektiv aufzustellen und ihn aus der Natur der Vernunft völlig a priori zu legitimieren".[580] Das objektive Prinzip der Schönheit sieht Schiller in der praktischen Vernunft, die die Allgemeinheit, Interesselosigkeit, Innerlichkeit und Sinnfülle (begriffliche Unerschöpflichkeit) des Schönen erklärt,[581] und meint es mit seiner Definition, "Schönheit also ist nichts anders als Freiheit in der Erscheinung"[582] gefunden zu haben.[583] Objektivität der Schönheit nimmt Schiller nicht als "gegenständliche Erkenntnis", sie ist nicht "im natürlichen Gegenstande begründet".[584] Zwar ist sie "nur Einbildung der Subjektivität", aber – so erklärt Henrich – "dieser Akt des Subjekts wird von ihm nicht als subjektiver erfahren. Es ist in diesem sogenannten Spiele der Einbildungskraft vielmehr ein Akt der Vergegenständlichung wirksam", da "sich das Subjekt [...] ganz in den Gegenstand" einspielt.[585]

Schiller begründet die Suche der Vernunft nach ihrem Spiegelbild im schönen Ding oder Menschen mit dem Prinzip der Liebe.

> In der Anmut hingegen, wie in der Schönheit überhaupt, sieht die Vernunft ihre Forderung in der Sinnlichkeit erfüllt, und überraschend tritt ihr eine ihrer Ideen in der Erscheinung entgegen. Diese unerwartete Zusammenstimmung des Zufälligen der Natur mit dem Notwendigen der Vernunft erweckt ein Gefühl frohen Beifalls (*Wohlgefallen*), welches auflösend für den Sinn, für den Geist aber belebend und beschäftigend ist, und eine Anziehung des sinnlichen Objekts muß erfolgen. Diese Anziehung nennen wir Wohlwollen – *Liebe*; ein Gefühl, das von Anmut und Schönheit unzertrennlich ist.[586]

Schon 1792 in den Vorlesungen über Ästhetik sagte er: "Die Freiheit der Erscheinung erweckt nicht bloß Lust über den Gegenstand, sondern auch *Nei-*

579 Ebd. 407.

580 Ebd. 394.

581 Vgl. Manfred Frank: Einführungen in die frühromantische Ästhetik, S. 110.

582 Kallias oder über die Schönheit, SW 5, 400.

583 Vgl. Dieter Henrich: Der Begriff der Schönheit in Schillers Ästhetik, in: Zeitschrift für philosophische Forschung Bd XI (1957), S.527-547, S. 536.

584 Ebd. S. 536 f.

585 Ebd. S. 537.

586 Über Anmut und Würde, SW 5, 482.

*gung* zu demselben; diese Neigung der Vernunft, sich mit dem Sinnlichen zu vereinigen, heißt *Liebe*."[587] Eine solche Deutung der Liebe macht begreiflich, daß sich die Freiheit, ein Vernunftbegriff, im sinnlich Vorgestellten widerspiegelt und der Akt der Vergegenständlichung als ein Akt der Versinnlichung erscheint.[588] Abgesehen davon, daß Schillers Deutung nur einen Aspekt der Liebe trifft, ist die Erklärung widersprüchlich. Denn solange Schiller Kants Vermögensdualismus teilt, ist die Neigung eine Affektion, die nicht der Vernunft, sondern der Sinnlichkeit eigen ist. So "verliert die kühne Forderung einer *Selbst*objektivierung der Vernunft im Sinn alle Einsichtigkeit. 'Selbstobjektivierung' meint ja, es sei kein der Vernunft anderes, sondern sie selbst, die sich im Sinn erfaßt."[589] Für eine Selbstvergegenständlichung der Freiheit im Sinnlichen müßte Schiller den durch Vermittlung erreichten "ästhetischen Zustand", den sogenannten "Null-Zustand"[590] zwischen Sinn und Vernunft, zwischen Materie und Form, zwischen Leiden und Tätigkeit, mit einer Identität beider fundieren. "Eine solche absolute Identität des Reellen und des Ideellen, der Natur und des Geistes hat aber erst Schelling [...] als notwendige Voraussetzung beider Relata und ihres Widerspiels angenommen."[591]

Schiller schlug den Weg der spekulativen Philosophie ein, den Fichte, Schelling und Hegel fortsetzten; Wieland verließ ihn. Die "schöne Seele" ist bei Schiller bloß ein Schein, bei Wieland ist sie real. Schillers "schöne Seele" bleibt ein Traum der Kunst, diejenige Wielands ist eine vorkritische ontologische Gewißheit. Für Wieland ist das Schöne nicht ein Symbol oder Analogon des Sittlich-Guten, sondern das Gute selbst. Er sieht die Harmonie und Übereinstimmung des Menschen mit sich selbst im Erlangen sokratischer Weisheit und nicht in einer Vereinigung von Sinnlichkeit und Vernunft, denn einmal ist die Vernunft$_2$ nicht mit der praktischen Vernunft Kants identisch und zum anderen läßt sich der freie Wille des wahren Seins nicht bestimmen. Da der Wille nicht zur Disposition des Menschen steht und nur der Gegenstand eines möglichen Irrtums sein kann, entfällt der ästhetisch unansehnliche, Ekel er-

---

587 Aus den ästhetischen Vorlesungen: Verhältnis des Schönen zur Vernunft, SW 5, 1040.

588 Vgl. Dieter Henrich: Der Begriff der Schönheit in Schillers Ästhetik, S. 539, und Manfred Frank: Einführungen in die frühromantische Ästhetik, S. 117.

589 Manfred Frank: Einführungen in die frühromantische Ästhetik, S. 118.

590 Über die ästhetische Erziehung des Menschen in einer Reihe von Briefen, 21. Brief, SW 5, 635.

591 Manfred Frank: Einführungen in die frühromantische Ästhetik, S. 119 f.

zeugende Kampf zwischen Sinnlichkeit und Vernunft in Wielands "Lebensphilosophie", die an Platons Freiwilligkeitsverständnis ausgerichtet ist. Geht man wie Schiller von der Autonomie des Willens aus, ist der Wille selbst nicht irrtumsfähig, weil das Wissen der reinen praktischen Vernunft ihn bedingt. Wielands *Antwort auf die Frage: was ist eine schöne Seele?* lautet:

> Beyspiele mahlen oft mit einem einzigen Zug unsre Idee besser als leere und schwankende Schulerklärungen. Was ich eine *schöne Seele* nenne, wüßte ich nicht *anschaulicher* zu machen, als durch etliche Beyspiele aus dem schönen Werke meines Lieblingsautors unter den Alten, aus der Cyropädie des Sokratischen *Xenofon.* (WG, Supp. 6, 67)

Unter anderen dient der Hofmeister des Prinzen Tigranes Wieland als Beispiel, der auf Befehl des Prinzenvaters hingerichtet wurde. Auf die Frage des Cyrus, welches Übel der Hofmeister begangen habe, antwortet Tigranes:

> Mein Vater beschuldigte ihn, er *verführe mich.* Und doch, mein bester Cyrus, war es ein so guter, so rechtschaffener Mann, daß er mich noch unmittelbar vor seinem Tode zu sich bitten ließ, um mich zu beschwören, daß ich seine Hinrichtung meinem Vater verzeihen möchte. Er thut es nicht aus bösem Herzen, sprach er, sondern *weil er nicht weiß was er thut.* Was aber die Menschen aus Unwissenheit sündigen, das nehme ich ihnen so auf, als ob sie es *wider Willen* thäten. [...] Dieser Mann, meine Freunde, hatte was ich eine *schöne*, und zugleich eine *große* Seele nenne. (WG, Supp. 6, 69 f.)

Da der Prinzenvater "aus Unwissenheit" über sich selbst wider seinen eigentlichen "Willen" sündigt, zeigt dieses Beispiel erneut Wielands Orientierung an der platonischen Philosophie, gemäß der niemand freiwillig Unrecht tut.[592]

> Das, was man nicht soll, fällt nach Sokrates` Auffassung in letzter Instanz mit dem zusammen, was man eigentlich auch gar nicht will. Jede Fehlleistung des Willens gründet unter diesen Umständen in einer falschen Auffassung des Handelnden von den letzten Zielen seines Handelns und damit von sich selbst.[593]

Die "schöne Seele" ist also weder ein reflexives oder 'entzweites' Subjekt noch ein Menschentypus; sie geht sowohl dem "präformistischen Denken" als auch dem ästhetischen Denken Schillers vorher. Sie ist dasselbe wie das "wahre Ich" oder der "*Deus in nobis*", Wieland fand nur einen anderen Ausdruck für dieses unwandelbare, wahre Sein.

---

592 Siehe oben S. 8686 f.

593 Wolfgang Wieland: Platon, S. 265.

## Danaes sittliche Einsicht

So wie bei Agathons Lebensschilderung geht es auch bei Danaes Erzählen nicht um die bloße Mitteilung von Fakten. Wie sie über sich spricht, läßt erkennen, ob sie sich selbst kennt. Über ihre Jugend sagt Danae: "die kleine Myris hatte auch *ein Herz*; aber darum bekümmerte sich niemand." (A 670) Ihre Mutter bildete sie zur Tänzerin, baute all die nötigen "kleinen Fähigkeiten" an (A 670), sorgte sich nur "um die körperliche Hälfte meiner Person" und tat nichts "um mein Herz zu *bilden*", allerdings "auch wenig oder nichts, um es zu *verderben*" (A 671).

> Nun bildete ich mich selbst, so gut ich konnte; denn ich fand *etwas* in mir - ohne zu wissen oder mich zu bekümmern *was* es war - das mich weder mit dem, was ich um mich her sah, noch mit mir selbst und mit dem Beifall, den ich erhielt, zufrieden sein ließ. Die Natur hatte die *Idee des Schönen* in meine Seele gezeichnet: noch sah ich sie bloß durch einen Nebel; aber auch das Wenige, was ich davon erblickte, tat seine Wirkung. (A 670)

Da die Erzählerin die fehlende Herzensbildung oder Selbsterkenntnis der Myris beklagt, ist sie überzeugt, sich jetzt zu kennen. Sie glaubt also zu "wissen", "was" dieses "Etwas" war, und meint, die "Idee des Schönen" jetzt nicht mehr "durch einen Nebel" zu sehen. Wenn sie sich täuscht, ist ihre Rechtfertigung gescheitert. Es dürfen also keine Widersprüche oder auch nur Inkonsistenzen zwischen Wort und Tat auftreten, mit denen Wieland Agathon, Hippias und Aristipp der Unwissenheit überführte.
Autodidaxe brachte Myris zur "Schwärmerei" (A 672) und Verdinglichung der "Idee des Schönen." Bei Musik und Gesang von Pindars Oden erschuf ihre "Einbildungskraft" (A 671) ein Bild der "Grazien".

> Von diesem Augenblick an blieb das göttliche Bild meiner Seele eingedrückt. Ich konnte mir selbst nicht entwickeln, was ich dabei fühlte; aber ich schwor den Grazien einen heiligen Schwur, sie in allem meinem Tun zu meinen Führerinnen zu erwählen. Wie du siehest, Agathon, hatte die junge Myris einen feinen Ansatz zu eben dieser schönen Schwärmerei, welche in den Hallen und Lorbeerhainen von Delphi deiner Seele die erste Bildung gab. (A 672)

Aber die schwärmerische "erste Bildung" ist vorbei. Beim Wiedersehen in Tarent mahnt Danae Agathon: "keine Schwärmerei!" (A 659); bei ihr stimmen Wort und Tat überein. Als Agathon erzählte, glaubte er, die Schwärmerei überwunden zu haben, aber er irrte. Myris sah "die Idee des Schönen" wegen der Schwärmerei bloß vernebelt. Danae jedoch hält sie jetzt nicht für "schimärisch und belachenswert" (A 507) wie Hippias und Agathon nach seiner Ernüchterung. Indem die Erzählerin weder schwärmt noch die Ideen als "unerweislich" (A 756) verwirft, hat sie die Verdinglichung der Ideen überschritten und das gesuchte unthematische sokratische Wissen erlangt. Während die "Schülerin eines Hippias [...] nichts lächerlicher [...] [fand] als die Hoffnung der Unsterblichkeit" und die Geliebte Agathons "ganze Stunden von der Wonne der Unsterblichen, von unvergänglichen Schönheiten und himmlischen Welten phantasieren konnte" (A 175 f.), hat sie nun die Zweiweltenvorstellung überwunden und das Delphische Rätsel gelöst.

Auch ihr Urteil über die "wirtschaftliche Krobyle" (A 675), die Myris im nutzbringenden Mittel-Zweck-Denken erzog und alle Mühe darauf wandte, sie als Tänzerin zu professionalisieren, fußt auf sittlicher Einsicht:

> Die alte *Krobyle* war, zu meinem Unglück, die Person nicht, die mich richtiger denken lehren konnte. Ihre eigenen Begriffe von Glückseligkeit erstreckten sich nicht über den Kreis der gröbern Sinnlichkeit, und sie ließ sich gar nicht einfallen, daß, außer der Armut und Dürftigkeit, etwas schändlich sei. (A 674)

Also kennt die Erzählerin ein Denken, das "richtiger" ist als das zweckrationale. Ihre "neue Denkungs-Art", die dem technischen Wissen übergeordnet ist, bezeugt ferner ihre Selbstkritik. Angesteckt vom "Geiste des Leichtsinns und der Üppigkeit" (A 673) wollte sie all die "Bedürfnisse der Gemächlichkeit und der Wollust" nicht mehr entbehren; "nun gab es Augenblicke, wo das Verlangen nach einer in meinem Wahne so beneidenswerten Glückseligkeit mich zu allem bereitwillig zu machen schien, was ein Mittel dazu werden konnte." (A 672) Da sie diese hedonistische Form der "Glückseligkeit" als "Wahn" kritisiert, ohne sich selbst zu widersprechen, und da sie nicht von einer "Glückseligkeit" im Stile Agathons phantasiert, kennt sie wie Archytas eine höhere Art der "Glückseligkeit": den aretologischen Eudämonismus[594].

Als Wissende durchschaut sie jetzt die Irrtümer ihres Lebens. Die "*erste Liebe*" war ein "süße[r] Irrtum", er entstand aus dem "*Bedürfnis etwas zu lieben*, welchem durch Aspasiens Tod seine gewohnte Nahrung entzogen war" (A 715). Da ihr Verhältnis mit Alcibiades "den Namen der Liebe, in der edelsten Bedeutung dieses Wortes, nicht verdient" (A 718) habe, kennt sie wahre Liebe. Auch in Smyrna hat sie sich getäuscht: "Sie gefiel sich selbst in ihren angenehmen Irrtümern. Ihr Witz webte sie in ein System, welches ihren Empfindungen zu sehr schmeichelte, um nicht für wahr gehalten zu werden."

---

594 Vgl. oben S. 83.

(A 731) Sie betrachtete damals "alles in einem zu milden Lichte", so daß "die Grenzen des Wahren und Falschen, des Guten und Bösen" (A 729) ineinander übergingen.
Die Beteuerungen des Erzählers werden durch die Rede Danaes bestätigt. Aus "höchster Weisheit" verzichtet sie auf eine Ehe und bittet Agathon: "Unterwirf dich mit mir einem gemeinschaftlichen Schicksal; und, wenn du jemals bei der Erinnerung an unsre Liebe erröten solltest: so erinnre dich auch, daß diese Liebe Danaens Wiederkehr zur Tugend veranlaßte. Ohne dich würde sie noch immer Danae sein." (A 734) Agathon mangelt das bessere Wissen von dem, was er selbst ist, und was bei einer Vereinigung unter äußerlichen Voraussetzungen verraten würde.

### Aspasia und ihre Philosophie

Danae erzählt so ausführlich von Aspasia, weil sie ohne deren Fürsorge nicht die geworden wäre, die sie ist.[595] Deshalb hat sie "Aspasiens *Beispiel und Unterricht*" zu "danken", deren "Wert die Erfahrung sie erst recht schätzen lehrte" (A 697). Aspasias sokratische Weisheit wird mehrfach indiziert.
Danae vergleicht sie mit Sokrates. "Beinahe bin ich versucht zu sagen, sie hatte, wie Sokrates, eine Art Genius, der ihr [...] sagte, was sie *nicht* tun sollte." (A 682)
Auch der Erzähler beurteilt sie als "weit über die Niederträchtigkeit gemeiner Seele erhaben" (A 123) und rät den Lesern:

> Findet ihr eine Aspasia, eine Leontium, eine Ninon - so bewerbet euch um ihre Gunst, und, wenn ihr könnt, um ihre Freundschaft. Die Vorteile, die ihr daraus für euern Kopf, für euern Geschmack, für eure Sitten - ja, meine Herren, für eure Sitten, und selbst für die Pflichten eurer Bestimmung, von einer solchen Verbindung ziehen werdet, werden euch für die Mühe belohnen. (A 333)

Die Achtung des Erzählers deckt sich mit Wielands Wertung in seiner *Ehrenrettung dreyer berühmter Frauen des Alterthums der Aspasia, Julia und Jüngern Faustina.*

---

[595] Ein zeitgenössischer anonymer Rezensent der zweiten *Agathon*-Fassung hätte die "Lehre" der Aspasia "lieber weggewünscht. Denn Aspasiens Reden zielen blos darauf hinaus, aus Danaen eine Coquette (nach der französischen Bedeutung dieses Wortes) zu machen; und der Charakter ist so garstig, so verhaßt, daß das uns einen Widerwillen gegen Aspasien einflößet, und wir nicht mit Danaens Gesinnungen für sie sympathisieren können." (Auserlesene Bibliothek der neuesten deutschen Litteratur, Bd. 4, Lemgo 1773, S. 625-644, S. 635).

In dieser Schrift bezieht er sich mehrmals auf die Schilderung der Aspasia im *Agathon* und schickt sich an,

> als Sachwalter der *schönen* Aspasia aufzutreten, und eine Revision des strengen, oder vielmehr ungerechten Urtheils zu verlangen, welche die Nachwelt, auf einseitige Beschuldigungen verdächtiger Ankläger und auf bloße Anscheinungen hin, allzu leichtsinnig über diese Frau ausgesprochen hat, welche, meines Erachtens, eine Zierde ihres Geschlechts gewesen ist. (WG 24, 309)

Immerhin hatte sie "einen Sokrates zu ihrem Schüler, einen Perikles zu ihrem Gemahl" (A 697) und bildete einen derartigen Kreis, "daß Sokrates seine jungen Freunde, und die edelsten Athener ihre Gemahlinnen in keine bessere Gesellschaft führen zu können glaubten" (A 688).
Diese weise Aspasia konnte Myris` Konflikt lösen. Myris liebte zwar die Tanzkunst "an sich selbst" (A 673) und mochte auch "gern gefallen und bewundert werden" (A 674), aber sie hatte zu viel Ehrgefühl, um sich zu prostituieren. Sie "fühlte eine Seele in sich erwachen, die den Gedanken, diesen Heldensöhnen zum Spielwerk zu dienen, unerträglich fand" (A 675). Sie wollte "der Gegenstand einer zärtlichen Leidenschaft" sein, doch die "arme *Myris* ermüdete sich vergebens mit Nachsinnen, wie sie es anfangen könnte, ihrem Schicksal, dessen Schwere sie täglich schmerzlicher fühlte, eine andre Gestalt zu geben" (A 675).[596] Krobyle verschärfte diesen Konflikt. Über den tugendhaften Entschluß, "nicht mehr bei den Gastmählern der Athener zu tanzen", wollte Krobyle "von Sinnen kommen" (A 675) und drohte mit der Vertreibung aus dem Haus. Entweder müsse sie "gefälliger sein, oder selbst für ihren Unterhalt sorgen" (A 676).
Aspasia vermochte allein kraft ihrer Ausstrahlung Myris zu helfen. "Der erste Augenblick, da ich Aspasien sah, schien mich zu einer andern Person umzuschaffen." (A 687)

> Aber sie hatte in einer Gesichtsbildung, die ausdrücklich für die Majestät ihrer Figur gemacht war, etwas so unwiderstehlich reizendes, und dieser forschende Blick war durch ein so einnehmendes Lächeln gemildert, daß es unmöglich war, sie ohne Liebe anzusehen.

---

[596] Walter Erharts soziologische Erklärung des Konflikts greift zu kurz. Der Zweispalt entsteht nicht durch die "Kollision zweier sozialer Bereiche" (Entzweiung und Selbstaufklärung, S. 249). Die "schöne Seele" widerspricht der öffentlichen Zurschaustellung durch "üppige Tänze"; die Werte der "bürgerlichen Welt" sind nicht "der höfischen Repräsentation entgegengesetzt" (ebd. S. 249). Was für eine "bürgerliche Moral" haben die "Kräuterhändlerin" und "Flötenspielerin"? Nichts als Ökonomie und Hedonismus.

> Was in diesen Augenblicken in meiner Seele vorging, ist wirklich über alle Beschreibung. Ich fühlte ein neues Wesen, eine andre vollkommnere Art von Dasein, gleich der Versetzung in die Wohnung der Götter, oder in Elysium. Meine durch das Anschauen eines Gegenstandes, der alle Träume meiner Phantasie auslöschte, befriedigte Seele schwamm in einem Äther von Liebe und Wonne. (A 683)

Das wahre Sein, dieses "Etwas", das Myris in sich spürte, "ohne zu wissen [...] was es war", und das ihr Tun mißbilligte, wird durch das Anschauen Aspasias "befriedigt", deren "schöne Seele" in ihrem Gesicht aufleuchtet. Was Myris nun sah und fühlte, ist keine "idealische Vollkommenheit", wie sie Agathon in Smyrna in Danae anschauen zu können glaubte. Weder schwärmt Myris noch phantasiert sie: "Mir war als ob mein Herz mir sagte: Diese *Göttin* ist doch immer nicht mehr als *was du auch werden kannst*; sie ist - doch nur ein *Weib*." (A 687) Myris erlebte, was Agathon sehr viel später zum ersten Mal widerfuhr, als er Archytas sah, dessen "Bewußtsein eines unschuldigen und mit guten Taten erfüllten Lebens, sich in seinen Augen und in seiner ganzen Gesichts-Bildung mit einer Wahrheit mit einem Ausdruck von stiller Größe und Würdigkeit abmalt" (A 522). Agathon konnte

> nicht anders als etwas idealisches in dem Gemische von Majestät und Anmut, welches über die ganze Person dieses liebenswürdigen Alten ausgebreitet war, zu empfinden - und es desto stärker zu empfinden, je stärker der Absatz war, den dieser Anblick mit allen demjenigen machte, woran sich seine Augen seit geraumer Zeit hatten gewöhnen müssen - Und warum konnte er nicht anders? Die Ursache ist ganz simpel; weil dieses idealische nicht in seinem Gehirne, sondern in dem Gegenstande selbst war. (A 522)

Agathon und Myris vernehmen wahres Selbstsein, "dessen Macht man fühlen muß, man wolle oder nicht" (A 522). Allein Aspasia und Archytas sind erscheinende Tugend, weil sie "nichts zu sein scheinen woll[en], als was [sie] würklich" sind (A 523). Aus dem gleichen Grund verbreitet Aspasia eine "Liebe und Wonne", die Danaes Mutter und Krobyle aufgrund ihrer fehlenden Selbstkenntnis unmöglich ausstrahlen konnten. Aspasias "Liebe" quillt aus dem "wahren Ich", ist so bedingungslos wie das Gute, ergreift keinen Besitz und versklavt nicht, ist Lebensvollzug und nicht bloß Idee. Gleich Agathon, der beim Anblick des Archytas überzeugt war, "daß er endlich gefunden habe, was er so oft gewünscht, aber noch nie gefunden zu haben geglaubt hatte [...] - einen wahrhaftig weisen Mann" (A 523),[597] fand Myris endlich eine "vortreffli-

---

[597] Diese Textstelle darf auch autobiographisch gedeutet werden. Indem Agathon "einen wahrhaftig weisen Mann" trifft, dessen Weisheit der sokratischen nicht nachsteht, macht der

che Frau", die "alles was Schönes, Liebenswürdiges und Großes von einem weiblichen Wesen gedacht werden kann, in sich schließt" (A 711), die "vollkommenste Sterbliche, die jemals den Ruhm unsers Geschlechts an dem eurigen gerochen hat" (A 698).

Schließlich ist Aspasias Lehre kein aus Prämissen oder Hypothesen deduziertes System, sondern die "Mitteilung einer vielleicht teuer genug erkauften Weisheit" (A 704). Als "Meister von ihrem Herzen" (A 709 f.) ist ihre "Weisheit" die "höchste". Sie manifestiert sich in der Fähigkeit, Danae im Umgang mit Alcibiades und Axiochus vor "Fehltritten zu bewahren" (A 702). Doch ihr Wissen kann sie nicht direkt weitergeben. Aspasia ist sich der Grenzen der Mitteilbarkeit bewußt:

> Du hast noch nicht lange genug gelebt, meine Tochter [...], um dein *Herz* zu kennen; und noch weniger, um alle die *Gefahren* zu kennen, wovon es umgeben ist. In einigen Jahren wird dich *deine eigene Erfahrung* gelehrter gemacht haben. Indessen wird es nur auf dich ankommen, dich der *meinigen* zu deinem Vorteil zu bedienen. (A 686 f.)

Danae kann dieses Wissen nicht einfach von Aspasia übernehmen, sie muß es selbst erwerben. Um aber dem Mädchen Umwege zu ersparen, weist sie auf "Gefahren" hin.

> Eine junge Person ist durch die Güte und Aufrichtigkeit ihres eigenen Herzens nur zu sehr geneigt, jeden der ihr liebkoset für einen Freund anzusehen. Da sie in glücklicher Eintracht mit der ganzen Natur, lauter wohl wollende Blicke um sich her wirft: woher sollte sie in einem Geschöpf, dessen Annäherung ihr Herz in so angenehme Regungen setzt, dessen Worte sich so sanft in ihre Seele einschmeicheln, den Zerstörer ihrer Glückseligkeit argwohnen? (A 705)

Aspasia will Danae vor einer Liebe schützen, deren Quelle "sehr reizbare Sinne" und "eine warme, immer geschäftige Einbildung" (A 705) sind. Damit sie nicht das Opfer der Männer wird, die "bloß die Befriedigung ihrer Begierden oder ihrer Eitelkeit" (A 706) suchen, läßt Wieland Aspasia zu einer "*Philippika* gegen das männliche Geschlecht" (A 698) ausholen, aus der folgt, "daß du dich angewöhnest, dir die Männer unter diesem verhaßten Bilde vorzustellen" (A 705).

---

Autor seinen Protagonisten "so glücklich" als er selbst "zu seyn wünschte" (WBr. 3, 61), der in dem Provinznest Biberach den Kontakt, Umgang und Gedankenaustausch mit einem wirklichen Weisen vermißt, da er "unter 24 travestirten Hottentotten leben muß, die mir noch Ehre anzuthun glauben, wenn sie mich für ihres gleichen halten" (WBr. 3, 346).

Aspasia ist für Danae das, was Archytas für Agathon ist. Sie leisten aufgrund ihres Wissens die erste Hilfe zur Selbstkenntnis. Doch ihre Unterweisung kann nicht die Erfahrung ersetzen. Agathons Erfahrungen zu Delphi, Athen, Smyrna und Syrakus führen ohne die Aufklärung durch Archytas nicht zur Selbstkenntnis. Ohne eigene Erfahrung bleibt das Bestreben der jungen Danae, sich "nach [Aspasia] zu bilden und ihren Lehren zu folgen" (A 687), erfolglos. Auch das Aufschreiben der Rede Aspasias, die Danae "so wichtig" erschien, "daß ich nicht ein Wort davon zu verlieren wünschte" (A 698), hilft ihr nicht fort. Geschriebenes und nicht objektivierbare Einsicht sind zweierlei, deshalb ist Danae "so weit hinter ihrem geliebten und bewunderten Urbilde zurück geblieben" (A 711).

### Reaktion auf Danaes Rechtfertigung

Feurig nimmt Agathon die Rechtfertigung Danaes an.

> Ja, rief er, bei dieser Hand schwör` ich es, Chariklea, der Tugend, der du dich geweiht hast, und die in diesem entscheidenden Augenblicke aus deinem Munde zu mir spricht, ewig getreu zu bleiben.! [...] Ja, Chariklea, ich fühl` es, daß ich, indem ich [....] dieser geliebten Hand entsage, glücklicher bin durch das was ich Dir und der Tugend aufopfre, als ich durch die Befriedigung aller eigennützigen Wünsche werden könnte! Niemals, niemals werd` ich aufhören dich zu lieben [...] wie ich die Tugend liebe; mit einer Liebe, die diener würdig, selbst die schönste der Tugenden ist. (A 734 f.)

Was er so heftig und leidenschaftlich verspricht, kann er nicht halten.[598] Chariklea durchschaut ihn:

> Sie kannte die Gefahren solcher Aufwallungen; und ohne in die Aufrichtigkeit seiner Empfindungen den mindesten Zweifel zu setzen, wußte sie doch mehr als zu wohl, daß die Zeit noch nicht gekommen war, wo sie sich schmeicheln konnte, von einem Liebhaber für eine *bloße Seele* angesehen zu werden. (A 735)

---

598 "Agathon, dem Gelübde getreu, welches er der Tugend und Charikleen getan hatte, betrug sich von dieser Zeit an so vorsichtig, daß - den einzigen Archytas und vielleicht Charikleen selbst ausgenommen - niemand gewahr wurde, wie viel ihm die Gewalt kostete, die er sich dabei antun mußte. Aber nach Verfluß einiger Monate erfuhr er, daß er mehr versprochen habe als er halten könne." (A 773)

Um Chariklea als "bloße Seele" anzusehen, muß er zuvor seine eigene entdecken, und so gab Wieland seiner Protagonistin den "schönen Sieg [...] über Agathon" (A 727).

Ein anonymer Rezensent in der *Auserlesenen Bibliothek der neuesten deutschen Litteratur* erkennt Danaes Rechtfertigung nicht an. Er kann keine Rechenschaft abnehmen, da er von dem Vorurteil gegen die Tugend einer Prostituierten nicht ablassen kann. Die "ganze Bekehrung der Danae zur Tugend" dünkt ihm "eine Fabel", denn keiner könne "glauben, daß die Bekehrung einer Frau, die Olympiaden lang ihrem Temperamente nachgehangen hat, aufrichtig sey"; man werde sie vielmehr "allezeit als Heuchelei ansehen".[599] Eine "aufrichtige Bekehrung" sei "der Religion allein vorbehalten", und zwar müsse es eine Religion sein, "die den Genus der Wollüste bei ewigen Qualen verbietet."[600] Den Romanschluß der zweiten Fassung lehnt er ab. Daß Agathon nicht in den Hafen der Ehe einfährt, passe "mit dem Vorhergehenden und mit dem ganzen Zweck des Romans nicht recht zusammen".[601] Für ihn ist "gewis, daß der Ehestand die wahre Bestimmung des Menschen ist; [...]daß ohne Ehestand keine wahre Glückseligkeit stat findet".[602] Durch die jetzige Version sei "Agathon allemal nur sehr unvolkommen glücklich; oder ist derjenige volkommen glücklich, der sein Alter einsam und kinderlos zubringen mus?"[603] Aber Wieland handelt nicht von bürgerlichem Glück.

Auch in der Wieland-Forschung trifft Danaes Rechtfertigung auf Unverständnis. Die Entsagung Danaes erscheine "wenig überzeugend"[604] oder "gekünstelt und unwahrscheinlich".[605] Buddecke spricht Danae einen tugendhaften Wert ab, weil sie "ausdrücklich 'schöne Seele' genannt wird",[606] Laura Auteri glaubt,

---

599 Auserlesene Bibliothek der neuesten deutschen Litteratur, Bd. 4, Lemgo 1773, S. 625-644, S. 639.

600 Ebd. S. 640.

601 Ebd. S. 636.

602 Ebd. S. 637.

603 Ebd. S. 637.

604 Paul Kluckhohn: Die Auffassung der Liebe in der Literatur des 18. Jahrhunderts, S. 171.

605 Melitta Gerhard: Der deutsche Entwicklungsroman bis zu Goethes 'Wilhelm Meister', S. 103, Anmerkungsziffer 3.

606 Wolfram Buddecke: C. M. Wielands Entwicklungsbegriff, S. 215.

Danae erzwinge eine "platonische Liebe, indem sie sich weigert, Agathon zu heiraten"[607] und Erhart meint, Tarent sei keine Station, wo sich die Tugend, "in dessen Namen" jetzt auch Danae antritt, "ein weiteres Mal zu beweisen hätte".[608] Danaes Entschluß kennzeichne

> die Demontage der harmonistischen Bilder, die das 18. Jahrhundert vor allem seiner Literatur noch anvertraut hatte. Der 'Traum' einer idealen Sozietät hat sich ebenso aufgelöst wie die institutionelle Ordnung einer bürgerlichen Familie. [...] Agathons und Danaes Sozialisation - geradezu durchtränkt mit Indizien destabilisierter Familienstrukturen - endet mit Lebensformen, die den Fehlfunktionen der familiären Projektionen gleichsam abgetrotzt sind.[609]

Diese Deutung findet in Danaes Rechtfertigung keinen Halt. Freilich bricht sie mit ihrer Entscheidung zunächst einmal die Konvention und Tradition. Aber sie begründet ihre Entscheidung nicht damit, daß das Althergebrachte untauglich oder unstabil sei. Sie hätte ihr Jawort gegeben, "wenn diese Danae von dem Augenblick an, da sie durch den Tod des Cyrus wieder frei wurde, glücklich genug gewesen wäre in die Bekanntschaft einer Familie zu kommen, wie die des Archytas ist; wenn sie damals schon gedacht und gelebt hätte, wie sie jetzt tut" (A 734). Wäre "sie damals schon" sittlich einsichtig und weise gewesen, dann hätte sie nicht zusammen mit Hippias gegen Agathon ein Komplott geschmiedet, ihn nicht sklavisch geliebt und seine Schwärmerei und idealisierte Liebe vielleicht sogar kurieren können. Kurz, die Geschichte müßte neu geschrieben werden. Danae stellt mit ihrer Entscheidung nicht die "institutionelle Ordnung einer bürgerlichen Familie" in Frage, sondern redet der Ausnahme von der Regel das Wort, die ohnehin nicht auf einen konkreten Einzelfall paßt und aufgehoben ist, wenn der Zweck des eigenen Seins einleuchtet.

---

[607] Laura Auteri: Die Chance der Zweisamkeit. Zur Erfahrung der Liebe bei Wieland, in: Wieland-Studien III (1996), S. 107-122, S. 112.

[608] Walter Erhart: Entzweiung und Selbstaufklärung, S. 260.

[609] Ebd. S. 261.

## VI. Dritte Romanfassung

Einundzwanzig Jahre nach dem Erscheinen der zweiten brachte 1794 Wielands neuer Verleger Georg Joachim Göschen die dritte und letzte Fassung der *Geschichte des Agathon* heraus. Neben Revisionen in Ausdruck und Stil erweiterte Wieland die "Ausgabe von der letzten Hand" (A 590) durch das schon interpretierte Gespräch zwischen Agathon und Archytas. Außerdem fügte er an das Kapitel *Moralischer Zustand unseres Helden* der ersten Fassung ein Gespräch zwischen Hippias und Agathon im Gefängnis und strich dafür die *Apologie des griechischen Autors.* "Durch diese beiden resp. Veränderungen und Zusätze", schrieb Wieland am 30. 1. 1794, "erhält unsre neue Ausgabe einen wesentlichen Vorzug",[610] denn dadurch wird Agathons Weg zur sittlichen Einsicht deutlich markiert. Blieb in der ersten Fassung offen, ob Agathon sittliche Reife erlangt, muß er am Ende der zweiten Fassung darüber verfügen, da er fähig ist, Tarent so weise zu regieren, wie einst Archytas. Aber der Wandel seines Denkens wird nicht gekennzeichnet. Im Gespräch mit Hippias im Gefängnis tut Agathon offensichtlich den entscheidenden ersten Schritt in Richtung "Virtus et Sapientia". Er durchschaut seine frühere Meinung, die Theorie des Hippias "gründe sich auf die Erfahrung aller Zeiten" (A 499) als Irrtum.
Erhart ist darin zuzustimmen, "daß verschiedene Dialoge ganz unterschiedliche Gesprächsformen und Funktionen repräsentieren".[611] Die geläufigen Zuschreibungen von "Konversation als Selbstzweck" oder "Geselligkeit" sind für "Wielands literarische Gespräche so generell wie unbestimmt."[612] Gewiß konzipierte Wieland das Gefängnisgespräch nicht um des "geselligen Erzählens" willen. Aber ebenso gewiß dient diese Unterredung der Wahrheitsfindung, eine Funktion, die Erhart dem Dialog abspricht.[613] Während das Streitgespräch zwischen Hippias und Agathon um des Rechthabens willen geführt wurde und die Selbstgespräche Agathons stets zu Selbsttäuschungen

---

[610] Johann Gottfried Gruber: C. M. Wielands Leben. Neu bearbeitet, mit Einschluß vieler noch ungedruckter Briefe Wielands, 9 Bücher in 4 Teilen, Leipzig 1827; 2. Aufl. der Hamburger Reprintausgabe, November 1984, Teil 4, S. 57 f.

[611] Walter Erhart: Entzweiung und Selbstaufklärung, S. 341.

[612] Ebd. S. 343.

[613] Ebd. S. 343: "In der letzten Fassung der 'Geschichte des Agathon' schließlich bricht der Prozeß einer 'kommunikativen Wahrheitsfindung' (Beatrice Wehrli) zwischen Agathon und Hippias sogar ab, um sich in die narrative und therapeutische Rekonstruktion der zurückliegenden 'Geschichte' zu verwandeln."

führten, findet Agathon nun die Wahrheit über sich selbst, weil Hippias mit einer anderen Intention als zu Smyrna redet. Ironie Wielands ist es, daß der Sophist unbewußt hilft, sein eigenes System der Ungültigkeit zu überführen.

## Das Gespräch zwischen Hippias und Agathon im Gefängnis

### Situation, Intention und Form des Gesprächs

Der moralische Zustand des Helden ist nach dem Scheitern in Syrakus desolat. Aus dem Schwärmer für Tugend und Religion ist ein Misanthrop geworden. Hippias besucht den Gefangenen nicht, um ihn von seinem System zu überzeugen. Er setzt voraus, Agathon sei durch Erfahrung belehrt worden. Er kommt auch nicht, um sich bloß am "Fall dieses politischen Ikarus zu weiden" (A 601). Als "Freund" (A 603) bietet er Hilfe an, will Agathon nach Smyrna zurückholen und ihn zum Erben seiner "Talente" und seiner "ganzen Verlassenschaft" machen (A 609). Außerdem wünscht er die Freundschaft und Liebe Agathons: "ich gebe dir meine ganze Liebe für einen Anteil an der deinigen!" (A 609) Durch dieses Anerbieten wird aber Agathon "auf eine neue Probe gestellt" (A 600).
Das unverhoffte Erscheinen Hippias ändert Agathons Stimmung augenblicklich. Noch "vor wenigen Minuten" hatte Agathon Hippias "so lebhaft apostrophiert" und angefangen, sich "zu dessen Antiplatonischer Philosophie [...] zu bekehren" (A 600). Der Besuch müßte ihn freuen. Doch er ist "betroffen", weicht "bestürzt zurück" (A 601), die früheren Begegnungen stehen ihm mit der "tiefsten Verachtung" (A 602) für Hippias vor Augen. Unmittelbar bricht das "Gefühl" (A 602) für das Wahre, Gute und Schöne hervor, das gegen die Wahrheit des materialistischen Systems spricht. "Die Theorie des Sophisten verlor im unmittelbaren Anblick seiner verhaßten Gestalt alles Täuschende, was ihr Agathons eigne verstimmte Phantasie geliehen hatte" (A 602). Freilich reicht das "Gefühl" allein nicht zu, um ihn zur Tugend zu bringen. Daraus muß ein Wissen werden, andernfalls wiederholte sich die Entwicklungsgeschichte Agathons. Aber er selbst sucht kein Wissen, er glaubt zu wissen. Aus seinem Dünkel heraus, der schon den ersten Diskurs mit Hippias verdarb, lehnt er zunächst eine Unterredung mit ihm ab. Er glaubt, "Schadenfreude und Triumph" (A 602) führten Hippias zu ihm. Als "Freund" kann er ihn erst recht nicht anerkennen: "ihm war als sähe er seinen bösen Genius vor sich" (A 602). Er selbst aber liebt das Gute, so daß er das Anerbieten freundschaftlicher Hilfe als Beleidigung empfinden und Hippias` "bessernde Hand" (A 604)

brüsk zurückweisen muß: "Du würdest Zeit und Mühe umsonst verschwenden. Ich bin in der Tat unverbesserlich." (A 604)
Hippias führt Agathons Weigerung, sich eines Besseren belehren zu lassen, auf üble Laune und Verdrießlichkeit zurück; Agathon sei "ein wenig Galle ins Blut getreten" (A 604). Seine Absichten drückt er sowohl in der Frage aus: "Warum sollten wir einander nicht Gerechtigkeit widerfahren lassen können?", als auch mit der Hoffnung,

> dir einen Beweis zu geben, daß ich gerecht gegen den Mann zu sein weiß, [...] der das goldne Alter nach Sicilien zurück gebracht - haben würde, wenn die Menschen nicht wären - was ich dir schon zu Smyrna sagte daß sie seien, und was sie so lange bleiben werden, als sie nichts als ein Paar feiner organisierte Vorderpfoten und die Gabe der Sprache vor den übrigen Tieren voraus haben. (A 604)

Hippias beabsichtigt nicht, mit Agathon ein Streitgespräch auszutragen, ruft keinen Schiedsrichter an, wie am Ende der Debatte in Smyrna (A 106). Eher sucht Hippias, eine "synergistische"[614] Gesprächsform zu verwirklichen.

> In einem solchen an der Wahrheit ausgerichteten Gespräch gibt es keinen Gewinner, dem auf der anderen Seite ein Verlierer gegenüberstünde. Hier kann jeder der Partner eine Behauptung gefahrlos auch wieder zurücknehmen, wenn er sich eines Besseren hat belehren lassen. In keinem Fall ist es in einem synergistischen Dialog notwendig, einen Schiedsrichter anzurufen.[615]

Synergistisch will Hippias reden, wie es unter Freunden üblich ist.[616] Agathon möge daran, daß er sich nicht scheut, "dem Freunde zu seinem Besten wehe zu tun", den "Charakter der Freundschaft" (A 606) erkennen. Hippias agiert nicht gegen Agathon, will ihn nicht widerlegen, sondern will das "Beste" für ihn: die "Erkenntnis deiner Verirrungen" (A 606). Wahrheit ist der Zweck und nicht Triumph über Uneinsichtigkeit. Denn sollte Agathon seine "Verirrungen" nicht erkennen, verfehlte er das Ziel, verlöre aber keinen Wettstreit.

### Belehrung Agathons durch Hippias

Die Schuldfrage ist für Hippias eindeutig: "Wenn Agathon seinen herrlichen Plan vereitelt, seinen Zweck verfehlt, seine Arbeit verloren, und seine Ver-

---

614 Siehe dazu Wolfgang Wieland: Platon, S. 75 ff.

615 Ebd. S. 80.

616 Menon 75d.

dienste mit Undank belohnt sieht: so hat er niemand die Schuld beizumessen als - *Sich*." (A 606) Hippias trifft, was Agathon nicht wahr haben will. Abgesehen von der "*Vermessenheit*" (A 606) seines politischen Werkes, bei fehlender "Weltkenntnis" (A 606) aus einem Tyrannen einen "vollkommnen" (A 607) Monarchen machen zu wollen, legt Hippias ihm unter anderem zur Last,

> daß du dein *eignes Herz* nicht besser kanntest; daß du, um die Gunst [...] des Tyrannen zu gewinnen, so gefällig warst einen Teil von dir selbst zu verleugnen; daß du immer so viel von deinen *Grundsätzen* nachgabst, als du für deinen *Zweck* zu gewinnen hofftest; daß du dich zu einem schimpflichen *Vergleich* mit dem, was du selbst Laster nennest, erniedrigtest, [...] daß du deine Urteile von den Menschen [...] so oft ändertest, als sich ihr zufälliges Verhältnis gegen dich veränderte [...]. (A 607 f.)

Agathon trägt selbst die Schuld an seinem politischen Scheitern. Er ist nicht gezwungen worden, von seinen "eigenen Grundsätzen" abzuweichen, noch konnte er es nach Ansicht des Hippias unbewußt tun. Die "Abweichungen" würden "dadurch nur desto verdammlicher werden, weil sie eben so sehr gegen die Gesetze der Klugheit verstoßen, als gegen jenes hohe Ideal der Tugend, dem du in deinen schwärmerischen Stunden alles aufzuopfern bereit warst." (A 608) Die Einkerkerung sei eine selbstverschuldete Strafe:

> Daß du den Mut nicht hattest, entweder *deinen* Grundsätzen *ganz* treu zu bleiben, oder, wenn Erfahrung und zunehmende Menschenkenntnis dich von der Richtigkeit der *meinigen* überführte, dich gänzlich von *diesen* führen zu lassen: das ist es was dich hierher gebracht hat [...]. (A 608)

Hippias stellt ihn vor ein Entweder-Oder. Dazu muß sich Hippias von seinen philosophischen Ansichten distanzieren. Weil er vorübergehend den universalen Geltungs- und absoluten Wahrheitsanspruch seines Systems aufgibt, kann er überhaupt Agathon Inkonsistenzen zwischen Wort und Tat nachweisen und ihm dadurch sein bloß vermeintliches Selbstverständnis bewußt machen. Eben das konnte Hippias aufgrund seiner Identifikation mit seiner philosophischen Meinung im ersten Streitgespräch nicht. Und aus diesem Grund machte Agathon damals keine Erfahrung über sich selbst.
Doch gleichzeitig gerät Hippias in Widerspruch zu seiner Lehrmeinung. Allein die Möglichkeit, "jenes hohe Ideal der Tugend" zu realisieren, lehnte er im ersten Gespräch spöttisch ab. Nun aber gesteht er sie zu und widerspricht sich selbst. Mit dem Urteil, Agathon hätte das "hohe Ideal der Tugend" realisieren können, wenn er seinen "Grundsätzen *ganz* treu" gewesen wäre und sein "*eignes Herz* besser" gekannt hätte, trifft Hippias die Wahrheit, ohne daß er sich darum selbst "*besser*" kennt als Agathon. Er weiß nicht, wie man Agathons

"Grundsätzen *ganz* treu" bleibt. Denn dazu gehört nicht "Mut", wie Hippias meint, sondern Selbstfindung. Aber indem Hippias mit seinem Urteil zeigt, daß er "gerecht gegen den Mann zu sein weiß", macht er sich einer Inkonsistenz schuldig, die schon in seinem Lehrvortrag über das "Schöne" und das "Gute" auffiel.[617] Er hat unwissentlich die Idee der Gerechtigkeit zugestanden, an der er sich orientieren muß, um Agathon "Gerechtigkeit widerfahren" zu lassen. Würde er sich nach der "Sittenlehre" der Sophisten richten, die sich "auf die Natur und würkliche Beschaffenheit der Dinge gründet" (A 101), dann könnte Hippias Agathons Fall gar nicht "gerecht" bewerten. Was Hippias in der Praxis tut, stimmt nicht mit dem überein, was er theoretisch lehrt. Durch die Tat der gerechten Beurteilung hat er selbst die "Richtigkeit" seiner "Grundsätze" diskreditiert. Eine Inkonsistenz zwischen Lehre und Tat ist Hippias auch insofern nachzuweisen, als er um Agathons "Liebe" bittet. Nach seiner Theorie können die Sophisten nur "diejenigen lieben [...], die uns ähnlich sind" (A 95), und sie werden angeblich eo ipso "geliebt", weil sie sich überall "die Vorurteile und Torheiten gefallen" lassen (A 103). Ferner stimmen seine Abschiedsworte nicht mit seiner Handlungstheorie überein: "sollt` ich aber Gelegenheit finden, dir meinen guten Willen zu beweisen, so soll mich die *Kluft*, die zwischen uns liegt, nicht verhindern, dem Gefühl gemäß zu handeln, welches mich zu dem Antrage, den du ausschlugst, bewogen hat." (A 621) Wenn Hippias "dem Gefühl gemäß" handelt, welches er aufgrund seines wahren Seins hat, dann folgt er nicht seinen Grundsätzen und setzt dadurch deren "Richtigkeit" außer Kraft. Doch die Inkonsistenz wird ihm Agathon erst im Elysium nachweisen.

### Agathons Einsicht seiner Irrtümer

Auf die Anklage antwortet Agathon mit einer "Schutzrede für sich selbst" (A 611) in zwei Teilen. Hippias werde "es hoffentlich sehr natürlich finden, daß ich nicht gern *schlechter* in *deiner* Meinung sein möchte, als ich mir selbst vorkomme" (A 615). Hernach werden ihm seine "Verirrungen" und "Fehltritte" (A 619) bewußt, denn "noch weniger möchte ich in meiner eigenen [Meinung] *besser* erscheinen, als ich wirklich bin" (A 615). Agathon will die Wahrheit über sich selbst finden, er will sich weder "*schlechter*" noch "*besser*" machen. Das ist neu. Gefunden wird die Wahrheit von der "Stimme" im "Innersten meines

---

[617] Siehe oben S. 111 ff.

Gemütes" (A 612), vom "Richter in meinem Busen" (A 613), von seinem "Gewissen" (A 613). Da diese Stimme des wahren Seins in allen früheren Selbstgesprächen übertäubt wurde, bedankt sich Agathon bei Hippias: "du hast mir den größten aller Dienste erwiesen, daß du gekommen bist, mein Gewissen aus einem so gefährlichen Zauberschlaf aufzurütteln." (A 613) Das durch die strenge Anklage aufgeweckte "Gewissen" wirkt in doppelter Hinsicht und wird ihm "zwiefach heilsam" (A 619).

Im ersten Teil seiner Rede spricht ihn sein "Gewissen" von "der Schuld eines unredlichen Willens oder einer sträflichen Nachlässigkeit los" (A 612). Wissentlich und willentlich handelte er nicht wider die Tugend:

> Wenn Eitelkeit, Ruhmdurst, oder irgend eine andere unlautere Triebfeder damals an meinen Entwürfen für die Zukunft Anteil hatte, so war ich mir dessen nicht bewußt: meine Absichten waren rein, mein Zweck der edelste, auf den ein menschliches Wesen seine Tätigkeit richten kann; denn ich hatte keinen andern, oder (was doch wohl bei Menschen für das nämliche gelten muß) ich erkannte keinen andern in mir, als das möglichste Gute in dem ganzen Umfange des Wirkungskreises, der sich meinen Hoffnungen auftat, hervorzubringen. (A 611)

Seine Verteidigung basiert auf Platons Satz, daß niemand freiwillig Unrecht tut: "Niemand Unrecht zu tun, und immer das, was wir in den gegebenen Umständen für das möglichste Gute erkennen, zum Zweck zu haben, ist ganz in unsrer Gewalt: uns *nie* hierin zu *irren*, ist mehr als von einem Sterblichen gefordert werden kann." (A 612) Bereitwillig gesteht Agathon, in Syrakus "manchen Irrtum dieser Art begangen" zu haben, "auch vielleicht manchen, den ein erfahrnerer und weiserer Mann als ich vermieden hätte." (A 612) Er irrte, aber niemand irrt sich freiwillig. "Wer irrt, weiß nicht, daß er irrt."[618] Irrtümer einzugestehen ist der erste Schritt der Erkenntnis, der zweite wäre zu wissen, wie ein "weiser Mann" in seiner Situation gehandelt und das wirklich "Gute" realisiert hätte.

Im zweiten Teil seiner Rede sagt ihm "eben diese innerliche Stimme, daß ich auch so untadelhaft nicht gewesen sei, als die Eigenliebe mir geschmeichelt hatte." (A 619) Endlich hört Agathon auf sein "besseres Selbst" (A 616) oder wahres Sein:

> In *diesem* Augenblick erst fühl` ich, wie viel der Feind schon über mich gewonnen haben mußte, da ich mir selbst nicht verbergen kann noch will, daß die Gewohnheit mir bereits Menschen erträglich, ja beinahe angenehm zu machen anfing, die ich zu Smyrna, als ich

[618] Wolfgang Wieland: Platon, S. 272, siehe auch Sophistes 228c, Politeia 382a, 412 e.

> noch unter dem Zauber der süßesten Schwärmerei und - der schönen Danae lebte, unausstehlich gefunden hätte. Mein Auge, mein Ohr, mein Geschmack machte sich unvermerkt einer Gefälligkeit, oder wenigstens einer Duldsamkeit schuldig, über die ich wenige Jahre zuvor errötet wäre. (A 617)

Agathon entdeckt die unerfreuliche Wahrheit über sich selbst, die sich ihm schon einmal im Traum von Psyche verschlüsselt darstellte. Während er sie durch Reflexionen über den Traum verdrängte, was er mit Schwermut bezahlte, macht er hier eine Erfahrung über sich selbst. Hippias hingegen erfährt nichts über sich und seine Inkonsistenzen. Von "*diesem* Augenblick" an, da ihm sein vermeintliches Selbstverständnis bewußt wird, wird Agathon ein anderer, weil Hippias` strenge Beurteilung "eine Umwälzung in meinem Gemütszustand hervorbrachte, die dich, wiewohl gegen deine wirkliche Absicht, zu meinem größten Wohltäter macht." (A 618 f.) Wohltätig war Hippias insofern, als Agathon dessen "egoistische" Philosophie nicht länger "auf die allgemeine Erfahrung gegründet" hält (A 618).
Misanthropie nahm ihn für dessen Philosophie ein. Analog der Beschreibung der Rede- und Menschenfeindschaft im *Phaidon*[619] erklärt Agathon die Entstehung seiner Misanthropie: Das Grübeln und "Brüten" im einsamen Kerker über den "Undank" des Dionysius und den "Verdruß, mich in meiner allzu guten Meinung von ihm so häßlich betrogen zu haben, und alle meine schönen Entwürfe durch die Ränke nichtswürdiger Höflinge auf einmal wie bunte Seifenblasen zerplatzen zu sehen", verursachte seinen "Trübsinn" (A 618). Und der "Trübsinn" hat "meine Vernunft selbst verfinstert, [...] sogar meinen Glauben an eine allgemeine, nach Gesetzen der höchsten Weisheit geführten

---

619 Phaidon 89d ff: "Daß wir ja nicht Redefeinde werden, sprach er, wie andere wohl Menschenfeinde. Denn unmöglich, sagte er, kann einem etwas Ärgeres begegnen, als wenn er Reden haßt. Und die Redefeindschaft entsteht ganz auf dieselbe Weise wie die Menschenfeindschaft. Die Menschenfeindschaft nämlich entsteht, wenn man einem auf kunstlose Wiese zu sehr vertraut und einen Menschen für durchaus wahr, gesund und zuverlässig gehalten hat, bald darauf aber denselben als schlecht und unzuverlässig erkennt und dann wieder einen, und wenn einem das öfter begegnet und bei solchen, die man für die vertrautesten und besten Freunde hält, so haßt man denn endlich, wenn man immer wieder anstößt, alle und glaubt, daß überhaupt an keinem irgend etwas Gesundes ist. [...] Ist das nun nicht, sprach er, schändlich, und ist nicht offenbar, daß ein solcher sich ohne die Kunst, die sich auf Menschen versteht, an den Umgang mit den Menschen wagt? Denn wenn er dieser Kunst gemäß mit ihnen umginge, so würde er, wie es sich in der Tat verhält, so auch glauben, daß es von beiden, sehr guten und sehr schlechten, immer nur wenige gibt, der mittelmäßigen aber am meisten."

Weltregierung wanken" gemacht und "endlich gar mein *Herz* ergriff[en]; daß ich mich`s reuen ließ, so viel für die Menschen getan zu haben" (A 618). Der "Trübsinn" "verfinsterte" freilich nicht die spekulative Vernunft (Verstand), sondern die Vernunft$_2$. Damit ist jetzt Schluß, die Philosophie des Sophisten "betrachtete" er nur deswegen "in einem günstigen Lichte", weil "die Gesundheit meiner Seele angegriffen" war (A 618).

Mit der Diagnose Seelenkrankheit beschreitet Agathon nicht "das weite Feld der zeitgenössischen Psychologie, Popularphilosophie und Anthropologie", in welcher "die schwarze Galle", ein komplexes Melancholie-Phänomen im 18. Jahrhundert, "ihre Basis" hatte.[620] Denn gerade die mit dem Körper vereinigte Seele als das Erforschungs- und Betätigungsfeld der am Sensualismus und Materialismus orientierten Anthropologen und "philosophischen Ärzte"[621] war nicht gesundheitlich angegriffen. Krank war die Seele, die die Psychologen und Anthropologen schon aufgrund ihres Ansatzes ignorieren: die der Theorie vorhergehende "schöne Seele". Diesem "edlern *unsichtbaren Ich*" muß, wie Agathon nun erkennt, das "*sichtbare Ich*, mit allen seinen Bedürfnissen, Neigungen, Leidenschaften [...] immer untergeordnet sein [...], wenn es in mir selbst wohl stehen, oder, was eben dasselbe ist, wenn ich [...] das zu *sein* wünsche, was ich *soll*." (A 619 f.) Gegen Walter Hinderer bleibt festzuhalten, in der *Geschichte des Agathon* ist die "Ursache des Menschenhasses" weder "psychologisch" bedingt, noch macht Wieland die "Desillusionierung" primär und unmittelbar dafür verantwortlich.[622] Vielmehr führen die "Trugschlüsse", die die Desillusion verursachten, zur Misanthropie als Ausdruck des fehlenden Wissens vom Wahren und Guten und irrtümlichen Selbstverständnisses.

Hippias leistet keine "aufklärerische Trauerarbeit" über die "unwiederbringlich verlorenen Ideale der Aufklärung".[623] Im Gegenteil, er hilft Agathon, die Ideale wiederzufinden und tugendhafte "Grundsätze zu befestigen" (A 619). Durch die Erfahrung der Wahrheit über sich selbst "ist mir dein unerwarteter Besuch wohltätiger gewesen, als du vermutlich wolltest" (A 615). Ungewollt

---

620 Hans-Jürgen Schings: Melancholie und Aufklärung, S. 9. Was Schings sagt: "Das Stigma der Melancholie zeichnet den Gegner, zeichnet alle Tendenzen, die sich der fortschreitenden Aufklärung widersetzen" (ebd. S. 39), trifft auf Wieland nicht zu, da die Melancholie und Misanthropie für ihn den Gegner der sokratischen Weisheit zeichnet.

621 Ebd. S. 11 ff.

622 Walter Hinderer: Beiträge Wielands zu Schillers ästhetischer Erziehung, S. 368.

623 Walter Erhart: Entzweiung und Selbstaufklärung, S. 348.

weckt er Agathons "Gewissen", eine Instanz, die Hippias in seinem System wegrationalisiert. Da Hippias sich selbst nicht kennt, kann er nicht absehen, daß Agathon mit der Erkenntnis seines irrtümlichen Selbstverständnisses die "Richtigkeit" der materialistischen Philosophie verwirft und seinen Antrag dankend ablehnt. Hippias wird gegen seine "wirkliche Absicht" zum "größten Wohltäter" Agathons (A 619).

## Agathons Erlangen sittlicher Einsicht

Durch Hippias sieht Agathon seine Irrtümer ein, die Suche nach dem Guten und Wahren kann beginnen. Die Erfahrung über sich selbst treibt ihn, "sich dem Archytas noch genauer zu entdecken und zu diesem Ende sein eigener Biograph zu werden" (A 736). Während Danae im Erzählen ihrer Lebensgeschichte ihr Wissen zeigt, gesteht Agathon dem Archytas sein Nichtwissen ein:

> Er konnte und wollte die Lücken, die damals im System seiner Meinungen und Überzeugungen entstanden waren, nicht länger unberichtigt lassen. Die Uneinigkeit, die sich unvermerkt zwischen seinem Kopf und seinem Herzen entsponnen hatte, mußte schlechterdings aufs Reine gebracht werden: und wer hätte ihn in dieser, für die Ruhe und Gesundheit seiner Seele so wichtigen Angelegenheit, sicherer leiten, ihm gewisser zu einem glücklichen Ausgang aus dem Labyrinth seiner Zweifel verhelfen können, als Archytas? (A 737)

Offensichtlich ist Agathon ethisch nicht sattelfest, und die Meinung, durch den Besuch des Hippias sei Agathon endgültig zur Tugend gelangt,[624] unbegründet. Doch weiß er nun, daß er nicht weiß, wie die "Lücken" zu schließen sind, wie er ohne den "Beistand" des Archytas den "seligen Frieden in und mit sich selbst" erlangt, den "er zu Smyrna unvermerkt verloren" hatte (A 736). Nun sucht er Wissen und "Archytas oder sonst niemand in der Welt, konnte ihn von den leidigen Zweifeln befreien, die ihm [...] die erhabenen Grundlehren der Orphischen Theosophie [...] und mit ihnen die seligsten Gefühle seiner Jugend verdächtig gemacht hatten." (A 736) Nicht "Handlungsverzicht",[625] auch nicht eine konstruierte "literarische Utopie", in der "Bildungsgänge im Sinne einer Entfaltung der individuellen Anlagen ohne

---

[624] Vgl. Erich Groß: C. M. Wielands "Geschichte des Agathon", S. 155; Wolfram Buddecke: C. M. Wielands Entwicklungsbegriff, S. 203 f.; Gerhart Mayer: Der deutsche Bildungsroman, S. 37.

[625] Walter Erhart: Entzweiung und Selbstaufklärung, S. 391.

gesellschaftliche Deformationen möglich sind",[626] oder gar eine "schöne Gesellschaft",[627] sondern das Wissen-Wollen Agathons, das freilich nicht möglich war, solange er zu wissen glaubte, bildet die Voraussetzung und Bedingung für das Gespräch mit Archytas, auf das bereits eingegangen wurde.

Da die "Lebensweisheit" kein propositionales und objektivierbares Wissen ist, fällt es Agathon nicht sofort nach der Unterredung mit Archytas zu. Sokratische Weisheit ist im Kinderspiel nicht zu erlangen. "Monate" später erkennt er, das "Gelübde, welches er der Tugend und Charikleen getan hatte", nicht einhalten zu können. "Entfernung allein konnte ihn retten" (A 773). Das las Archytas schon aus der Biographie heraus, ohne Agathon zu drängen und die Trennung zu forcieren. Agathon sollte darauf "aus eigner Bewegung kommen" (A 740). In dem "Augenblick", da Agathon "die Notwendigkeit dieser Trennung fühlte" (A 773), beginnt er, einsichtig zu werden, denn zur Abreise entschließt sich nicht seine spekulative Vernunft (Verstand), da sie denkt und nicht "fühlt". Vielmehr folgt Agathon seinem Gewissen.
Sittliche Einsicht eignet sich Agathon auf seiner "philosophischen Wanderschaft" an durch "aufmerksame Beobachtung" der Natur, der Kunst und besonders des Menschen (A 773). Dabei legt er keinen enthusiastischen Aktionismus an den Tag, sondern gibt "einen bloßen *Zuschauer* des Weltschauspiels ab" (A 773), obwohl überall, wo er hinkommt, viel zu tun wäre. Agathons Distanz zum Politischen ist nur konsequent. Sie rührt aus der Einsicht, nicht einmal im kleinen privaten Kreis der tarentischen Familie seinem "Gelübde" treu sein zu können. Wie sollte er es auf einer großen Bühne halten können? Er hätte überhaupt nichts gelernt, würde auf den Bildungsstand zurückfallen, den er auf seiner Flucht aus Smyrna nach Syrakus inne hatte, wenn er sich wieder ohne das entsprechende Wissen als Verbesserer der Menschen und der Welt aufspielen würde. Doch dann wäre auch die Motivation zur Reise eine andere gewesen. Verfügte er über sokratische Weisheit, gäbe es keine "Notwendigkeit" der "Trennung"; besitzt er sie, kann er politisch aktiv werden, und genau dann hält ihn aber auch nichts mehr in der Ferne.
Auf seiner Reise "sah" Agathon sowohl "die Grenzen des Wahren und Falschen, des Guten und Bösen, des Rechts und Unrechts, unmerklich in einander fließen" (A 775), als auch, "daß die Menschen, im Durchschnitt genom-

---

[626] Horst Thomé: Utopische Diskurse, S. 515.
[627] Jürgen Jacobs: Wielands Romane, S. 12 ff.

men, überall so *sind*, wie *Hippias* sie schilderte, wiewohl sie so sein *sollten*, wie *Archytas* durch sein Beispiel lehrte." (A 774) "Er sah [...], daß sie nicht so *gut* sind, als sie sein könnten, wenn sie *weiser* wären: aber er sah auch, daß sie unmöglich *besser* werden können, *ehe* sie weiser werden" (A 774), und so sah er, was Wieland als "*Wahrheit aller Wahrheiten*" (WG 29, 61 f.)[628] kundtut. Ferner "sah" er, daß das Vorherrschen des vermeintlichen Wissens gepaart mit dem Trieb, "willkürlich über andre *den Meister zu spielen*" (A 775), die Ursache für das Übel in der Welt ist. Und "warum wollte es nirgends besser werden"? Er kann es sich erklären, er sah "*keinen einzigen*, der die Verbesserung *an ihm selbst anfangen* lassen wollte" (A 775), keinen, der dem Delphischen Orakel zu entsprechen bereit war.

Die Urteile Agathons formieren sich aus dem, was er sieht. Doch daß die Menschen "nicht so *gut* sind, als sie sein könnten, wenn sie *weiser* wären", und ein Ineinanderfließen "des Wahren und Falschen" sieht auch kein brillenbewaffnetes Auge. Als Organ des Sehens kommt nur die Vernunft$_2$ in Frage. So zeigen Agathons Urteile seine erlangte sittliche Einsicht. Sie drückt sich auch in seiner "Überzeugung" aus,

> daß *Weisheit* und *Tugend* allezeit das richtige *Maß* sowohl der öffentlichen als der Privatglückseligkeit unter den Menschen gewesen; und daß diese einzige Erfahrungswahrheit, welche kein Zweifler zu entkräften fähig ist, alle Trugschlüsse der *Hippiasse* zerstäube, und die Theorie der Lebensweisheit des *Archytas* unerschütterlich befestige. (A 776)

Die "Hippiasse" zu widerlegen und die "Lebensweisheit des Archytas unerschütterlich" zu befestigen, vermag keine Wissenschaft, keine Technik. Zu erreichen ist das Genannte nur durch das "*Kenne dich selbst*". Als Wissender kehrte Agathon zurück nach Tarent, widmete sich "den öffentlichen Angelegenheiten dieser Republik und so lange *Kritolaus* und *Agathon* lebten, glaubten die Tarentiner nichts dadurch verloren zu haben, daß *Archytas* in eine bessere Welt gegangen war." (A 777)

Auch in der zweiten *Agathon*-Fassung gelangt Agathon durch die Reise zur sittlichen Einsicht. Abweichend heißt es dort:

> Seine Beobachtungen vollendeten, was der Umgang mit dem weisen Archytas und anhaltendes Nachdenken über seine Erfahrungen angefangen hatte. Sie überzeugten ihn, 'daß die Wahrheit zwischen dem System des Hippias und des Plato, aber näher bey diesem als bey jenem, liege.' (B IV, 275 f.)

---

[628] Vgl. oben S. 103.

Was "näher" bei Platon als bei Hippias und "zwischen" Platonismus und Materialismus liegt, ist die am nichtpropositionalen Wissen vom Guten orientierte Philosophie.

Wird sie ignoriert, führt das zu Behauptungen wie: "dieses Zwischen gibt es gar nicht. Agathons Wahrheit fällt also buchstäblich ins Nirgendwo."[629] Agathon "versagt [...] sich bewußt der Versöhnung seiner sinnlichen und moralischen Tendenzen, er verzichtet auf die volle Entfaltung seiner Person und gibt den Anspruch auf jedes ihm als Sinnenwesen mögliche Glück auf."[630] Die Regierungstätigkeit Agathons, "dieses bescheidene 'happy-end' [...] ist wohl das fragwürdigste am ganzen Roman", da "der Widerspruch zwischen Sein und Sollen unaufhebbar ist".[631] "Wielands Versuch, das Ideal subjektiven Verhaltens von Anfang an unter dem Aspekt seiner Realisierbarkeit im großen politischen Rahmen zu sehen, führt notwendigerweise in [...] Aporien von Ideal und Wirklichkeit".[632] Die "inneren Unstimmigkeiten und Antinomien sind unübersehbar", denn Tarent sei "durch die Reiseerfahrung eigentlich gerade ad absurdum geführt".[633]

Alle Interpretationen, die das oberste Gebrauchswissen ausschließen, haben einen Nachteil: Sie "zerstäube[n]" nicht die "Trugschlüsse der Hippiasse", wenn sie sie überhaupt als solche erkennen.

---

629 Kurt Wölfel: Daphnes Verwandlungen, S. 54.

630 Wolfram Buddecke: C. M. Wielands Entwicklungsbegriff, S. 204.

631 Gerd Hemmerich: Werkinterpretation, S. 93.

632 Horst Lange, Vermittlungsformen des Ideals, S. 361.

633 Klaus Schaefer: Der Schluss von CH. M. Wielands "Geschichte des Agathon", S. 56.

## VII. Das Gespräch im Elysium

Zu den drei Fassungen des *Agathon* erschien 1800 im *Attischen Museum* eine Zugabe: *Agathon und Hippias, ein Gespräch im Elysium*. Auch dieser letzte Dialog zwischen Agathon und Hippias wird nicht aus purer Lust daran geführt, sich die Zeit im Elysium zu vertreiben. Vielmehr geht es wieder um die "Widerlegung" des Hippias. Zwar konnte schon die erste Romanfassung als "Widerlegung" gelesen werden, aber Hippias selbst war dieser nicht ausgesetzt, da er bislang auf keinen wirklich Wissenden traf.
Agathon ist inzwischen weise. Er lehrt nicht, sondern prüft, ob Hippias sich selbst kennt und fähig ist, widerspruchsfrei Rechenschaft abzulegen. Er führt kein Streitgespräch, es geht ihm nicht darum, gegen Hippias recht zu behalten. Er siegt zwar, falls Hippias sich in Widersprüche verwickelt, doch die "Widerlegung" des Hippias ist kein Hauptzweck. Der Weise möchte ihm zur Einsicht seines Nichtwissens verhelfen.
Hippias kennt die Gesprächsabsicht Agathons nicht. Er meint, es ginge um Theorie und deren Begründung. So antwortet er im Ton eines Lehrmeisters, der unwirsch wiederholt, was der Lehrling längst wissen müßte, zum Beispiel: "Bald sollt` ich glauben, auch Du, schöner Agathon, hättest noch einiger Abschälungen vonnöten" (A 780), oder "Du bist schon so lange hier, Agathon, und hast das noch nicht ergriffen?" (A 789) Eben diese Rolle des Überlegenen wird sich als Anmaßung erweisen.

Sein und Sollen stehen in Rede. Agathon wundert sich, daß sich Hippias nicht geändert hat: "Wie ich höre, bist Du noch immer gern was Du ehmals warst." (A 779) Hippias wendet ein:

> Warum nicht, da ich nichts anders sein kann? Wie wir, da wir einmal Menschen sind, nie aufhören werden Menschen zu sein, so kann auch, denke ich, kein einzelner Mensch jemals die besondere Form ablegen, die ihn zum einzelnen Menschen macht. Ich kann als Hippias vollkommner werden, aber ich kann nie aufhören Hippias zu sein. (A 779)

Gegen diese Überzeugung, jeder einzelne Mensch sei durch seine "besondere Form" – oder "individuelle Form" (A 781), "natürliche Anlage" (A 782), "Naturanlage" (A 785), "besondere Anlage" (A 783), "innere Form" (A 791) - determiniert, bekennt Agathon: "Aufrichtig zu reden könnte Hippias, nach *meinem* Begriff, nur *dadurch* vollkommner werden, wenn er aufhörte Hippias zu sein" (A 779), wenn er also ein besserer und daher anderer Mensch wird. Könnte Hippias nur vervollkommnen, was er "in [s]einem Erdenleben war",

dann könnte er nur seine Sophisterei verbessern und seine Schlechtigkeit bis zur Vollkommenheit entwickeln. Eher dürfte Hippias aus Unwissenheit seiner selbst nicht wissen, was er sagt, und riskiert, sich zu widersprechen.
Agathons Fragen nach dem Vollkommenheitsbegriff lassen Hippias vermuten, Agathon sei unwissend (vgl. A 780). Daher erläutert Hippias:

> Laß uns nur nie vergessen, daß wir nicht von einem abgestreiften Gedanken, sondern von einem lebendigen Werke der in uns schaffenden Naturkraft reden. Unsre eigene Vorstellungsart, die besondere Stärke, Mischung und Richtung unsrer Triebe, unsre eigenste Weise zu handeln, ist das Resultat unsres ganzen Selbsts, mit allen seinen besondersten Bestimmungen, woher uns diese auch kommen mögen. Diese Eigenheit hängt nicht von unsrer veränderlichen Willkür ab, sondern ist uns mit der Form, die unser *Ich* ausmacht, angeboren. Denn, wofern wir anders etwas mehr als ein bloßes Aggregat von Zufälligkeiten sind, so muß den Bestimmungen, die wir von außenher erhalten, und denen, die uns unsre eigne Willkür gibt, etwas *eigentümliches* und *beständiges* zum Grunde liegen; und was könnte das anders sein als die *individuelle Form*, von welcher sich niemand trennen kann? Die reinste Übereinstimmung mit dieser Form ist unsre Vollkommenheit, unser letztes Ziel; denn aus sich selbst kann niemand herausgehen, um ein anderes zu suchen. (A 780 f.)

"Aggregat" und "die individuelle Form" als "etwas *eigentümliches* und *beständiges*" verweisen auf Leibniz, der das "ganze Selbst" als eine Substanz mit zwei Elementen, "Form" und Materie oder "unser Ich" mit "allen seinen besondersten Bestimmungen" oder Subjekt mit seinen Prädikaten, begriff. Aber dieses "ganze Selbst" ist nicht "lebendig", sondern ein (nach dem Satz des zureichenden Grundes konstruiertes) Gedankenprodukt, ein ideales Gebilde. Es ist also genau das, wovon Hippias nicht reden will: "von einem abgestreiften Gedanken". Hippias widerspricht sich. Gelassen erwidert Agathon:

> Indessen ist doch in jedem einzelnen Menschen etwas, das er mit allen andern gemein hat, nämlich eben das was ihn zum *Menschen* macht. Es muß also ein Ideal der Vollkommenheit geben, das für *alle* gilt, und dem *jeder* gleichförmig werden muß, nicht um ein vollkommner Hippias oder Agathon, sondern um ein vollkommner *Mensch* zu sein. (A 781)

Das "Ideal der Vollkommenheit, das für alle gilt", ist die Idee des Guten, die jeder - wenn auch schwer – durch Erfahrung dessen erlangt, "was ihn zum Menschen macht". Agathons "Ideal" ist dem aufgeklärten Hippias "ein rein abgeschälter mit Vollkommenheiten um und um behangener Begriff, womit eine Worthülse ausgefüttert wird, deren die Sprache aus Notdurft sich bedient, weil sie sich nicht anders helfen kann." (A 781) Doch das Gesagte trifft auf seinen eigenen Vollkommenheitsbegriff zu. Die "Übereinstimmung mit der individuellen Form" ist eine "Worthülse" aus sprachlicher "Notdurft", weil kein Mensch diese "Übereinstimmung" je feststellen kann. So verhöhnt er seinen eigenen Vollkommenheitsbegriff und überführt ihn unbemerkt der Haltlosigkeit. Durchweg wirft er Agathon vor, was ihm selbst den Grund entzieht:

> Und wie machst Du es, um nicht zu sehen, daß Du Deinem abgezogenen Menschen, der bloß in Deinem Verstande gleich einer hohlen Luftgestalt umher schwebt, alles was Du von ihm abgezogen hast, wiedergeben mußt, um einen wirklichen Menschen aus ihm zu machen? Warum wollten wir uns, auf dieser höhern Stufe, worauf wir itzt stehen, noch immer mit dem kindischen Spiele, unsre Begriffe den Dingen selbst unterzuschieben, abgeben? (A 781)

Hippias hat mit einer dem "Aggregat von Zufälligkeiten" zugrundeliegenden "individuellen Form" einen "Menschen" konstruiert, dem er das wahre Sein "abgezogen" hat.[634]

Eine "Naturkraft" kennt freilich kein Sollen. Hippias muß das Sollen um seiner These willen ausschließen. Durch gezieltes Fragen bringt Agathon ihn zu Zugeständnissen, die schrittweise zu einem von Hippias nicht gewünschten Ziel führen, das Hippias aufgrund seines vermeintlichen Wissens nicht vorhersieht. Den Vorschlag, "so laß uns sein was wir sind, und, anstatt einander übel zu nehmen, daß wir nicht besser sind, uns vielmehr Glück wünschen daß wir nicht noch schlechter sind" (A 782), lehnt Agathon ab:

> Das möchte angehen, wenn man von den Menschen sagen könnte, sie seien gerade nicht besser noch schlechter als sie sein *sollten*. Aber daß dies nicht der Fall sei, lehrt der Augenschein; oder du müßtest behaupten wollen, die Natur selbst habe sie absichtlich so verkehrt, unartig und verdorben gemacht, als wir sie sehen. (A 782)

Ein Zugeständnis erscheint Hippias unbedenklich:

> Wenn ich Dir auch zugäbe, die Menschen, im Durchschnitte genommen, seien schlechter als sie vermöge ihrer natürlichen Anlage sein könnten, so würdest Du doch damit nicht viel gegen mich gewonnen haben. Denn im Besondern ist es schwerer als Du vielleicht glaubst, das, was in ihnen Natur ist, von dem was Verkehrtheit und Verderbnis ist, so rein abzuscheiden, daß sich keine Unrichtigkeit in die Operation einschleiche. (A 782)

---

[634] Vgl. die Polemik des Hippias mit Wielands *Unterredung mit dem Pfarrer von ****. In dieser Schrift mahnt Wieland den Pfarrer an die "Kluft", die zwischen dem propositionalen und wirklichen Wissen, zwischen "Spekulationen und dem wirklichen Leben des Menschen ist" (WG 30, 491 ff.).

Ohne vollständige Kenntnis der "natürlichen Anlage" läßt sich nicht sagen, ob die Menschen "schlechter" sind, "als sie vermöge ihrer natürlichen Anlage sein könnten". Im Falle einer natürlichen Determination können die Menschen weder besser noch schlechter werden. Um konsistent zu bleiben, müßte sich Hippias einer moralischen Beurteilung enthalten. Sobald er zugibt, die Menschen könnten sich bessern, hat er ein Prinzip jenseits der Determination anerkannt. Agathon bringt ihn dazu und fördert so die Inkonsistenz ans Licht, die ähnlich schon in seinem früheren Lehrvortrag zu beobachten war.[635] Dazu macht er seine Frage, "gehört Weisheit und Tugend, oder Torheit und Lasterhaftigkeit, zur besondern innern Form des einzelnen Menschen, bei welchem wir sie antreffen, oder nicht?" (A 783), dem Hippias am Beispiel des Dionysius "verständlicher":

> Aber bleiben wir bei der Frage! Was ihn zu diesem Dionysius, den wir gekannt haben, machte, war es die ihm von der Natur gegebene Form, oder um es deutlich herauszusagen, *mußte* er Kraft einer innerlichen Notwendigkeit der Mann sein der er war? oder hatte es das Schicksal nicht in seine *Willkür* gestellt was er sein wolle? ob der preiswürdigste und glücklichste aller Fürsten seiner Zeit, oder ein gehaßter und verachteter Tyrann [...]? (A 784)

Darauf gesteht Hippias das wahre Sein zu:

> Indessen läßt doch die Naturanlage an jedem Menschen so vieles unbestimmt, und es finden sich auch im Leben des sinnlichsten Lüstlings so manche Ruhepunkte, wo er die Stimme der Vernunft hören *muß*, und wo ein geheimes Etwas in seinem Busen ihm *Vorwürfe* macht, die er nie völlig übertäuben kann, daß wir mit gutem Grund annehmen können, weder ein Dionysius, noch irgend ein andrer Sterblicher werde durch unwiderstehliche Notwendigkeit gedrungen, das zu sein, was er in seinem Leben ist. Denn es ist nicht zu leugnen, daß der Fürst, von welchem unter uns die Rede ist, in vielen Stücken hätte anders sein können, ohne daß er darum weniger Dionysius gewesen wäre. (A 785)

Das "geheime Etwas in seinem Busen", das "ihm *Vorwürfe* macht, die er nie völlig übertäuben kann", ist das aller Theorie vorhergehende wahre Sein, nämlich genau dasjenige, was jeder einzelne Mensch "mit allen andern gemein hat" und "was ihn zum *Menschen* macht" (A 781). Durch das "geheime Etwas" hatte schon die erste Romanfassung Hippias widerlegt. Wenn selbst der "sinnlichste Lüstling" auf die Vernunft$_2$ "hören *muß*", werden seine moralischen "Grundsätze" null und nichtig. Des Hippias Eingangsthese im Elysium, "so kann auch, denke ich, kein einzelner Mensch jemals die besondere Form able-

---

[635] Siehe oben S. 111 ff. und S. 195.

gen, die ihn zum einzelnen Menschen macht" (A 779), stimmt nicht mit der Aussage überein, "daß wir mit gutem Grund annehmen können, weder ein Dionysius, noch irgend ein andrer Sterblicher werde durch unwiderstehliche Notwendigkeit gedrungen, das zu sein, was er in seinem Leben ist". Also ist auch er selbst nicht gezwungen, mithin widerspricht er seiner anfänglichen Selbsteinschätzung: "da ich nichts anders sein kann", als das, was ich "in meinem Erdenleben war" (A 779). Die These von der Determination ist widerlegt. Agathon überführt ihn: "Aber eben das beweiset offenbar gegen *Dich*: denn es beweiset, daß ein Mensch, dem, was ihn zur einzelnen Person macht, unbeschadet, das Gegenteil dessen, was er zuvor war, werden kann." (A 785 f.)
Hippias will den Beweis nicht gelten lassen: "Wenn ich Dir nun schlechterdings leugne, daß er für sein ganzes Leben das Gegenteil dessen, was er war, hätte *werden können*, womit wolltest Du Deine Voraussetzung beweisen?" (A 786) Der Beweis aber liegt in der Anerkennung des "geheime[n] Etwas", das nicht zu beweisen ist, weil es der Theorie vorhergeht. Wenn er nun "leugnet", dann leugnet er das, was nach seinen eigenen Worten "nicht zu leugnen ist". Diese Verlegenheit gibt Agathon ihm zu bedenken:

> Du selbst muß mir zugeben daß sie *möglich* ist, oder Du bist gezwungen anzunehmen was Du vorhin verneintest, daß Dionysius das, was er war, *notwendig*, also ohne seine Schuld, gewesen sei. Es war das Werk der Natur in ihm; er war nun einmal dazu gemacht, ein Tor, ein Wüstling, ein Tyrann zu sein; natürlich waren also alle Bemühungen, ihn zu etwas besserm zu machen, vergeblich: ja, Deiner Theorie zu Folge, besteht vielmehr *seine Vollkommenheit* darin, in Entwicklung und Ausbildung jener Anlage immer weiter fortzuschreiten, und dem Ideal eines lasterhaften Toren und Tyrannen immer ähnlicher zu werden. (A 786)

Agathon 'siegt' gewissermaßen, weil er Hippias das Zugeständnis eines wahren Seins abnötigt. Aber sieht Hippias ein, wohin er gebracht wurde?

Da Hippias von der natürlichen Determination überzeugt ist, tangiert ihn das Ergebnis ganz anders als ein lediglich verlorenes Diskussionsspiel der Eristiker oder Sophisten, die sich nicht mit ihren Thesen identifizieren. Er muß nun zum ersten Mal die Erfahrung machen, widerlegt worden zu sein. Doch anstatt die Niederlage hinzunehmen und sich im Denken neu zu orientieren, sucht er einen unlauteren Ausweg aus seiner Aporie. Er meint, Agathons Versuch, ihn "in die Enge zu treiben", sei ein "über die Gebühr" benutzter "Vorteil", und glaubt, daß ihm "eine reine Auflösung Deines Einwurfs" möglich wäre, wenn er erstens:

> das, was ich die eigentümliche Naturanlage des Dionysius nenne, Zug vor Zug mit eben so scharfer Genauigkeit vorzeichnen könnte, wie ein Apelles den Umriß seiner Figur und das eigene seiner Gesichtszüge;

und er zweitens

> zugleich anschaulich machen könnte, wie jemand, ungeachtet er unter dem unaufhörlichen Einfluß der *Natur*, des *Schicksals* und des *Zufalls* steht, dennoch in jedem Punkte seines Daseins unbeschränkter Herr über sich selbst, und also freier Schöpfer seines eigenen Glücks oder Unglücks, Werts oder Unwerts sein könne. Vermagst *Du* den Schleier von diesem *Geheimnis* wegzuziehen? *Ich* vermag es nicht. (A 786)

Aber selbst wenn Hippias die "eigentümliche Naturanlage des Dionysius " vollständig kennen und analysieren könnte, zur Rechenschaftsgabe wäre er dennoch unfähig, weil auch die beste Kenntnis der "Naturanlage" propositional bliebe. Zum zweiten Punkt: Könnte er den "Schleier" lüften und "anschaulich machen, wie jemand [...] in jedem Punkte seines Daseins unbeschränkter Herr über sich selbst" ist, dann müßte er die nicht gegenständliche "höchste Weisheit" in ein gegenständliches Wissen verwandeln und damit aufheben. Mit seinem Einwand verrät er, noch nicht begriffen zu haben, daß es ein nicht "anschaulich" zu machendes oberstes Gebrauchswissen gibt. Gleiches signalisiert schon seine kurz zuvor erteilte Auskunft: "Um zu wissen was *der Mensch* ist, müßte jeder erst vor allen Dingen ergründet haben was *er selbst* ist; aber wer ist so vermessen, sich in dieser Wissenschaft aller Wissenschaft für etwas mehr als einen Anfänger und Lehrling auszugeben?" (A 782) Daß das Wissen von dem, "was er selbst ist", eine Wissensform ist, die sich kategorial von der "Wissenschaft aller Wissenschaft" unterscheidet, und daß er wissenschaftlich nie ans Ziel gelangt, sieht er nicht ein, weil er jegliches Wissen auf das Thetische reduziert.
Agathon verweist auf die zwei differenten Wissensformen - einerseits auf das propositionale Wissens davon, "*wie es zugeht*, daß" etwas Bestimmtes ist, und andererseits auf die nicht objektivierbare "höchste Weisheit, die "vom Bewußtsein unsrer selbst unzertrennlich ist", - wenn er ihm antwortet, es sei nicht "nötig", zunächst den "Schleier" wegzuziehen,

> um etwas zu wissen, woran ein inneres Gefühl, das vom Bewußtsein unsrer selbst unzertrennlich ist, uns keinen Augenblick zweifeln läßt. Dieses Gefühl sagt uns daß wir frei sind; *wie* wir es sind, zu wissen, ist uns zur Ausübung dieser Freiheit eben so wenig nötig, als wir, *um dazusein*, zu wissen brauchen, *wie es zugeht* daß wir da sind. (A 787)

Nicht Einsicht, der Sophist in Hippias kommt wieder zum Vorschein: "Erlaube mir eine Frage, Agathon, aber beantworte sie ohne alle Spitzfündigkeit und Zurückhaltung, wenn ich bitten darf." (A 787) Er selbst will aber mit aller sophistischen "Spitzfündigkeit" versuchen, sich aus der Schlinge zu ziehen. Agathon durchschaut ihn: "Vor *meiner* Spitzfündigkeit hatte sich Hippias wohl nie vorzusehen. Frage was Du willst! Was könnt` es mir helfen, mich selbst täuschen zu wollen?" (A 787) Hippias` Bemerkung: "Man täuscht sich oft selbst *ohne* es zu wollen; auch gibt es Fälle, wo man sich selbst zu täuschen *sucht*, weil es, wenigstens für den Augenblick zu etwas hilft" (A 787), ist der Fall seiner Maxime. Agathon verzichtet darauf, ihm eben diesen Umstand unter die Nase zu reiben. Bereitwillig überläßt er Hippias das Fragen:

> In jenem entscheidenden Augenblick also, als Du, nach dem Wettstreit der Sirenen und Musen, in Entzückung und Liebe aufgelöst vor der hinterlistig schlummernden *Danae* auf den Knien lagst, sagte Dir da Dein Gefühl auch, daß Du frei seiest, daß es bloß von Deinem Willen abhange, die Augen zuzudrücken, und davon zu laufen? (A 787)

Agathon gibt gern zu, "daß ich vielmehr das Gegenteil fühlte." (A 787) Nun solle Agathon bedenken, "wie oft jeder Mensch an jedem Tag und in jeder Stunde seines Lebens sich, ohne Bewußtsein seiner Freiheit, von dem einen oder dem andern dieser Triebräder bewegt fühlt, und sage mir dann -" (A 788). "Alles was ich sagen kann," antwortet Agathon,

> ist, daß ungeachtet so vieler mechanisch in den Menschen eingreifender Räder, das Gefühl der Unabhängigkeit seines Willens ihn durch sein ganzes Leben begleitet; daß er nur in *so* fern mit sich selbst wohl steht, als er sich bewußt ist, aus eigener Bewegung recht und edel gehandelt zu haben, und daß er durch Reue und Vorwürfe seines eigenen Herzens bestraft wird, so oft er sich von irgend einer Gewohnheit oder Leidenschaft verleiten oder hinreißen läßt, sich unrecht, ungeziemend oder unedel zu betragen. (A 788)

Der Antwort will Hippias die allgemeine Geltung absprechen: "Solltest Du nicht, indem Du dies behauptest, andere zu scharf *nach Dir selbst* beurteilen?" (A 788) Aber Hippias beurteilt "andere zu scharf *nach [sich] selbst*", ohne sich selbst zu kennen, indem er fortfährt:

> Ich wenigstens habe in einem fast hundertjährigen Leben wenig Menschen gekannt, die sich ein Bedenken gemacht hätten etwas gesetzwidriges zu begehen, sobald sie sich Nutzen oder Vergnügen mit *Sicherheit* davon versprechen konnten; oder die sich eine nützliche Übeltat aus einem andern Grunde hätten *reuen* lassen, als wenn sie ihnen, gegen ihre Erwartung, den öffentlichen Tadel, oder die Ahndung der Gesetze, oder irgend einen andern persönlichen Nachteil zugezogen hatte. (A 788)

Er verallgemeinert sein niederes moralisches Niveau und zeigt mit der Behauptung der allgemeinen Schlechtigkeit der Menschen die Unkenntnis seiner selbst. Sie verleitet ihn zu dem Ausspruch:

> Die bürgerliche Gesellschaft verderbt die Menschen so wenig, daß diese ihr vielmehr alles, was an ihnen noch gut ist, ihre Entwicklung und Kultur, und die Gesetze zu danken haben, wodurch die rechtlose Gewalttätigkeit ihrer Triebe gefesselt, und das rohe *Manntier* genötigt wird, wenigstens einen Schein von Sittlichkeit anzunehmen, um durch Verstellung und List zu suchen, was es durch offne Gewalt nicht erlangen kann. [...] Die Quelle des Übels liegt viel tiefer: sie liegt in der ersten Anlage der Menschen selbst. (A 788 f.)

Hippias irrt, denn die Menschen, auch das roheste "*Manntier*" und der "sinnlichste Lüstling", haben "alles, was an ihnen noch gut ist", ihrer Ahnung des Seins, ihrem "geheime[n] Etwas" zu verdanken. Er meint, "die Quelle des Übels" liege "in der ersten Anlage der Menschen selbst" (A 789), doch eben noch gehörten "Übel" und "Verderbnis" nicht zur "Anlage", als er sagte: "Denn im Besondern ist es schwerer als Du vielleicht glaubst, das, was in ihnen Natur ist, von dem was Verkehrtheit und Verderbnis ist, so rein abzuscheiden, daß sich keine Unrichtigkeit in die Operation einschleiche." (A 782) Hippias, dem es eingestandenermaßen unmöglich ist, die "eigentümliche Naturanlage des Dionysius" (A 786) zu bestimmen, und der nun allen Ernstes behauptet, "die Quelle des Übels" liege in der "Anlage", muß alle Glaubwürdigkeit verlieren. Gerade noch dachte sich Hippias "die Natur als ein absichtlich handelndes Wesen" (A 783), nun sagt er: "Die Natur *macht* nichts, sie *ist*; und alles was ist, ist nicht was es sein *soll*, sondern was es sein *kann*." (A 789) Die wahre "Quelle des Übels" sprudelt aus der Unwissenheit.
Ironisch fragt Agathon: "Woher es wohl kommen mag, Hippias, daß mich alle Deine Einwendungen in meiner Überzeugung von dem, was der Mensch sein soll, nicht wankend machen können?" (A 789) Hippias meint:

> Vermutlich, weil Du Dir innigst bewußt bist, *was Du selbst sein kannst*, aber Dich noch nicht von der Gewohnheit loszumachen vermochtest, das was *Du* kannst zum Maßstab dessen, was *alle* Menschen können sollten zu machen. Der Grund des Irrtums liegt, wie ich schon gesagt habe, in Deiner Idee von dem was Du *den Menschen* nennst, nämlich darin, daß Du alle Menschen unter einen allgemeinen Begriff bringst, den Du von dir selbst abgezogen hast. (A 789 f.)

Wieder trifft ihn der Tadel selbst. Setzt doch er sich zum "Maßstab" anderer, nimmt "bald einen zu hohen bald zu niedern Standpunkt" (A 782) ein und irrt sich in Agathon, weil er sich über sich selbst irrt. Den "Grund" seines eigenen "Irrtums" gibt er an, der nämlich darin liegt, "daß [er] alle Menschen unter einen allgemeinen Begriff bringt, den [er] von [sich] selbst abgezogen" hat. Mit Ironie fordert Agathon Hippias auf: "Wolltest Du mir wohl, da Du mich so gut kennst, aus alter Freundschaft den Gefallen erweisen, mich mit mir selbst bekannt zu machen?" (A 790) Ohne die Ironie zu durchschauen, fühlt Hippias

sich sofort "zu dergleichen Gefälligkeiten geneigt" (A 790). Mit einer langen Rede über die "*inner[e] Form*", die sich durch "*Entwickelung*" ausbildet "wie der Keim einer Pflanze, Stiel, Blätter, Blume, u.s.w. aus sich selbst herausbildet" (A 791), macht er seiner "Gattung" (A 790) alle Ehre. Hippias glaubt aufzuklären, doch er erweist Agathon bloß die "Gefälligkeit" einer Selbstoffenbarung. Er bringt "alle Menschen unter einen allgemeinen Begriff" (A 790 ff.).
Der weise Agathon kann sich über die Uneinsichtigkeit seines Gesprächspartners nicht echauffieren, wie einst Hippias über diejenige Agathons. In wahrer Urbanität beendet Agathon "durch eine Art von gütlichem Vergleich" (A 794) das Gespräch.

> Warum sollten Vorstellungsarten und Hypothesen uns trennen, wenn *Wahrheit* das Ziel unsers Forschens, und *Menschenwohl* der Gegenstand unserer Tätigkeit ist? Du bist, wie ich höre, darin mit mir einig, daß auch diejenigen - die du Dir als eine Art menschlicher oder menschgewordener Tiere vorstellst, einer immer fortschreitenden innern Vervollkommnung fähig sind; mir genügt daran, daß wir uns in einem so wesentlichen Punkte berühren. (A 794).

Vielleicht wird Hippias nach längerem Aufenthalt im Elysium entdecken, wo eine irrtumsfreie "*Wahrheit*" zu suchen ist.

Dieser Dialog ist kein "später Widerruf der Haltung Agathons in den Gesprächen mit Archytas".[636] In dem Gespräch herrscht weder eine "Patt-Situation"[637] noch wird die "therapeutische Trauerarbeit"[638] fortgesetzt. Agathon behauptet sich endlich mit sokratischer Weisheit gegen Hippias, der keine Sicherheit in Thesen findet[639] und sich nicht rechtfertigen kann.[640] Gewiß ist

---

[636] Klaus Manger: Kommentar, S. 956.

[637] Birgit Nübel: Autobiographische Kommunikationsmedien um 1800, S. 154.

[638] Walter Erhart: Entzweiung und Selbstaufklärung, S. 349.

[639] Klaus Manger: (Kommentar, S. 956) ist der Ansicht, daß nun "Hippias die Position eines Weisen einnimmt. Er korrigiert Agathons Ideal des Sollens, und dieser muß es sich gefallen lassen, belehrt zu werden."

[640] Jan-Dirk Müller (Wielands späte Romane S. 94) sieht zwar, daß sich Hippias vor Agathon "rechtfertigen muß", ob ihm dieses aber gelingt, dazu nimmt Müller keine Stellung. Indirekt scheint Müller aber die Rechtfertigung des Hippias anzunehmen und dessen Meinung zu teilen, da Müller meint, der Demonstrationsanspruch des Romanmottos 'quid virtus et quid sapientia possit' sei schon in der dritten Fassung "eingeschränkt" worden, Agathon bekenne "sich zu derselben Toleranz, die Hippias schon beim seinem Besuch im Gefängnis gefordert hatte."

auch, daß Wieland die Meinung des Sophisten von der "individuellen Form" nicht teilt, die für seine letzte Auskunft gehalten wurde.[641] Es ist deutlich geworden, daß Wieland ein Ende der Philosophie seiner Epoche an der Grenze der letzten Wahrheit zeichnete, gleichsam als müßte ihre Hand, die den Schleier des Bildes zu Sais zu erheben im Begriff ist, sich zurückziehen.

641 Vgl. Erich Groß: C. M. Wielands "Geschichte des Agathon", S. 147 ff.; Ernst Stahl: Die religiöse und die humanitätsphilosophische Bildungsidee, S. 144 ff.; Wolfram Buddecke: C. M. Wielands Entwicklungsbegriff, S. 40; Birgit Nübel: Autobiographische Kommunikationsmedien um 1800, S. 156; Rolf Selbmann: Der deutsche Bildungsroman, S. 47.

# VIII. Ausblick auf die Frühromantik

Manchmal hat man Wieland als den "größten der deutschen Vorromantiker" geachtet.[642] Er habe das Prärationale als Grund wiederentdeckt, aus dem die Romantiker die weltverwandelnde Phantasie abgeleitet haben. Doch es trennt Wieland und die Frühromantiker nicht nur "der schmale Grat zwischen Phantasie und Erfahrung", den "die romantische Poesie ignoriert",[643] sondern ein breiter, nur durch einen Sprung zu überwindender Graben. Und nur scheinbar bilden Jacobis Schriften eine Brücke. Die Romantiker übernahmen zwar mehr oder weniger Jacobis Terminologie, aber dessen "Unphilosophie" modifizierten sie zur Philosophie des Absoluten.

Schiller, Fichte, Schelling sowie den Frühromantikern Friedrich Schlegel, Hölderlin und Novalis ging es nämlich darum, den Kantischen Dualismus von Sinnlichkeit und Verstand sowie von Verstand und Vernunft zu überwinden. Sie wollten die Kluft zwischen theoretischer und praktischer Vernunft, von Natur und Freiheit schließen. Kant selbst behagte diese Polarität nicht sonderlich, denn eine systematische Philosophie muß nach einem einzigen Prinzip verfaßt sein. In seiner *Kritik der Urteilskraft* (1790) betrachtete er die Urteilskraft als "Mittelglied" zwischen Verstand und Vernunft (BV, A V und B XX, A XIX), die nicht nur teleologisch, sondern auch ästhetisch ist.[644] Als Urteil gehört das ästhetische in den Bereich des rationalen Subjekts; mit der

---

642 Raymond Immerwahr: Romantisch, S. 135. Vgl. auch Ludwig Hirzel: Wielands Beziehungen zu den deutschen Romantikern, Bern 1904, S. 91; Fritz Martini: C. M. Wieland und das 18. Jahrhundert, S. 251; Hermann Müller-Solger: Der Dichtertraum, S. 150. Deutlich will John McCarthy (Fantasy and Reality, S. 157) eine Affinität zwischen Wieland und den Frühromantikern erkennen: "For example, there is the general predominance of irrational forces determining the course of man`s life, there is the same sense of the endless, the same orientation to the unremitting Absolute, the same mystical viev of death as a release (Novalis, Hölderlin). [...] Wieland`s Romanwirklichkeit approximates Schelling`s and Friedrich Schlegel`s concept of the role of art in the revelation of the Weltseele, since art blends Geist (fantasy) and Natur (empiric reality) for Wieland as well. For the Romanticists the Ich became origin, catalyst, and object in their striving for the Absolute. In Wieland`s view too the ego serves as the source of impulse as well als the key to understanding the divine Totality."

643 Klaus Manger: Wieland, der klassische Nationalautor, in: Metamorphosen des Dichters. Das Selbstverständnis deutscher Schriftsteller von der Aufklärung bis zur Gegenwart, hrsg. von Gunter E. Grimm, Frankfurt am Main 1992, S. 67-83, S. 72; vgl. Klaus Oettinger: Phantasie und Erfahrung, S. 78.

644 Vgl. dazu Manfred Frank: Einführung in die frühromantische Ästhetik, S. 31 ff.

praktischen Vernunft ist es insofern verbunden, als das Schöne und das Gute von der Bestimmung durch das Materielle frei sind. So kann das Schöne ein "Symbol des Sittlichguten" (KdU, § 59, A 254; B 259) werden. Die Idee der Freiheit kann nur symbolisch dargestellt werden, weil der Freiheit als Vernunftidee und indemonstrablem Begriff keine Anschauung adäquat sein kann. Eine indirekte Darstellung des reinen Vernunftbegriffs der Freiheit erfolgt in einer "ästhetischen Idee". Darunter versteht Kant "diejenige Vorstellung der Einbildungskraft, die viel zu denken veranlaßt, ohne daß ihr doch irgend ein bestimmter Gedanke, d.i. *Begriff* adäquat sein kann, die folglich keine Sprache völlig erreicht und verständlich machen kann." (KdU, § 49, A 190; B 192, 193) So wird die "begriffliche Unausschöpflichkeit des Schönen zum Symbol der anschauungsmäßigen Undarstellbarkeit und Überschwenglichkeit der Freiheit."[645] An diesem Punkt setzten die Nachfolger Kants an. Sie trachteten das Symbol- oder Analogieverhältnis zwischen Theorie und Praxis durch ein Identitätsverhältnis zu ersetzen.
Die Frühromantiker übertrafen Fichte,[646] der mit seiner intellektuellen Anschauung dem Reflexionsmodell nicht entkommen ist. Eine urteilsmäßige und reflexive Beziehung gewährleistet für Hölderlin und Novalis keine ursprüngliche Einheit. Gemäß einer irrigen Etymologie meint Hölderlin, der Ausdruck 'Urteil' zeige eine Ur-Teilung an.[647]

> Urtheil ist im höchsten und strengsten Sinne die ursprüngliche Trennung des in der intellectualen Anschauung innigst vereinigten Objects und Subjects, diejenige Trennung, wodurch erst Object und Subject möglich wird, die Ur=Theilung. Im Begriffe der Theilung liegt schon der Begriff der gegenseitigen Beziehung des Objects und Subjects aufeinander, und die nothwendige Voraussetzung eines Ganzen wovon Object und Subject die Theile sind.[648]

Novalis stellt in seinen *Fichte-Studien* ähnliche Überlegungen an. Von der im Urteil ausgesprochenen Identität sagt Novalis: "Das Wesen der Identität läßt sich nur in einen *Scheinsatz* aufstellen. Wir verlassen das *Identische* um es darzu-

---

[645] Ebd. S. 106.

[646] Siehe dazu Manfred Frank: Fragmente einer Geschichte der Selbstbewußtseins-Theorie von Kant bis Sartre, S. 448 ff.

[647] Vgl. ebd. S. 463 ff.

[648] Seyn, Urtheil, Modalität, in: Friedrich Hölderlin. Sämtliche Werke und Briefe, hrsg. von Michael Knaupp, 3 Bde, München, Wien 1992, Lizenzausgabe 1998 für die Wissenschaftliche Buchgesellschaft Darmstadt, Bd. II, S. 50.

stellen - [...] - es *geschieht*, was schon Ist - natürlich durch imaginaires Trennen und vereinigen".[649] Das Synthetisieren produziert ein Resultat, dessen Bestand dem Akt vorausliegt. "Was die Reflexion *finde*t, *scheint* schon *da zu seyn*".[650]
Die vor der Reflexion liegende Einheit nennen Hölderlin und Novalis in Anlehnung an Jacobi 'Seyn', wie es Wieland schon 1764 in *Die Abenteuer des Don Sylvio von Rosalva* tat.[651] Hölderlin erklärt:

> Seyn -, drückt die Verbindung des Subjects und Objects aus. Wo Subject und Object schlechthin, nicht nur zum Theil vereiniget ist, mithin so vereiniget, daß gar keine Theilung vorgenommen werden kan, ohne das Wesen desjenigen, was getrennt werden soll zu verlezen, da und sonst nirgends kann von einem Seyn schlechthin die Rede seyn, wie es bei der intellectualen Anschauung der Fall ist.[652]

Dieses Sein stellten als "fugenlose Einerleiheit"[653] und höchste vorreflexive Einheit Hölderlin, Novalis, F. Schlegel und Schelling "als ein gehemmtes Streben dar: eines, das - um seiner Darstellbarkeit willen - transitorisch sich in Schranken faßt und um seiner Unendlichkeit willen immer wieder über dieselben hinausgeht".[654] Es ist anderer Art als das Wielands und Jacobis. Die Frühromantiker gelangten zur Monas des absoluten Subjekts, sofern "Subject und Object schlechthin, nicht nur zum Theil vereiniget ist".
Hingegen sprachen Wieland und Jacobi von einem Sein jenseits der absoluten Einheit. Weder postulierten noch setzten sie eine "fugenlose Einerleiheit" voraus; das Sein ist vielmehr voraussetzungslos und geht allen Postulaten oder einer in Sätzen formulierbaren Lehre vorher. Zum einen verzichteten sie auf das Absolute, denn das Sein im Grunde der Person ist als Wirkung eines göttlichen Seins nicht absolut, zum anderen auf Theoriebildung und Spekulation, um vom propositionalen Meinen zum unthematischen, irrtumsfreien Wissen zu gelangen.

---

[649] Fichte-Studien, in: Novalis. Werke, Tagebücher und Briefe Friedrich von Hardenbergs, hrsg. von Hans-Joachim Mähl und Richard Samuel, 3 Bde. München, Wien 1978-87, Bd. II, S. 8 (weiterhin zitiert als NW mit nachstehender Band- und Seitenzahl).

[650] Ebd. NW II, 17.

[651] Siehe oben S. 94 f.

[652] Seyn, Urtheil, Modalität, S. 49.

[653] Manfred Frank: Fragmente einer Geschichte der Selbstbewußtseins-Theorie von Kant bis Sartre, S. 465.

[654] Ebd. S. 460.

Die Frühromantiker lösten sich nur halbherzig von der Systemrationalität. Schlegel sagte: "Es ist gleich tödlich für den Geist, ein System zu haben, und keins zu haben. Er wird sich also wohl entschließen müssen, beides zu verbinden."[655] Novalis dachte ähnlich:

> Das eigentliche Philosophische System muß Freyheit und Unendlichkeit, oder, um es auffallend auszudrücken, Systemlosigkeit, in ein System gebracht, seyn. Nur ein solches System kann die Fehler des Systems vermeiden und weder der *Ungerechtig*keit, noch der Anarchie bezogen [bezichtigt] werden.[656]

Da die Frühromantiker die Ausrichtung auf ein System nicht aufgeben, ist ihre Ontologie allemal Funktion einer Transzendentalphilosophie. Folglich ist auch das Seinsgefühl ein anderes als bei Wieland und Jacobi.

Mit der Einheit ist man nach Novalis schon vor der Reflexion vertraut. Die präreflexive Selbstvertrautheit nennt Novalis "Gefühl" oder auch "Selbstgefühl": "Das dem Gefühl Gegebne scheint mir die Urhandlung als Ursache und Wirkung zu seyn."[657] Das Absolute zu fühlen bedeutet, "von ihm eine präreflexive Anschauung" zu besitzen.[658] Das zu fühlende Sein ist bei Wieland und Jacobi kein unpersönlicher absoluter Einheitsgrund, sondern ganz persönliches Sein, *meine* "richterliche Vernunft" als Geschenk eines göttlichen Wesens. Anders als bei den Frühromantikern wirkt sich die präreflexive Gewißheit als moralisches Gefühl oder Gewissen aus. Es macht dem "sinnlichsten Lüstling [...] *Vorwürfe* [...], die er nie völlig übertäuben kann" (A 785). Ein gedachter, postulierter, vorausgesetzter Einheitsgrund kann keine Wirkung entfalten, aus ihm kann allenfalls etwas folgen.

Da die Systemausrichtung den Frühromantikern unaufgebbar erscheint, brauchen sie auch den Wissensbegriff nicht zu revidieren. Ein Sprung vom propositionalen Meinen zum unthematischen Wissen vom Sein, vom Wahren, Guten und Schönen entfällt. Das Absolute entzieht sich der Reflexion, dennoch soll Selbstbewußtsein möglich sein. Novalis schlägt eine doppelte Reflexion vor. In der ersten, auf das "Gefühl" gerichteten Reflexion wird das Absolute

---

[655] Athenäums-Fragmente, KA II, 173, Nr. 53. Dieses Denken bringt Schlegel zu seiner Philosophie, das ist "ein System von Fragmenten und eine Progreß.[ion] von Projekten." (Philosophische Fragmente, 1796-1798, KA XVIII, 100, Nr. 857).

[656] Fichte-Studien, NW II, 200.

[657] Ebd. NW II, 18.

[658] Manfred Frank: Einführung in die frühromantische Ästhetik, S. 255.

verfehlt. In der zweiten wird auf das Verfehlte, auf "eben diesen Mangel an Sein" reflektiert und ein "reflektiertes Nicht-Wissen (ein Nicht-Wissen, das sich *als solches weiß*), eine *docta ignorantia*" gewonnen.[659] Doch auch aus einer doppelten Reflexion entsteht kein oberstes Gebrauchswissen. Ein sokratisches Wissen, das den Inhaber unmittelbar motiviert, hier und jetzt so zu handeln, daß er seiner moralischen Pflicht gerecht wird, ein solches praktisches Wissen gewinnen die Frühromantiker nicht bei ihren Bemühungen, Bewußtsein einsichtig zu machen.

Ein aller Theorie vorhergehendes Sein, grundloses, geschenktes Sein finden die Frühromantiker nicht. Ihr Philosophieverständnis steht dawider:

> Filosofieren muß eine eigne Art von Denken seyn. Was thu ich, indem ich filosofire? ich denke über einen Grund nach. Dem Filosofiren liegt also ein Streben nach dem Denken eines Grundes zum Grunde. Grund ist aber nicht Ursache im eigentlichen Sinne – sondern innre Beschaffenheit - Zusammenhang mit dem Ganzen. Alles Filosofiren muß also bey einem absoluten Grunde endigen. Wenn dieser nun nicht gegeben wäre, wenn dieser Begriff eine Unmöglichkeit enthielte - so wäre der Trieb zu Filosofiren eine unendliche Thätigkeit - und darum ohne Ende, weil ein ewiges Bedürfniß nach einem absoluten Grunde vorhanden wäre, das doch nur relativ gestillt werden könnte - und darum nie aufhören würde.[660]

Auf das ungestillte Bedürfnis gründet sich die romantische Philosophie; ihr Wesen "*besteht in d[er] Sehnsucht nach d[em] Unendlichen*",[661] wie Schlegels berühmte Formulierung lautet. Die "Sehnsucht" ergibt sich aus der Höherverlegung des Absoluten und Preisgabe des absoluten Ich, wie es sich Fichte denkt. Entgegen Fichte meint Schlegel: "Es wäre wohl richtiger zu sagen - DAS ICH SUCHT SICH SELBST, als; *es sezt sich selbst*"; es ist wesentlich "Sehnsucht".[662] Das endliche Ich "findet sich als in sich selbst gespalten und getrennt, voller Widersprüche und Unbegreiflichkeiten, kurz, als Stückwerk, der *Einheit* vielmehr entgegengesetzt".[663] Aus dem Denken dessen, was vor dem Denken liegt, resultiert die "Sehnsucht":

---

659 Ebd. S. 255.

660 Fichte Studien, NW II, 180.

661 Philosophische Fragmente [1798-1801], KA XVIII, 418, Nr. 1168; vgl. Ideen, KA II, 256, Nr. 3 und Transzendentalphilosophie [Jena 1800-1801], KA XII, 7 f.

662 Zur Philosophie nro. III. Paris 1804, KA XIX, 22, Nr. 197.

663 Die Entwicklung der Philosophie in 12 Büchern. Zweites, drittes und viertes Buch. Die Psychologie, KA XII, 381.

> Aber, könnte man wohl einwenden, ist denn das *Unendliche* nicht selbst eine *Erdichtung*? Ist es nicht ein *Irrtum*, oder *Täuschung*, oder *Mißverstand*? Hierauf antworten wir so: Ja, es ist *Erdichtung*. Aber eine schlechthin nothwendige Erdichtung. Unser Ich hat die Tendenz, sich dem Unendlichen zu nähern, und dadurch, daß das Ich gleichsam hinströmt, sich dem Unendlichen zu nähern, können wir nur das Unendliche denken.[664]

Weil das Absolute eine "Erdichtung" ist, weil es als "nothwendige" Voraussetzung gedacht wird, weil die Frühromantiker meinen, "Filosofiren muß bey einem absoluten Grunde endigen", ist die "Sehnsucht" nie zu stillen und kein reales Sein zu finden. Auf das berühmte 1. *Blüthenstaub*-Fragment: "Wir *suchen* überall das Unbedingte und *finden* immer nur Dinge"[665], könnten Wieland und Jacobi Novalis antworten: weil ihr voraussetzt, was voraussetzungslos ist, und im Denken der "fugenlosen Einerleiheit" den Unterschied zwischen der Grund-Folge-Beziehung und dem Ursache-Wirkungs-Verhältnis aufhebt.
Die Frühromantiker und auch Schelling lassen die Kunst in die Bresche springen, um das "Räthsel des Daseyns"[666] symbolisch darzustellen. Mittels der Kunst wollen sie, "dem unverfüglichen, begrifflich unauslotbaren Grund" eine Quasi-Realität verleihen, und zwar "je unausschöpflicher, je sinnreicher, desto wahrer - d.h. desto angemessener der zwiespältigen Erfahrung unverfüglichen Selbstverständnisses."[667] Das Schlüsselwort heißt Verworrenheit. Novalis preist sie im *Blüthenstaub*.[668] "Der Sinn für Poësie", sagt Novalis, "stellt das Undarstellbare dar. Er sieht das Unsichtbare, fühlt das Unfühlbare etc.".[669] Schelling verherrlicht die "Kunst" als "das einzige wahre und ewige Organon zugleich und Dokument der Philosophie".[670] Und Friedrich Schlegel erklärt:

> Es gibt eine Poesie, deren eins und alles das Verhältnis des Idealen und des Realen ist, und die also nach der Analogie der philosophischen Kunstsprache Transzendentalpoesie heißen müßte. Sie beginnt als Satire mit der absoluten Verschiedenheit des Idealen und

---

664 Transzendentalphilosophie [Jena 1800-1801], KA XII, 9.

665 Blüthenstaub, NW II, 227.

666 Erste Vorlesung, KA X, 311.

667 Manfred Frank: Einführung in die frühromantische Ästhetik, S. 233.

668 Blüthenstaub Nr. 54, NW II, 249.

669 Fragmente und Studien III, Nr.434, NW II, 840.

670 Friedrich Wilhelm Joseph Schelling: System des transzendentalen Idealismus. Mit einer Einl. von Walter Schulz, hrsg. von Horst D. Brandt und Peter Müller, Hamburg 1992, S. 299.

> Realen, schwebt als Elegie in der Mitte, und endigt als Idylle mit der absoluten Identität beider.[671]

Auch das der Theorie vorhergehende wahre Sein und das Wissen davon sind nicht unmittelbar darzustellen. Doch Wieland greift nicht zur Symbolik, er zeigt das Selbstsein indirekt durch die Fähigkeit der Protagonisten, Rechenschaft zu geben. Das Wissen selbst wird auch im Kunstwerk nicht präsentiert. Wieland stellt mit den Mitteln der Kunst die Wirkungen eines Seins dar, das die Frühromantiker, obwohl sie bis in die Sprache hinein von Jacobi angeregt wurden, als es selbst im Begriff aufhoben. Daß wir "unaufhebbar" seien, war Wielands heimliche Lehre.

---

[671] Athenäums-Fragmente, KA II, 204, Nr. 238.

## Abkürzungsverzeichnis

A Christoph Martin Wieland, Geschichte des Agathon. Erste Fassung von 1766/67. Mit einer synoptischen Übersicht über die Kapitelfolge der ersten und der letzten Fassung sowie den Zusätzen und Ergänzungen von 1773, 1794 und 1800, hrsg. von Klaus Manger, Frankfurt am Main 1986, zitiert mit nachstehender Seitenzahl.

B Christoph Martin Wieland, Agathon, 4 Theile, Leipzig: Weidmanns Erben und Reich 1773, zitiert mit Angabe der Teile und der Seitenzahl.

Cas Gottfreid Wilhelm Leibniz, Philosophische Werke in vier Bänden in der Zusammenstellung von Ernst Cassirer, Leipzig 1904-1924, Band 2: Hauptschriften zur Grundlegung der Philosophie, Teil 2, übersetzt von Artur Buchenau mit Einleitung und Anmerkungen hrsg. von Ernst Cassirer, Neuausgabe Hamburg 1996, zitiert mit Band- und Seitenzahl.

Eth Benedictus de Spinoza, Opera, Werke. Lateinisch und Deutsch, Bd. 2: Tractatus de intellectus emendatione, Ethica / Abhandlung über die Berichtigung des Verstandes, Ethik, hrsg. von Konrad Blumenstock, 4., unveränd. Aufl. Darmstadt 1989, zitiert mit Angabe der Teile in römischen Ziffern und der als D., L., A., H., F., B., Anm. abgekürzt angegebenen Definitionen, Lehrsätze, Axiome, Hauptsätze, Folgesätze, Beweise und Anmerkungen.

GM Leibnizens mathematische Schriften, hrsg. von C. I. Gerhardt, 7 Bde., in: Leibnizens gesammelte Werke aus den Handschriften der Kgl. Bibliothek zu Hannover, hrsg. von G. H. Pertz 12 Bde., Halle 1843 - 1863, zitiert mit Band- und Seitenzahl.

GMS Grundlegung zur Metaphysik der Sitten, in: Immanuel Kant, Werke in zehn Bänden, hrsg. von Wilhelm Weischedel, Sonderausgabe Darmstadt 1983, Bd. 6, zitiert mit der Seitenzählung nach der ersten (A) und zweiten (B) Auflage von 1785 und 1786.

GP Die philosophischen Schriften von Gottfried Wilhelm Leibniz, hrsg. von C. I. Gerhardt, 7 Bde., Berlin 1875-1890, zitiert mit Band- und Seitenzahl.

JW Friedrich Heinrich Jacobi, Werke, 6 Bde., hrsg. von Friedrich Roth und Friedrich Köppen, Leipzig 1812 ff., reprografischer Nachdruck, Darmstadt 1968, zitiert mit Band- und Seitenzahl.

KA Friedrich Schlegel, Kritische Friedrich-Schlegel-Ausgabe, hrsg. von Ernst Behler u. a., Paderborn, München, Wien 1958 ff., zitiert mit Band- und Seitenzahl.

KdU Kritik der Urteilskraft, in: Immanuel Kant, Werke in zehn Bänden, hrsg. von Wilhelm Weischedel, Sonderausgabe Darmstadt 1983, Bd 8, zitiert mit der Seitenzählung nach der ersten (A) und zweiten (B) Auflage von 1790 und 1793.

KpV Kritik der praktischen Vernunft, in: Immanuel Kant, Werke in zehn Bänden, hrsg. von Wilhelm Weischedel, Sonderausgabe Darmstadt 1983, Bd. 6, zitiert mit der Seitenzählung nach der ersten (A) Auflage von 1788.

KrV Kritik der reinen Vernunft, in: Immanuel Kant, Werke in zehn Bänden, hrsg. von Wilhelm Weischedel, Sonderausgabe Darmstadt 1983, Bd. 3 und 4, zitiert mit der Seitenzählung nach der ersten (A) und zweiten (B) Auflage von 1781 und 1787.

LW Gotthold Ephraim Lessing, Werke, 8 Bde., in Zusammenarbeit mit Karl Eibl, Helmut Göbel, Karl S. Guthke, Gerd Hillen, Albert von Schirnding und Jörg

Schönert hrsg. von Herbert G. Göpfert, München 1970-79, Lizenzausgabe 1996 für die Wissenschaftliche Buchgesellschaft Darmstadt, zitiert mit Band- und Seitenzahl.

NW Novalis, Werke, Tagebücher und Briefe Friedrich von Hardenbergs, hrsg. von Hans-Joachim Mähl und Richard Samuel, 3 Bde., München, Wien 1978-87, zitiert mit Band- und Seitenzahl.

Phs Gottfried Wilhelm Leibniz, Philosophische Schriften. Band 1: Kleine Schriften zur Metaphysik (frz./dt. bzw. lat./dt.), hrsg. und übersetzt von Hans Heinz Holz, 2., unveränderte Auflage Darmstadt 1985, zitiert mit Band- und Seitenzahl.

Spin Friedrich Heinrich Jacobi, Über die Lehre des Spinoza in Briefen an den Herrn Moses Mendelssohn. Neue vermehrte Ausgabe, Breslau 1789, zitiert mit nachstehender Seitenzahl.

SW Friedrich Schiller, Sämtliche Werke, 5 Bde., hrsg. von Gerhard Fricke und Herbert G. Göpfert, Lizenzausgabe 1989 für die Wissenschaftliche Buchgesellschaft Darmstadt, zitiert mit Band- und Seitenzahl.

WBr. Wielands Briefwechsel, hrsg. von der Deutschen Akademie der Wissenschaften zu Berlin, Institut für deutsche Sprache und Literatur, hrsg. von Hans Werner Seiffert, Berlin 1963 ff., zitiert mit Band- und Seitenzahl.

# Literaturverzeichnis

## Christoph Martin Wieland - Quellen

### Gesammelte Werke

— Sämmtliche Werke, 39 Bde. und 6 Supplementbände, hrsg. von der "Hamburger Stiftung zur Förderung von Wissenschaft und Kultur" in Zusammenarbeit mit dem "Wieland-Archiv", Biberach/Riß, und Hans Radspieler, Hamburg 1984, Faksimiledruck der Ausgabe letzter Hand, der sogenannten "wohlfeilen", Leipzig: Göschen, 1794 – 1811.

— Werke in 5 Bänden, hrsg. von Fritz Martini und Hans Werner Seiffert, München 1964 ff.

### *Agathon*-Texte

— Geschichte des Agathon. Erste Fassung von 1766/67. Mit einer synoptischen Übersicht über die Kapitelfolge der ersten und der letzten Fassung sowie den Zusätzen und Ergänzungen von 1773, 1794 und 1800, hrsg. von Klaus Manger, Frankfurt am Main 1986.

— Agathon, 4 Theile, Leipzig: Weidmanns Erben und Reich 1773.

— Geschichte des Agathon. Erste Fassung. Unter Mitwirkung von Reinhard Döhl hrsg. von Fritz Martini, Stuttgart 1979.

### Sonstige Werke und Briefe

— Von der Freiheit der Literatur. Kritische Schriften und Publizistik, hrsg. und kommentiert von Wolfgang Albrecht, 2 Bde., Frankfurt am Main 1997.

— Briefwechsel, hrsg. von der Deutschen Akademie der Wissenschaften zu Berlin, Institut für deutsche Sprache und Literatur, hrsg. von Hans Werner Seiffert, Berlin 1963 ff.

### Rezensionen

[Iselin, Isaak]: "Geschichte des Agathon", in: Allgemeine deutsche Bibliothek, 6. Bd. (1768), 1. Stück, S. 190-211.

[anonyme Rez.]: "Geschichte des Agathon" (1773), in: Auserlesene Bibliothek der neuesten deutschen Litteratur, Bd. 4, Lemgo 1773, S. 625-644.

## Andere Quellen

Cassirer, Ernst: Die Philosophie der Aufklärung. 3. Auflage Tübingen 1973.

Gerstenberg, Heinrich Wilhelm von: Rezensionen in der Hamburgischen Neuen Zeitung 1767-1771, hrsg. von O. Fischer, Berlin 1904 (Deutsche Literaturdenkmale des 18. und 19. Jahrhunderts, Nr. 128, 3. Folge, Nr. 8).

Goethe, Johann Wolfgang: Werke, hrsg. im Auftrage der Großherzogin Sophie von Sachsen, 143 Bde., Weimar 1887-1919.

Herder, Johann Gottfried: Werke. 2 Bde., hrsg. von Wolfgang Pross, München, Wien 1984-87 (Lizenzausgabe für die Wissenschaftliche Buchgesellschaft Darmstadt).

— Briefe. Gesamtausgabe 1763-1803. Unter Leitung von Karl-Heinz Hahn hrsg. von den Nationalen Forschungs- und Gedenkstätten der klassischen deutschen Literatur in Weimar, Sechster Band, August 1788 - Dezember 1792, bearbeitet von Wilhelm Dobbeck und Günter Arnold, Weimar 1981.

Historisches Wörterbuch der Philosophie, hrsg. von Joachim Ritter und Karlfried Gründer, Darmstadt 1971 ff.

Hölderlin, Friedrich: Sämtliche Werke und Briefe, hrsg. von Michael Knaupp, 3 Bde., München, Wien 1992, Lizenzausgabe 1998 für die Wissenschaftliche Buchgesellschaft Darmstadt.

Jacobi, Friedrich Heinrich: Über die Lehre des Spinoza in Briefen an den Herrn Moses Mendelssohn. Neue vermehrte Ausgabe, Breslau 1789.

— Werke, 6 Bde., hrsg. von Friedrich Roth und Friedrich Köppen, Leipzig 1812 ff., reprografischer Nachdruck Darmstadt 1968.

— Briefwechsel, hrsg. von Michael Brüggen und Siegfried Sudhof, Bd. 1: Briefwechsel: 1762-1775, hrsg. von Michael Brüggen und Siegfried Sudhof in Zusammenarbeit mit Peter Bachmaier, Reinhard Lauth und Peter-Paul Schneider, Stuttgart 1981.

Kant, Immanuel: Werke in zehn Bänden, hrsg. von Wilhelm Weischedel, Sonderausgabe Darmstadt 1983.

Leibniz, Gottfried Wilhelm: Philosophische Schriften, Band 1: Kleine Schriften zur Metaphysik (frz./dt. bzw. lat./dt.), hrsg. und übersetzt von Hans Heinz Holz, 2., unveränderte Auflage Darmstadt 1985.

— Philosophische Werke in vier Bänden in der Zusammenstellung von Ernst Cassirer, Leipzig 1904-1924, Band 2: Hauptschriften zur Grundlegung der Philosophie, Teil 2, übersetzt von Artur Buchenau mit Einleitung und Anmerkungen hrsg. von Ernst Cassirer, Neuausgabe Hamburg 1996.

— Die philosophischen Schriften von Gottfried Wilhelm Leibniz, hrsg. von C. I. Gerhardt, 7 Bde., Berlin 1875-1890.

— Leibnizens mathematische Schriften, hrsg. von C. I. Gerhardt, 7 Bde., in: Leibnizens gesammelte Werke aus den Handschriften der Kgl. Bibliothek zu Hannover, hrsg. von G. H. Pertz 12 Bde., Halle 1843-1863.

Lessing, Gotthold Ephraim: Werke, 8 Bde., in Zusammenarbeit mit Karl Eibl, Helmut Göbel, Karl S. Guthke, Gerd Hillen, Albert von Schirnding und Jörg Schönert hrsg. von Herbert G. Göpfert, München 1970-79, Lizenzausgabe 1996 für die Wissenschaftliche Buchgesellschaft.

Mendelssohn, Moses: Phädon oder über die Unsterblichkeit der Seele. Mit einem Nachwort hrsg. von Dominique Bourel und einer Einleitung von Nathan Rothenstreich, Hamburg 1979.

Mettrie, Julien Offray de la: L`homme machine. Die Maschine Mensch. Übersetzt und hrsg. von Claudia Becker, Hamburg, 1990.

Novalis: Werke, Tagebücher und Briefe Friedrich von Hardenbergs, hrsg. von Hans-Joachim Mähl und Richard Samuel, 3 Bde., München, Wien 1978-87.

Platon: Werke in acht Bänden, griechisch und deutsch, hrsg. von Gunther Eigler, dt. Übersetzung von Friedrich Schleiermacher (achter Band, erster Teil von Klaus Schöpsdau, achter Band, zweiter Teil von Klaus Schöpsdau und Hieronymus Müller übersetzt), 2., unveränderte Aufl., Darmstadt 1990.

Rousseau, Jean-Jacques: Schriften zur Kulturkritik: Über Kunst und Wissenschaft. Über den Ursprung der Ungleichheit unter den Menschen. Französisch-Deutsch. Eingeleitet, übersetzt und hrsg. von Kurt Weigand, 5. Aufl. Hamburg 1995.

— Émile ou de l`éducation. Chronologie et introduction par Michel Launay, Paris 1966.

Schelling, Friedrich Wilhelm Joseph: System des transzendentalen Idealismus. Mit einer Einleitung von Walter Schulz hrsg. von Horst D. Brandt und Peter Müller, Hamburg 1992.

Schiller, Friedrich: Sämtliche Werke, 5 Bde., hrsg. von Gerhard Fricke und Herbert G. Göpfert, Lizenzausgabe 1989 für die Wissenschaftliche Buchgesellschaft Darmstadt.

Schlegel, Friedrich: Kritische Friedrich-Schlegel-Ausgabe, hrsg. von Ernst Behler u.a., Paderborn, München, Wien 1958 ff..

Spinoza, Benedictus de: Opera, Werke. Lateinisch und Deutsch, Bd. 2: Tractatus de intellectus emendatione, Ethica / Abhandlung über die Berichtigung des Verstandes, Ethik, hrsg. von Konrad Blumenstock, 4., unveränd. Aufl. Darmstadt 1989.

## Forschungsliteratur

Albrecht, Wolfgang: Kommentar, in: Christoph Martin Wieland: Von der Freiheit der Literatur. Kritische Schriften und Publizistik, 2 Bde., Frankfurt am Main 1997, Bd. II, S. 943-1417.

Auerochs, Bernd: Platon um 1800. Zu seinem Bild bei Stolberg, Wieland, Schlegel und Schleiermacher, in: Wieland-Studien III (1996), S. 161-193.

Auteri, Laura: Die Chance der Zweisamkeit. Zur Erfahrung der Liebe bei Wieland, in: Wieland-Studien III (1996), S. 107-122.

Bäppler, Klaus: Der philosophische Wieland. Stufen und Prägungen seines Denkens, Bern und München 1974.

Barthel, Marga: Das "Gespräch" bei Wieland. Untersuchungen über Wesen und Form seiner Dichtung, Frankfurt am Main 1939.

Bartuschat, Wolfgang: Spinoza in der Philosophie von Leibniz, in: Spinozas Ethik und ihre frühe Wirkung, hrsg. von Konrad Cramer, Wilhelm G. Jacobs und Wilhelm Schmidt-Biggemann, Wolfenbüttel 1981, S. 51-66.

— Spinozas Theorie des Menschen, Hamburg 1992.

Bauch, Klaus-P., Maria-B. Schröder: Alphabetisches Verzeichnis der Wieland-Bibliothek. Bearbeitet nach dem "Verzeichniß der Bibliothek des verewigten Herrn Hofraths Wieland. 1814." Hannover 1993.

Begemann, Christian: Furcht und Angst im Prozeß der Aufklärung: zu Literatur und Bewußtseinsgeschichte des 18. Jahrhunderts, Frankfurt am Main 1987.
Behler, Ernst: Das Wieland-Bild der Brüder Schlegel, in: Christoph Martin Wieland, Nordamerikanische Forschungsbeiträge zur 250. Wiederkehr seines Geburtstages 1983, hrsg. von Hansjörg Schelle, Tübingen 1984, S. 349–392.
Böhm, Benno: Sokrates im achtzehnten Jahrhundert. Studien zum Werdegange des modernen Persönlichkeitsbewusstseins, Leipzig 1929.
Bourel, Dominique: Nachwort zur Entstehung des "Phädon", in: Moses Mendelssohn: Phädon oder über die Unsterblichkeit der Seele. Mit einem Nachwort hrsg. von Dominique Bourel und einer Einleitung von Nathan Rothenstreich, Hamburg 1979, S. 161-173.
Brenner, Peter J.: Die Krise der Selbstbehauptung. Subjekt und Wirklichkeit im Roman der Aufklärung, Tübingen 1981.
Bubner, Rüdiger: Rousseau, Hegel und die Dialektik der Aufklärung, in: Aufklärung und Gegenaufklärung in der europäischen Literatur, Philosophie und Politik von der Antike bis zur Gegenwart, hrsg. von Jochen Schmidt, Darmstadt 1989, S. 404-420.
Buddecke, Wolfram: C. M. Wielands Entwicklungsbegriff und die Geschichte des Agathon, Göttingen 1966.
Campe, Joachim: Der programmatische Roman. Von Wielands "Agathon" zu Jean Pauls "Hesperus", Bonn 1979.
Couturat, Louis: Über Leibniz` Metaphysik, in: Leibniz` Logik und Metaphysik, hrsg. von Albert Heinekamp und Franz Schupp, Darmstadt 1988, S. 57-80.
Dick, Manfred: Wandlungen des Menschenbildes beim jungen Wieland, in: Jahrbuch der Deutschen Schillergesellschaft 16 (1972), S. 145–175.
Dinkel, Herbert: Herder und Wieland, München 1959.
Döhl, Reinhard: Nachwort, in: Christoph Martin Wieland, Geschichte des Agathon. Erste Fassung. Unter Mitwirkung von Reinhard Döhl hrsg. von Fritz Martini, Stuttgart 1979, S. 643-679.
Dotzler, Bernhard J.: Papiermaschinen: Versuch über Communication & Control in Literatur und Technik, Berlin 1996.
Erhart, Walter: Entzweiung und Selbstaufklärung. Christoph Martin Wielands "Agathon"-Projekt, Tübingen 1991.
— "Was nützen schielende Wahrheiten?" Rousseau, Wieland und die Hermeneutik des Fremden, in: Rousseau in Deutschland. Neue Beiträge zur Erforschung seiner Rezeption, hrsg. von Herbert Jaumann, Berlin, New York 1995, S. 47–78.
Frank, Manfred: Einführung in die frühromantische Ästhetik. Vorlesungen, Frankfurt am Main 1989.
— Fragmente einer Geschichte der Selbstbewußtseins-Theorie von Kant bis Sartre, in: Selbstbewußtseinstheorien von Fichte bis Sartre, hrsg. und mit einem Nachwort versehen von Manfred Frank, Frankfurt am Main 1991, S. 413–599.
— Selbstbewußtsein und Selbsterkenntnis, Stuttgart 1991.
Frick, Werner: Providenz und Kontingenz. Untersuchungen zur Schicksalssemantik im deutschen und europäischen Roman des 17. und 18. Jahrhunderts, Tübingen 1988.
Gadamer, Hans-Georg: Platos dialektische Ethik und andere Studien zur platonischen Philosophie, Hamburg 1968.

Gerhard, Melitta: Der deutsche Entwicklungsroman bis zu Goethes 'Wilhelm Meister', Halle/Saale 1926.

Gerhardt, Volker, Kaulbach, Friedrich: Kant. Zweite, unveränd. Aufl. Darmstadt 1989.

Gössl, Sybille: Materialismus und Nihilismus. Studien zum deutschen Roman der Spätaufklärung, Würzburg 1987.

Grimminger, Rolf: Die Ordnung, das Chaos und die Kunst. Für eine neue Dialektik der Aufklärung. Mit einer Einleitung zur Taschenbuchausgabe, Frankfurt am Main 1990.

Groß, Erich: C. M. Wielands "Geschichte des Agathon". Entstehungsgeschichte, Berlin 1930.

Gruber, Johann Gottfried: C. M. Wielands Leben. Neu bearbeitet, mit Einschluß vieler noch ungedruckter Briefe Wielands, 9 Bücher in 4 Teilen, Leipzig 1827; 2. Aufl. der Hamburger Reprintausgabe, November 1984.

Grudzinski, Herbert: Shaftesburys Einfluss auf Chr. M. Wieland. Mit einer Einleitung über den Einfluss Shaftesburys auf die deutsche Literatur bis 1760, Stuttgart 1913.

Gueroult, Martial: Die Konstitution der Substanz bei Leibniz, in: Leibniz` Logik und Metaphysik, hrsg. von Albert Heinekamp und Franz Schupp, Darmstadt 1988, S. 484–511.

— Raum, Zeit, Kontinuität und Principium Indiscernibilium, in: Leibniz` Logik und Metaphysik, hrsg. von Albert Heinekamp und Franz Schupp, Darmstadt 1988, S. 512–528.

Gundert, Hermann: Der platonische Dialog, Heidelberg 1968.

Guthke, Karl S.: Alptraum der Vernunft? Auf der Suche nach einem neuen Wieland-Bild, in: Erkundungen. Essays zur Literatur von Milton bis Traven, New York u.a. 1983, S. 141–155.

Hare, Richard Mervyn: Die Sprache der Moral. Erste deutsche Ausgabe der Originalausgabe: The Language of Morals, 1952, übersetzt von Petra von Morstein, Frankfurt am Main 1972.

Hartung, Günter: Wielands Beitrag zur philosophischen Kultur in Deutschland, in: Wieland - Kolloquium Halberstadt 1983, hrsg. von Thomas Höhle, Halle (Saale) 1985, S. 7–28.

Hemmerich, Gerd: C. M. Wielands "Geschichte des Agathon". Eine kritische Werkinterpretation, Nürnberg 1979.

Henrich, Dieter: Der Begriff der sittlichen Einsicht und Kants Lehre vom Faktum der Vernunft, in: Die Gegenwart der Griechen im Neueren Denken. Festschrift für Hans-Georg Gadamer zum 60. Geburtstag, hrsg. von Dieter Henrich, Walter Schulz, Karl-Heinz Volkmann-Schluck, Tübingen 1960, S. 77–116.

— Der Ursprung der Doppelphilosophie. Friedrich Heinrich Jacobis Bedeutung für das nachkantische Denken, in: Bayerische Akademie der Wissenschaften, Sitzungsberichte (1993) Heft 3: Friedrich Heinrich Jacobi. Präsident der Akademie, Philosoph, Theoretiker der Sprache. Vorträge auf einer Gedenkveranstaltung der Bayerischen Akademie der Wissenschaften 250 Jahre nach seiner Geburt. Vorgelegt am 7. Mai 1993, hrsg. von Dieter Henrich, München 1993, S. 13–27.

Hinderer, Walter: Beiträge Wielands zu Schillers ästhetischer Erziehung, in: Jahrbuch der Deutschen Schillergesellschaft 18 (1974), S. 348–387.

Hirzel, Ludwig: Wielands Beziehungen zu den deutschen Romantikern, Bern 1904.

Hirzel, Rudolf: Der Dialog. Ein literarhistorischer Versuch, 2 Bde., Leipzig 1895.

Hochstetter, Erich: Von der wahren Wirklichkeit bei Leibniz, in: Leibniz` Logik und Metaphysik, hrsg. von Albert Heinekamp und Franz Schupp, Darmstadt 1988, S. 452–483.

Immerwahr, Raymond: Romantisch. Genese und Tradition einer Denkform, Frankfurt am Main 1972.

Jacobs, Jürgen: Wielands Romane, Bern und München 1969.

Jalabert, Jacques: Die Begriffe "Essenz" und "Existenz" in der Leibnizschen Philosophie, in: Leibniz` Logik und Metaphysik, hrsg. von Albert Heinekamp und Franz Schupp, Darmstadt 1988, S. 552-560.

Jaumann, Herbert: Vom "klassischen Nationalautor" zum "negativen Classiker". Wandel literaturgesellschaftlicher Institutionen und Wirkungsgeschichte, am Beispiel Wieland, in: Klassik und Moderne. Die Weimarer Klassik als historisches Ereignis und Herausforderung im kulturgeschichtlichen Prozeß, hrsg. von Karl Richter und Jörg Schönert. Festschrift, Walter Müller-Seidel zum 65. Geburtstag, Stuttgart 1983, S. 3-26.

Johne, Renate: Wieland und der antike Roman, in: Christoph Martin Wieland und die Antike. Eine Aufsatzsammlung. Überarbeitete Beiträge eines Kolloquiums in Erfurt 1983, hrsg. im Auftrag der Winckelmann-Gesellschaft von Max Kunze, Stendal 1986, S. 45–54.

Kaulbach, Friedrich: Immanuel Kants 'Grundlegung zur Metaphysik der Sitten'. Interpretation und Kommentar, Darmstadt 1988.

Kausch, Karl Heinz: Die Kunst der Grazie. Ein Beitrag zum Verständnis Wielands, in: Jahrbuch der Deutschen Schillergesellschaft 2 (1958), S. 12–42.

Keller, Jacob: Zur Geschichte von Mendelssohns Phädon, in: Euphorion 5 (1898), S. 685–694.

Ketzer, Hans-Jürgen: Einige Bemerkungen zu Wielands Rousseau-Aneignung und deren Beurteilung durch die Stürmer und Dränger, in: Wieland - Kolloquium, Halberstadt 1983, hrsg. von Thomas Höhle, Halle (Saale) 1985, S. 267–272.

Kimmich, Dorothee: Epikureische Aufklärungen. Philosophische und poetische Konzepte der Selbstsorge, Darmstadt 1993.

— Christoph Martin Wielands Epikureismus. Ars Vivendi und der Widerstand gegen eine Dialektik der Aufklärung, in: Wieland-Studien III (1996), S. 47–74.

Klein, Timotheus: Wieland und Rousseau, in: Studien zur vergleichenden Literaturgeschichte, hrsg. von Max Koch, Bd. 4, Berlin 1904.

Kluckhohn, Paul: Die Auffassung der Liebe in der Literatur des 18. Jahrhunderts und in der deutschen Romantik, Halle a. S. 1922.

Kondylis, Panajotis: Die Entstehung der Dialektik. Eine Analyse der geistigen Entwicklung von Hölderlin, Schelling, Hegel bis 1802, Stuttgart 1979.

— Die Aufklärung im Rahmen des neuzeitlichen Rationalismus, München 1986.

Kronauer, Ulrich: Rousseaus Kulturkritik und die Aufgabe der Kunst. Zwei Studien zur deutschen Kunsttheorie des 18. Jahrhunderts, Heidelberg 1978.

— Der kühne Weltweise. Lessing als Leser Rousseaus, in: Rousseau in Deutschland. Neue Beiträge zur Erforschung seiner Rezeption, hrsg. von Herbert Jaumann, Berlin, New York 1995, S. 23-45.

Kurth-Voigt, Lieselotte E.: Wielands Leser: Persönliche Perspektiven der Rezeption. Aus Herders Korrespondenz, in: Modern Language Notes 99 (1984), S. 554–570.

— Wielands "Geschichte des Agathon": Zur Journalistischen Rezeption des Romans, in: Wieland-Studien I (1991), S. 9–42.

Lange, Horst: Vermittlungsformen des Ideals. Rezeptionsästhetische Studien zu den Bildungsromanen Fieldings und Wielands ("Tom Jones" und "Agathon"), Konstanz 1979.

Manger, Klaus: Kommentar, in: Christoph Martin Wieland, Geschichte des Agathon, Frankfurt am Main 1986, S. 797–1114.

— Klassizismus und Aufklärung: das Beispiel des späten Wieland, Frankfurt am Main 1991.

— Wieland, der klassische Nationalautor, in: Metamorphosen des Dichters. Das Selbstverständnis deutscher Schriftsteller von der Aufklärung bis zur Gegenwart, hrsg. von Gunter E. Grimm, Frankfurt am Main 1992, S. 67–83.

— Wielands Kosmopoliten, in: Europäische Sozietätsbewegung und demokratische Tradition. Die europäischen Akademien der Frühen Neuzeit zwischen Frührenaissance und Spätaufklärung, Bd. II, hrsg. von Klaus Garber und Heinz Wismann unter Mitwirkung von Winfried Siebers, Tübingen 1996, S. 1637–1667.

Martini, Fritz: C. M. Wieland und das 18. Jahrhundert, in: Festschrift Paul Kluckhohn und Hermann Schneider gewidmet zu Ihrem 60. Geburtstag, hrsg. von Ihren Tübinger Schülern, Tübingen 1948, S. 243-265.

— Nachwort, in: Christoph Martin Wieland. Werke, 5 Bde., hrsg. von Fritz Martini und Hans Werner Seiffert, München 1964 ff., 1. Band, S. 915–966.

Mayer, Gerhart: Der deutsche Bildungsroman. Von der Aufklärung bis zur Gegenwart, Stuttgart 1992.

McCarthy, John: Fantasy and Reality. An Epistemological Approach to Wieland, Bern, Frankfurt am Main 1974.

Meyer, Hermann: Zum Problem der epischen Integration, in: Trivium VIII (1950), Heft 4, S. 299–318.

Müller, Jan-Dirk: Wielands späte Romane. Untersuchungen zur Erzählweise und zur erzählten Wirklichkeit, München 1971.

Müller-Solger, Hermann: Der Dichtertraum. Studien zur Entwicklung der dichterischen Phantasie im Werk Christoph Martin Wielands, Göppingen 1970.

— Zu neueren Publikationen über Christoph Martin Wieland (1970/71). Ein Forschungsbericht, in: Archiv für das Studium der Neueren Sprachen und Literaturen 124 (1972), 209. Bd., S. 98-112.

Nolting, Klaus: Die Kunst zu leben oder Die Natur weiß nichts von Idealen. Eine Untersuchung zur Grundhaltung der Mäßigung in Werk und Leben Christoph Martin Wielands, Frankfurt am Main 1995.

Nübel, Birgit: Autobiographische Kommunikationsmedien um 1800: Studien zu Rousseau, Wieland, Herder und Moritz, Tübingen 1994.

Oettinger, Klaus: Phantasie und Erfahrung. Studien zur Erzählpoetik Christoph Martin Wielands, München 1970.

Paulsen, Wolfgang: Christoph Martin Wieland. Der Mensch und sein Werk in psychologischen Perspektiven, Bonn und München 1975.

Preisendanz, Wolfgang: Die Auseinandersetzung mit dem Nachahmungsprinzip in Deutschland und die besondere Rolle der Romane Wielands (Don Sylvio, Agathon), in:

Nachahmung und Illusion, Kolloquium Gießen Juni 1963, Vorlagen und Verhandlungen, hrsg. von H. R. Jauß, zweite, durchgesehene Auflage, München 1983, S. 72–95.

Ratz, Alfred E.: Freiheit des Individuums und Gesellschaftsordnung bei Christoph Martin Wieland. Ein Beitrag zur Weimarer Klassik, Bern, Frankfurt am Main 1974.

Ratz, Norbert: Der Identitätsroman. Eine Strukturanalyse, Tübingen 1988.

Reemtsma, Jan Philipp: Das Buch vom Ich. Christoph Martin Wielands "Aristipp und einige seiner Zeitgenossen", Zürich 1993.

Ruppel, Harry: Wieland in der Kritik. Die Rezeptionsgeschichte eines klassischen Autors in Deutschland, Frankfurt am Main 1980.

Russell, Bertrand: A critical exposition of the Philosophy of Leibniz. With an Appendix of Leading Passages. Paperback edition first published in 1992 by Routledge in London.

Sahmland, Irmtraud: Christoph Martin Wieland und die deutsche Nation: zwischen Patriotismus, Kosmopolitismus und Griechentum, Tübingen 1990.

Sandkaulen, Birgit: Zur Vernunft des Gefühls bei Jacobi, in: Fichte Studien, Bd. 11: Materiale Disziplinen der Wissenschaftslehre. Zur Theorie der Gefühle, hrsg. von Wolfgang H. Schrader, Amsterdam, Atlanta 1997, S. 351–365.

Sauder, Gerhard: Empfindsamkeit. Bd. I: Voraussetzungen und Elemente, Stuttgart 1974.

Schaefer, Klaus: Das Problem der sozialpolitischen Konzeption in Wielands "Geschichte des Agathon" (1766/67). Ein Beitrag zur Untersuchung des idealen Menschenbildes in der Literatur der deutschen Aufklärung, in: Weimarer Beiträge 16 (1970) Heft 10, S. 171–196.

— Der Schluss von CH. M. Wielands "Geschichte des Agathon". Ein Werk in der Wandlung, in: Wieland Studien I (1991), S. 43–57.

— Christoph Martin Wieland, Stuttgart, Weimar 1996.

Schepers, Heinrich: Zum Problem der Kontingenz bei Leibniz. Die beste der möglichen Welten, in: Leibniz` Logik und Metaphysik, hrsg. von Albert Heinekamp und Franz Schupp, Darmstadt 1988, S. 193-222.

Schings, Hans-Jürgen: Melancholie und Aufklärung: Melancholiker und ihre Kritiker in Erfahrungsseelenkunde und Literatur des 18. Jahrhunderts, Stuttgart 1977.

— Der anthropologische Roman. Seine Entstehung und Krise im Zeitalter der Spätaufklärung, in: Studien zum achtzehnten Jahrhundert, hrsg. von der Deutschen Gesellschaft für die Erforschung des achtzehnten Jahrhunderts, Band 2/3 : Deutschlands kulturelle Entfaltung. Die Neubestimmung des Menschen, hrsg. von Bernhard Fabian, Wilhelm Schmidt-Biggemann, Rudolf Vierhaus, München 1980, S. 247–275.

— Agathon - Anton Reiser - Wilhelm Meister. Zur Pathogenese des modernen Subjekts im Bildungsroman, in: Goethe im Kontext. Kunst und Humanität, Naturwissenschaft und Politik von der Aufklärung bis zur Restauration. Ein Symposium, hrsg. von Wolfgang Wittkowski, Tübingen 1984, S. 42–68.

Schmeer, Hans: Der Begriff der "schönen Seele" besonders bei Wieland und in der deutschen Literatur des 18. Jahrhunderts, (Germanische Studien, Heft 44), Berlin 1926.

Schrader, Wolfgang H.: Ethik und Anthropologie in der englischen Aufklärung. Der Wandel der moral-sense-Theorie von Shaftesbury bis Hume, Hamburg 1984.

Schwabe, K.-H.: Bemerkungen zur Wirkung Shaftesburys auf C. M. Wieland, in: Wieland – Kolloquium Halberstadt 1983, hrsg. von Thomas Höhle, Halle (Saale) 1985, S. 185-189.

Seiffert, Hans Werner: Wieland und Wielandforschung, in: Wieland. Vier Biberacher Vorträge, 1953 gehalten von Friedrich Beissner, Emil Staiger, Friedrich Sengle, Hans Werner Seiffert, Wiesbaden 1954, S. 80-102.

Selbmann, Rolf: Der deutsche Bildungsroman. Zweite, überarb. und erw. Aufl. Stuttgart 1994.

Selmeci, Andreas: Bildung zur Freiheit?: Über Pädagogik, Roman und Spiel im 18. Jahrhundert, Würzburg 1994.

Sengle, Friedrich: Wieland, Stuttgart 1949.

Stahl, Ernst L.: Die religiöse und die humanitätsphilosophische Bildungsidee und die Entstehung des deutschen Bildungsromans im 18. Jahrhundert, Bern 1934.

Staiger, Emil: Wielands Musarion, in: Wieland. Vier Biberacher Vorträge, 1953 gehalten von Friedrich Beissner, Emil Staiger, Friedrich Sengle, Hans Werner Seiffert, Wiesbaden 1954, S. 35-54.

Starnes, Thomas C.: Christoph Martin Wieland. Leben und Werk. Aus zeitgenössischen Quellen chronologisch dargestellt, 3 Bde., Sigmaringen 1987.

— Wieland und die Frauenfrage - Frauen und die Wielandfrage, in: Wieland-Studien II (1994), S. 221–248.

Steinhorst, Heike: Zum Problem der Nationalliteratur in Wielands "Teutschem Merkur" vor der Französischen Revolution, in: Wieland-Kolloquium Halberstadt 1983, hrsg. von Thomas Höhle, Halle (Saale) 1985, S. 249-258.

Süßenberger, Claus: Rousseau im Urteil der deutschen Publizistik bis zum Ende der Französischen Revolution. Ein Beitrag zur Rezeptionsgeschichte, Frankfurt 1974.

Thomé, Horst: Roman und Naturwissenschaft. Eine Studie zur Vorgeschichte der deutschen Klassik, Frankfurt am Main 1978.

— Menschliche Natur und Allegorie sozialer Verhältnisse. Zur politischen Funktion philosophischer Konzeptionen in Wielands "Geschichte des Agathon" (1766/67), in: Jahrbuch der Deutschen Schillergesellschaft 22 (1978), S. 205-234.

— Utopische Diskurse. Thesen zu Wielands *Aristipp und einige seiner Zeitgenossen*, in: Modern Language Notes 99.3 (1984), S. 503-521.

— Religion und Aufklärung in Wielands *Agathodämon.* Zu Problemen der 'kulturellen Semantik' um 1800, in: Internationales Archiv für Sozialgeschichte der deutschen Literatur, 15. 1 (1990), S. 93-122.

Tubach, Frederic C.: Perfectibilité: der zweite Diskurs Rousseaus und die deutsche Aufklärung, in: Études Germaniques 15 (1960), S. 144-151.

Vietta, Silvio: Literarische Phantasie: Theorie und Geschichte. Barock und Aufklärung, Stuttgart 1986.

Vormweg, Heinrich: Die Romane C. M. Wielands. Zeitmorphologische Reihenuntersuchung, Bonn 1956.

Weyergraf, Bernd: Der skeptische Bürger. Wielands Schriften zur Französischen Revolution, Stuttgart 1972.

Wieland, Wolfgang: Platon und die Formen des Wissens, Göttingen 1982.

Wilpert, Gero von : Sachwörterbuch der Literatur, 7.,verb. und erw. Aufl. Stuttgart 1989.

Wipperfürth, Susanne: Wielands geschichtsphilosophische Reflexionen, Frankfurt am Main u.a. 1995.
Winter, Hans-Gerhard: Dialog und Dialogroman in der Aufklärung. Mit einer Analyse von J.J. Engels Gesprächstheorie, Darmstadt 1974.
Wölfel, Kurt: Daphnes Verwandlungen. Zu einem Kapitel in Wielands "Agathon", in: Jahrbuch der Deutschen Schillergesellschaft 8 (1964), S. 41–56.
Wolffheim, Hans: Wielands Begriff der Humanität, Hamburg 1949.

## Heidelberger Schriften zur Sprache und Kultur

**1** Jordan, Anna-Luise (2000)
Wer sprach wie? Sprachmentalität und Varietätengebrauch im 19. Jahrhundert. Dossenheim. 2 Bde.

**2** Leube, Karen C. (2000)
Information Structure and Word Order in the Advanced Learner Variety: An Empirical Study with Applications for the Foreign Language Classroom. Mainz.

**3** Krause, Christine (2000)
Vowel Duration in Lowik / Northumberland.
A Sociophonetic Approach to Dialectology. Heidelberg.

**4** Herde, Christiane (2000)
Jenseits der Moralsysteme. Philosophische Gespräche in Wielands *Geschichte des Agathon*. Darmstadt.